Global Network
GN21
グローバルネットワーク21
人類再生シリーズ
6

# 下からのグローバリゼーション

「もうひとつの地球村」は可能だ

片岡幸彦❖編

新評論

グローバルネットワーク21

# 人類再生シリーズ

## 「発刊のことば」

今日世界はあらゆる分野でグローバル化が進行し、かつてない急激な変動に直面しています。地域紛争、資源食糧問題、環境破壊、文化的想像力の喪失など次々に襲う深刻な問題群に対して、近代科学技術を総動員してもなお有効に対処することができないでいます。

アメリカ一極支配の幻想の下で喧伝された「自由と民主主義」の希望も実体を失い、先進国主導で進めてきた「自由主義市場経済」なるものの普遍性も、地球的規模で呆気なく崩壊の危機を迎えようとしています。またアジアへの期待は日本、韓国、タイから中国大陸へ移ろうとし、アメリカの世紀の終幕はユーロへの期待にすり替えられようとしていますが、弱肉強食とカジノ資本主義経済のグローバリズムに明るい展望がないことはもはや火を見るより明らかです。

私たちGN21は、このような終末的現実と闘っている南側の大多数の人々や少数ですが次第に数を増しつつある北側の人々と連帯し、特に問題意識を同じくする世界各地の個人・団体と率直に意見や情報を交換することによって、破滅的な第三次世界戦争や世界総テロ化の防止に向け、また地球村に未来をもたらすオルタナティブ・システム&プラクティスの創造のために、世界に発信したいと考え、本シリーズを刊行することにしました。

1999年4月

GN21

GN21は、問題意識を同じくする世界各地の個人・団体と手を携え、
展望を切り開きうるオルタナティブを日本から世界へ発信する国際NPOです。

【GN21事務局】
〒468-8601　名古屋市千種区不老町　名古屋大学大学院国際開発研究科内　木村宏恒気付
TEL/FAX 052-806-2302 E-mail gn21japan@yahoo.co.jp
http://homepage2.nifty.com/gn21/index.html

下からのグローバリゼーション／目次

# 第二部 「もうひとつの地球村」版文化・文明論

●グローバルネットワーク21〈人類再生シリーズ〉⑥

# 下からのグローバリゼーション

――「もうひとつの地球村」は可能だ

# 序論　「もうひとつの地球村」
## ――私たちのためのもうひとつの世界をつくるために

片岡幸彦

私たちGN21（グローバル・ネットワーク21）では、前著『地球村の行方』（一九九九年）および『地球村の思想』（二〇〇一年）において、グローバリゼーションをめぐる問題認識とその解決の方向について言及するにあたり、いわゆる欧米主導のグローバリゼーションに対置する一つのビジョンとして、「地球村」という言葉を使った。また、それによって、危機にさらされた自然や人間をとり巻く環境の再生、新しい公共空間の創造、さらには文化文明間の対話による融和や共存・共生も意識して、その向かうべき地点を「地球村」という言葉に象徴させた。しかしながら、「地球村」という言葉が現実にはグローバリゼーションと併用してかなり多義的に使われており、言葉だけが一人歩きして語られている。このことを踏まえ、「地球村」をめぐる議論の新展開ともいえる本書の序論では、あらためてこの言葉の概念を本書刊行のねらいとともに明らかにしておきたいと思う。

## 一　「地球村」の言葉の起源とその背景

「地球村＝グローバル・ヴィレッジ」という用語は、一九六二年にカナダの社会学者マーシャル・マクルーハン（一九一一～八〇）が、その著『*The Gutenberg Galaxy*』（森常治訳『グーテンベルクの銀河系――活字人間の形成』みすず書房、一九八六年）で使ったのが始まりだと言われている。彼はこの著書で、かつてエリザベス朝時代に、グーテンベルクの印刷術と機械の発明が新しい文化文明の時代を用意したように、今日の飛躍的な電子技術の発明が、私たちの社会生活や人間の生き方に革命的な影響を与えたと主張している。そしてその中で、「電子技術による新しい相互依存関係の成立が世界をいわばグローバル・ヴィレッジというイメージに作り変えた」と述べている。この流れで言えば、「グローバル・ヴィレッジ」という用語は、一般的にはＩＴ（情報技術）革命や電子メディアの発達により、世界が一つの村のように狭くなり、個人レベルのコミュニケーションでさえ瞬時に地球の果てから果てまで可能になった、高度情報化社会の到来を示唆する言葉として使われている。とくにマクルーハンは、ＩＴの飛躍的な発達が私たちの生活や生産活動に与える影響の大きさを強調し、国民国家・民族の境界を超えた、「誰でもない」国民という、世界の単一性を視野に入れた新たなアイデンティティの可能性に言及している。またその一方で、欧米・日本などの先進国は、二〇二〇年とも予測されている、持てる者（一二億ないし一五億人）と持たざる者（六五億ないし六八億人）とのあいだの最後の闘いを避けるために、「惑星」全体の食糧の確保と、不安や脅威などに発する「惑星」内の対立を除去することに最大限の努力を傾注すべきだとも述べている（浅見克彦訳『グローバル・ヴィレッジ――二一世紀の生とメディアの転換』青弓社、二〇〇三年）。マクルーハンによるこれらの指摘は、彼の社会学やコミュニケーション学の専門家としての立場は別にして、現実としての世界の一つの新しい状況を認識論的に説明するものとなっている。

マクルーハンの「グローバル・ヴィレッジ」は、その後の地球大の金融・ＩＴ・交通革命によって、「バラ色の世界」としてのグローバリゼーションに結びつき、そのグローバリゼーションは、同時に冷戦終了後のアメリカ一極支配構造の下で、アメリカン・スタンダードと結びついていく。またその一方では、たとえばＷＴＯ（世界貿易機関）会議に対する世界の市民グループ、労働組合・農民からの異議申し立てなどにより、アメリカン・スタンダードを基礎とする単一・単極の「上からのグローバリゼーション」ではなく、世界の多様性を基礎とする「下からのグローバリゼーション」の流れも生み出している。こうしてマクルーハンに始まる「グローバル・ヴィレッジ」は、彼の指摘のように、ＩＴ革命にも後押しされて、今日の世界の政治・経済・文化・社会に大きなグローバル化の流れを生み出したが、他方では、矛盾・錯綜する現実をともなった新たな「グローバル・ヴィレッジ」概念をも作り出してきたといえる。

## 二　「地球村」の多様なイメージ

近年、この「地球村＝グローバル・ヴィレッジ」という言葉は、グローバリゼーションやグローバリズムとあまり違わない意味で用いられるケースが少なくない。いくつか例をあげると、たとえば、二〇〇三年一〇月に東京で行われた知性とデザインをめぐる研究セミナーで、ある外国人研究者は、モダニズムを批判する一方で安藤忠雄氏らの「より深い合理主義」に基づく建築アートを擁護している。その中で彼は、日本の建築家は日本的文化風土や生活空間を活かした建築空間を構築すべきで、「グローバル・ヴィレッジ」をめざすような方向・考え方はもつべきでないと主張している。これはＪＲ京都駅の建物などに見られるように、最近増えている超モダンと称する世界画一的な日本の建築デザインへの批判である。ここではグローバル・ヴィレッジという言葉が、グローバル・スタンダードやグローバリズムとほぼ同じ意味で使われている。

またある新聞夕刊のコラムでは、編集委員氏が今日のインターネット社会の現状にふれ、技術的に単一にまとめられた「地球村」というイメージに対して、虚構の共同体ではないかと批判をにじませている。この場合もやや手垢に塗れたグローバリゼーションやグローバリズムに代わる、耳障りのよい言葉として「グローバル・ヴィレッジ」が使用され、今日の欧米主導の世界が変革されるにつれてやがて消えて捨てられる言葉のように扱われている。

さらに、二〇〇二年八月に国連総会で行われた議長演説の中でも、ヤン・カヴァンが「今日最も顕著なトレンドであるグローバリゼーションが、世界を事実上単一なグローバル・ヴィレッジへと転換させた」という文脈でこの用語を使用している。ただしこの場合、前者二例と異なるのは、その少しあとで、グローバリゼーションが冷戦後の国際社会に新たな複雑さを生んでいる現状に触れ、その文脈の中で再び次のように「グローバル・ヴィレッジ」を使っている点である。「縮小しつつあるグローバルなこのヴィレッジは、それぞれの国の内部及びそれぞれの国と国との間に、持つ者と持たざる者との格差の拡大という無視できない問題を抱えている」。ここでは「グローバル・ヴィレッジ」という言葉が、グローバリゼーションの影響下で世界のイメージを縮小化・単一化させている事実を示す用語としてだけでなく、そうであるがゆえに、貧富の格差拡大をはじめとするさまざまな問題を地球全体で受け止め、対応していかねばならないという視点で使われている。単一化という方向は同じであっても、その意味合いはグローバリゼーションと明らかに異なる面を見せている。

一方、NGO（非政府組織）の世界に目を移すと、アメリカのGlobal Village of Humanityという団体は、国連機関や中南米の地元の政府・民間団体と協力して、伝統文化とグローバルな文化とを総合する地域に根ざしたボトムアップ型の活動を行っている。また、同じくアメリカのVillage Earthという団体は、グローバルな資源を活用して、途上国の村落共同体における持続的な開発を行っている。この場合、「グローバル・ヴィレッジ」という用語は、グローバリゼーションと同じ意味ではなく、地域に根ざした運動を行う世界各地の人びとの間で、すでに社会権を得た言葉として使われている。

日本で比較的早くから「地球村」の名を提唱してNPO（非営利組織）活動を行っている市民団体に「ネットワーク地球村」（一九九一年発足）がある。その代表、高木善之氏は著書『新地球村宣言』（ビジネス社、二〇〇一年）の中で、「未来の社会『地球村』は、地球と調和した社会です。お互いに顔がわかり、話ができる人口規模（一〇〇〇人程度）、田舎風景のなかの社会、自給自足を基本とした農業、助け合いの社会。私はこのような未来の社会を『地球村』と名付けました」と、農本主義的な発想を語っている。また、そのホームページには、次のような「地球村」の定義が載っている。

「『地球村』とは、国連が提唱している『永続可能な社会』の事です。私たちは永続可能な社会の実現をめざし、グリーン・コンシューマー（環境に配慮した消費者）を増やし、地域活動（地域の環境問題の解決、企業や行政への提言など）に取り組んでいます。地域が変わり、国が変わり、世界が変わることをめざして活動を続けていきます」。

ここでは、まずは国内における地域的広がりをめざしていることが特徴となっており、取り組むべき問題としては、ライフスタイル、政治家の選択方法、市民各自の意識・価値観を挙げていて、「ぜいたくを続けて滅びるか、ぜいたくをやめて生き延びるか」、そのどちらを選ぶのかと迫るなど、市民社会の自立性が強調されている。しかし、「国が変わり、世界が変わる」と言っても、工業化し、都市化し、さらに少子化した先進国の国民経済をどうするのか、あるいは、政治・経済システムが異なる中東イスラム世界や、未だ貧困に直面し物質的需要が優位を占める途上国（地球人口の八割）にとっても適応可能な議論かとなると、その普遍性や有効性の点で限界があるという印象が残る。

## 三　「もうひとつの地球村」——下からのグローバリゼーションの挑戦

翻って、私たちが定義する「もうひとつの地球村」とはどのような概念をもっているのか。それは、現実社会（世界）に対する現状認識とも密接に結びつけてとらえられなければならない。

今日、アメリカ主導のグローバリゼーションの急速な進展は、市場をグローバルに混乱させるマネーゲームという資本主義の鬼子の存在となっている。そのマネーゲームは、米欧間および先進国・途上国間の国家間利害の不協和、WTO会議の度重なる行き詰まりとなって、グローバリゼーションの進展にかげりを見せている。また、イラク侵攻後の平和構築過程ではアメリカの単独行動主義が露呈し、そのことへの各国からの批判・拒否反応は、経済だけでなく政治面でも、アメリカによるグローバル化の限界を導いている。逆に言えば、このグローバリゼーションの流れは、アメリカ一極の政治経済システムの有効性を十分に疑わせるだけの国・地域・社会が地球上に多様に存在しはじめていることを示している。つまり、独自の地域発展のスキームを共同で進める地域連合の形成の動きなど、アメリカ主導のグローバリゼーションに対抗する新たな動きを加速させているのである。

たとえば、冷戦後のアメリカ一極支配の世界は、パレスチナ・イスラエル紛争の泥沼化をはじめ、旧ユーゴスラヴィアへの空爆、湾岸戦争、「テロとの戦い」という名のアフガニスタンやイラクへの戦争、その他諸々の地域紛争の激化を導き、問題の解決どころか、ますます国際間・地域間の亀裂を深めている。しかも、これによりアメリカそのものが国際社会のコンセンサスを失うという状況を、自ら作り出すこととなった。一九九九年一二月、四〇〇年に及ぶ異教徒への敵対、偏見の罪を世界に謝罪したカトリック教会の領袖ヨハネ・パウロ二世は、二〇〇三年にアメリカを訪問した際、直接ブッシュ（子）大統領に、「戦争は神の名において許されない」と何度も戦争放棄を訴えたが、これに対しブッシュが「どうか心配しないで下さい。われわれは素早く手際よくやりますから」と答えたという記憶はまだ生々しい。

バクダッド陥落から二年半になる。アメリカはイラク復興のための追加予算として世界の開発援助の総額を超える八五〇億ドルを計上し、さらに二〇〇四年八月、ブッシュ大統領は一〇〇〇億ドルに増額した追加予算に署名しているが、イラクの治安は依然改善せず、イラクにおける最初の議会選挙を強引に進めたものの、民生復興の道は遥か遠い。新たに極右ネオコン（新保守主義）政権を誕生させたアメリカの社会的矛盾もいっそう深まるであろうし、そのネオコン政権による「中東諸国の自由と民主主義」が、イスラエルの横暴やサウジアラビアなどの権威主義的王政を支援するダブル・スタンダードを持つ偽者であり、反米＝反「自由と民主主義」となって、中東の真の民主化を遅らせることも、さほど遠くないうちに暴露されるであろう。北朝鮮（朝鮮民主主義人民共和国）とイランなどを独裁国家と名指しする一方で、南米のベネズエラでは、石油輸出の多角化を図るチャベス大統領の追放のチャンスを、三〇年前のチリ・アジェンデ政権の転覆同様、密かに狙っているのが紛れもない今のアメリカである。どれもこれも、政権を支える自国企業の利権と石油の確保というアメリカの世界一極支配の野望が作り出した産物である。

もはや、ブッシュ（父）以来のアメリカ主導の「新世界秩序」の正体は誰の目にもごまかしようもなく、リチャード・カプチャンの主張（坪内淳訳『アメリカ時代の終わり』ＮＨＫ出版、二〇〇三年）を待つまでもなく、すでにその夢は挫折に向かっていると言うに等しい。なお今後ともアメリカが世界の派遣を求めてあがき回るとはいえ、また、そのあおりを受けて多くの国・地域の市民が甚大な被害を受けるとはいえ、私たちはのた打ち回るアメリカの世紀の終焉で二一世紀の幕開けを迎えるているると言ってもよいだろう。

一方、ヨーロッパは旧東欧諸国を取り込み、二五カ国の大欧州圏の道を歩み出した。アメリカと比べ、人口においては約二倍、ＧＤＰ（国内総生産）では肩を並べるほどに拡大したこの政治経済的地域統合（ＥＵ＝欧州連合）の達成は、G7主導の「ラウンド」をはじめとして、冷戦後の枠組みの大きな変更を促すきっかけともなるであろう。ヨーロッパがアメリカに対抗して、独自の発言力を持つ勢力になる可能性は少なくない。

グローバリゼーションの進展による世界の政治経済の再編成は、その意図するところ（世界の安定と繁栄）とは異なる方向に向かっており、アフリカをはじめ地政学上ほとんど省みられない地域を置き去りにし、新たな複合的な矛盾をも孕ませている。国連加盟国一九一カ国の半分以上を占める途上諸国の政治・経済・文化・社会をどうとらえ、全体の議論の中にどう位置づけるかは、たんなる周辺のマージナルな問題としてとらえる限りでは決して見えてこないものである。

そう考えると、私たちがまとめるべきアジェンダとその取り組みの実践は、国や地域単位の個別的な問題群をはるかに超えるものとなっている。世界各地で活動しているNGO、NPO、意思ある個人・グループによる国際的共同討議、そしてそれに基づく行動提起や具体的作業の連携が不可欠である由縁はここにある。一九九九年シアトルのWTO会議では、労働組合・農民とともに五万人の市民が連携し、WTO会議を暗礁に乗り上げさせることに貢献した。この連携の大成功は、その後の欧米先進国主導の「上からのグローバリゼーション」に対する、市民レベルの「下からのグローバリゼーション」の可能性を大きく広げる契機となった。そしてこの動きは、「世界経済フォーラム」に対抗してブラジル南部の革新自治体ポルトアレグレ市を舞台に二〇〇一年に結成された「世界社会フォーラム」へとつながっていった。アメリカでも人口の三分の一を超える九〇〇〇万人の市民がさまざまな形でNGO／NPO活動に参加しているといわれる。ここには、市民を機軸にした国益を超えた平和づくりへの可能性を示す、「もうひとつのアメリカ」の希望がある。

## 四　「もうひとつの地球村」再発見への新たな知のアプローチ

それにしても一方では、テロと戦争、巨大なマネーゲームとＭ＆Ａ（敵対的買収）が繰り返され、もう一方では、貧困、環境破壊や、失業、福祉後退、犯罪増加などの社会的不安が拡大する、このヤマタノオロチとでも言うべきグローバリゼーションの奔流に、私たちはいかなる知と志《こころざし》を武器に立ち向かおうとしているのか。実は私たちは、学問的・科学的方法論という面のもうひとつの問題を抱えてきた。すなわち、欧米で生まれ、欧米先進国で最近まで機能してきた近代人文社会諸科学が、今日必ずしも有効とは言えなくなっているという問題である。

私自身について言えば、もう二〇年あまり前になるが、「地域研究」に関するある研究会で、現代世界の現実分析の方法として、近代社会科学と文化人類学の双方の援用が必要であるという趣旨の報告をしたことがある。未開社会を対象としてきた文化人類学は、二〇世紀に入って、アメリカのＣＩＡを背景としたニーズに応える形で、たとえば『菊と刀』（ルース・ベネディクト）が脚光を浴び、『野生の思考』（レヴィ＝ストロース）が人間社会と歴史について新しい視点を提供することはあったが、学会や大学では周辺扱いの状況が長く続いてきた。つまり、社会科学は近現代社会の政治経済の分析に、文化人類学は発展途上国（日本も六〇年前にはその対象とされた）を中心に近代以前の社会の分析・フィールド調査にと、一種の棲み分けが行われてきた。文化人類学者は現代の問題には総じて遠慮がちで、彼らの側から現代世界の問題群の解明に積極的に関わる姿勢はあまり見られなかった。かといって社会科学者、とくに経済学者から現代の経済社会の問題に歴史的射程での鋭い分析と予見が提示されてきたわけでもなかった。一九六〇年代のロストーらの「近代化」理論や七〇年代の「従属論」理論の破綻、その後も国際関係の複雑化・多元化の影響のもと、画期的な分析や理論が社会科学の側から提示されることはなかった。そういう欲求不満の状況や学問的閉塞感が、二〇年、三〇年と鬱積《うっせき》してきているように思う。

一九九〇年以降になると、いわゆる経済的発展のシステムとして、「資本主義」か「社会主義」かの議論に一つの決着がつけられる一方で、カジノ資本主義とファンド資本主義が一体となった、いわばルールなきグローバリゼーションが世界経済を支配するようになる。そしてこれを契機に、近代社会（国民国家、国民経済）の分析とその矛盾を解決する社会科学への期待感とは裏腹に、その間隙を埋める形で、これまで日の目を見なかった文化人類学の業績が注目されるようになる。事実、文化人類学は、文化文明論を機軸にしながら、多様な専門分野への挑戦をはじめ、文化の側面にとどまらず、政治・経済・社会のシステムや、哲学・認識の問題にまで踏み込み、それらの成果を携えて、社会的にも積極的な議論を展開するようになった。たとえば、経済人類学者の草分けとして知られるカール・ポランニーの業績（古代文明における「非市場経済」の有効性と現代文明における「市場経済」の行き詰まりとの対比）が、あらためて高い評価を得ていることが挙げられる。

このような知の分析に対する新しい学問や論壇の傾向と流れは、文化人類学が政治人類学、経済人類学、社会人類学、認識人類学と細分化し、人文社会科学や自然科学の分野も、一専門領域や分野を越える学際的広がりを見せることでその力量を問いはじめている。

最近の論壇で言えば、哲学者ジャン゠リュック・ナンシーの社会的共同体復権の試み（西谷修ほか訳『無為の共同体』以文社、二〇〇一年）、構造主義言語学者ノーム・チョムスキーの現代世界に対する有無を言わせぬ洞察（寺島隆吉訳『チョムスキー　二一世紀の帝国アメリカを語る』明石書店、二〇〇四年）、経済指標を駆使してヨーロッパの復活とアメリカの凋落を予測する統計学者エマニュエル・トッドの分析（石崎晴巳訳『帝国以後』藤原書店、二〇〇三年）、マルチチュード（行動的市民・勤労者・農民らによる連帯的集団力）の変革力に二一世紀世界の可能性を見出している社会学者ネグリとハートの『帝国』（水島一憲ほか訳、以文社、二〇〇三年）などは、現代世界に対する鋭い分析に裏打ちされて、怒涛のごとく溢れ出る一貫したその反帝国主義的言説で注目される。パキスタン出身のイクバール・アフマド（大橋洋一訳『帝国との対決』太田出版、二〇〇三年）の業績も、決して過去のものでない。むしろ二一世紀世界を予見させる注目すべき視点が少なからず隠されているように思う。またヨーロッパの論壇では、この他にもマルク・クレポンのような将来を期待される若手哲学研究者の登場も見逃せない（白石嘉治編訳『文明の衝突という欺瞞』新評論、二〇〇四年）。

フランスの月刊国際問題誌『ル・モンド・ディプロマティーク』（インターネットでその主要な論文を翻訳で読むことができる）には、今日の国際政治経済が抱える問題についてのシャープな分析に基づく論説が数多く掲載されている。たとえば、二〇〇二年七月号の「自由主義の罠と対峙するブラック・アフリカ」という論説の中で、セネガルのエコノミストであるサヌ・ムバイがグローバリゼーションの問題についておよそ次のように述べている。「グローバリゼーションとは、世界の人口の一五％しか占めていない先進国が、世界の金融の九五％を支配することによって、世界の生産の半分を担っている人びとの生死を掌中にしている現実のことである」と。この雑誌の別冊にあたる『*Maniere de vivre 75*』には、特集号「もう一つのグローバリズムの行動提起」と題して、私たちの「もうひとつの地球村」運動を鼓舞してくれる、示唆に富む多くの論文が集められている。もちろん、以上は、筆者が目を通し得た限りの一例に過ぎない。

邦訳はないが、これまで指摘した文献とは別に、今日私たちが直面しているグローバリゼーションの現実を真正面から取り上げて注目される業績も少なくない。その中で「グローバル・ヴィレッジ」というコンセプトを用いて論じているものを二、三紹介しておこう。年代順に引用すると、まず、一九九四年に初版、一九九八年に二版が出された『*Global Village or Global Pillage*』（Jeremy Brecher and Tim Costelle, South and Press）がある。ここでは、欧米主導の政治経済の大きな流れをグローバル・ヴィレッジととらえ、それが地球規模での労働条件の悪化や環境など社会的出費の増大をもたらし、また同時にそれに対抗するもうひとつの大きなうねり、「下からのグローバリゼーション」を作り出しているると指摘する。そしてこのうねりは、働く人たち、農民、環境主義者、消費者、貧しい人たち、それに国境や南北格差を越えて連帯する良心ある人たちによって支えられていると主張する。次に私たちが邦訳版『オリエンタリズムを超えて』（片岡監訳、新評論、二〇〇一年）を上梓した著者フレッド・ダルマイヤーの『*Alternative Vision*—— *Path in the Global Village*』（Rowman & Littlefield Publishers, 1998）にも示唆に富む指摘が秘められている。たとえば欧米近代の不十分さや限界を補完する思想家を援用して、「国際的な正義と民主主義の実現は可能か」、あるいは「グローバル・コミュニティは成立するのか」などの極めて今日的な課題に迫っている。今一つは、アルフレド・トロハーディの『*The Age of Villages*—— *the small village vs. the global village*』（Villegas editions, 2002）である。この書は、九・一一前後の国際政治経済の一つひとつの事象を指摘しながら、現代が同一化と多様化という二つの大きな流れ、すなわち、世界を席巻して一色に染め上げようとするトレンドと、地域のアイデンティティや個性や伝統に価値をおく思潮とのあいだでぶつかり合う時代にあるととらえる。その上で、この激しいバトルの本質、それが世界にもたらす変化、そして現代世界を二分するこの相容れないファクターの対立の特徴を述べている。

冷戦の終了後、時代状況に即した新しい研究が数多く輩出してきていることが肌で感じられる。いずれの文献も、現代を容易ならざる矛盾と対立が地球規模で激化し、深刻化しているとの認識で一致している。しかし、それに対する対処法について言えば、必ずしも一致した具体的提示があるわけではない。

## 五　「もうひとつの地球村」に向けたシナリオを求めて

「もうひとつの地球村」は、今ある多様な地域から成り立つものであるだけに、すべての国・地域の人びとが参加することによって開かれる概念である。したがって「もうひとつの地球村」とは、それぞれが今生きているその地に存在すると考えることから創造される概念である。大都市であれ、地方都市であれ、田舎であれ、移動する砂漠の地であれ、ゆったりと山河が広がる大地であれ、森であれ、極北の地であれ、あるいは紛争に明け暮れている土地であれ、今人びとが生活を享受し、あるいは命をつないでいる、その地こそがその人にとっての「地球村」なのである。

私たちは、それぞれの現実を受け止めて生き抜いている世界中のさまざまな人たちの気持ちを尊重し、その人たちが抱く希望、あるいは絶望にさえ敬意を払う。このことを前提とした上で、それぞれの地域で多様に暮らす人びとの希望を出発点とし、その希望を支援するような、地方政府・国家・世界のあり方を希求する試みが今必要なのである。

二〇〇一年一月にブラジル南部の革新自治体ポルトアレグレで始まった「世界社会フォーラム」は、その後、毎年一月に開かれるようになり（二〇〇四年、インドのムンバイ（旧ボンベイ）で開かれた以外はポルトアレグレで開催）、毎回五〇〇〇以上のNGOと五～一〇万人の人びとが参加し、各分科会ごとに大討論集会を重ねている（ウィリアム・フィッシャー&トーマス・ポニア編／加藤哲郎監訳『もうひとつの世界は可能だ』日本経済評論社、二〇〇三年を参照）。その目的を「世界社会フォーラム原則憲章」は次のように謳っている――農村・都市、女性・男性、先住民、労働者、失業者、ホームレス、高齢者、専門家など「あらゆる国のさまざまな分野の人が声を上げる場を提供する」こと、そして「世界の市民社会を代表することを意図したものではなく」「分権的で非党派的なものであり」「ひとつの方向性を設定するものではない」こと。そのメイン・スローガンは「もうひとつの世界は可能だ（Another world is possible!）」であるが、これはアメリカに主導された市場万能論の新自由主義《ネオリベラリズム》に反対し、「下からのグローバリゼーション」を模索するものである。

こうした動きの中で、私たちも、GN21という研究者のNPOとして、「もうひとつの世界」を「もうひとつの地球村」に読み替え、その実現のシナリオに向けて活動を続けている。それは、日本に根を下ろしながら、世界と日本が抱える非道理や矛盾を見つめ、コミュニティを基礎とした世界の「下からの」動きを「地球村」という言葉に託し、

「もうひとつの地球村」の創造を目指すものである。

現在、先進国の約八〇％の人びとが都市に住んでおり、途上国の都市人口も、現在の平均三五％から二〇一五年には五〇％を超えると予測されている。二〇世紀に引き続き、二一世紀も（主として途上国の）都市化の時代であるとするならば、私たちの来たるべき住みかを地球「村」と呼ぶことには疑問も生じよう。しかし、市民生活の原点である「村」が都市の「村」の内部にもたくさんでき上がっていくとするならば、「もうひとつの地球村」は「グローバル・コミュニティ」という呼び名で置き換えてもよいだろう。

いずれにせよ、二〇世紀はその対極の世界を標榜した。経済成長中心・大企業中心・中央中心・国家中心・大国中心の世界を築き、その延長線上に、アメリカ中心のグローバリゼーションの世界を築いてきた。とくに軍事と警察は、国家権力の中で最重要部分を占めてきた。その構造を逆転させ、経済成長よりも人間開発中心、大企業よりも中小企業重視（先進国でも途上国でも企業の九九％は中小企業である）、中央よりも地方中心、国家よりも市民中心、大国よりも中小国中心の世界を築いていくためのキーワードが、「もうひとつの地球村」あるいは「グローバル・コミュニティ」なのである。

「もうひとつの地球村」あるいは「グローバル・コミュニティ」の中心にはローカリズムがある。それは、農業の再生、地産地消、スローフード、スローライフ、グリーンツーリズム、地域産業・地域文化の再発見と創出、地域環境保全と景観、都市と農村の共生に基づく「地域おこし」等を推進し、同時に国家をサポート・センター（地方自治とローカリズムを支える機能）に変える運動である。今日、先進国は例外なく財政難と高齢社会に直面しているが、このことは有償・無償のボランティア運動やNGO／NPO運動とのパートナーシップの中で協働していかないと、国家による今後の社会・政治運営が機能しえなくなることを示している。しかもその状況は、途上国にもそう遠くないうちに訪れる世界現象となりつつある。

バイクであふれるハノイの街角
一度モータリゼーションの波が入ると普及が早い。ベトナムでは改革開放後の10年で一気に増えた。

「もうひとつの地球村」とは、(1) 地域住民の生活の場との結びつきに基礎を置き、(2) 地域の諸問題に対応し、(3) 地域の雇用を創出し、(4) 安心（雇用・生活・環境・福祉）や誇りの持てるまちづくりを推進し、(5) そうした活動に携る地域住民の生きがいを創出する機能を備えた、世界の農村および都市におけるコミュニティを指す。そして「もうひとつの地球村」は、そのようなコミュニティをつくり、ネットワークを広げ、「下からのグローバリゼーション」に結びつけるような運動と表裏一体の概念でもある。

「もうひとつの地球村」の目標は、グローバリゼーションと、地方分権の世界的な流れと、財政難にともなう中央・地方政府中心主義の世界的な行き詰まりの中で、NGO—GOシナジー（非政府組織—政府組織との協働の相乗効果）を前提にした、ローカリズムに基づくグローバル・ネットワークの構築にある。

したがって、本書によって新たに設定された「もうひとつの地球村」の定義は、次の五つの点で、これまでイメージされてきた「地球村」の概念とは異なる要素を含みもつことになる。

(1)アメリカ主導でつくりあげられた生活と経済の維持システムを「上からのグローバリゼーション」としてとらえ、それに対抗する「下からのグローバリゼーション」を提起している点。

(2)各地で起こっている「ローカルなもの」あるいは「ローカルな生活」の見直し、すなわち、スローライフ、スローフード、地域おこし、都市のコミュニティ・ビジネス、環境保全運動、「保守こそ革命」(宮本憲一)等の動きを評価し、それを地球大に結びつけて、グローバリゼーションの組み換えを提起している点。

(3)既存の「地球村」運動の多くが農村希求的であるのに対して、現代世界が都市を中心にして動いている状況に留意し、都市と農村が共有する運動への組み換えと、都市と農村との共生を提起している点。

(4)NGO―GOシナジーをキーワードとしている点。たとえば、日本の消費者生協は、二一〇〇万人の会員を擁する市民運動でありながら、その経済規模は全国小売総額の二%にとどまるという限界をもっている。その理由の第一は、消費者としての枠組みにとどまったために、農協など、生産者が進める安全・安心な食料供給の流れと連携し、生産現場と結びついた全国組織に育てることができなかったからである。第二は、都市生活者の生活スタイルを変えるような運動(たとえばスローライフ運動)に結びつけることができなかったからである(その典型は、農家に対しては「なるべく農薬を使わないでほしい」と要求しながら、自宅では蚊の一匹にも有毒殺虫剤を使用するような行動パターンに現れている)。第三は、行政や地元企業と連携するなど、安全・安心のライフスタイルを地域全体の運動として位置づける発想が乏しかったからである。NGO―GOシナジーは、運動を点と線から面に広げ、地域ぐるみの運動へと展開させるだろう。これはヨーロッパの社会的企業と同じ発想である(細内信孝『地域を元気にするコミュニティ・ビジネス』ぎょうせい、二〇〇一年)。

(5)最後は、文化を重視している点。これは私たちが忘れてならない大切な一点である。「ローカルなもの」あるいは「ローカルな生活」に基礎を置くためには、各地域の現場に依拠できる文化が重要となる。「もうひとつの地球村」

を理論化するにあたって、私たちが文化文明の要素に多くのページを割き、「誰もがふるさとを取り戻せるような文化」を追求したのもそのためである。

## 六　本書の構成と内容の骨子

本書の構成は、第一部と第二部に分かれている。第一部「多様な地域から発信する『もうひとつの地球村』構想」は、七つの論文からなる社会科学的分析であり、グローバリゼーションの現状からコミュニティでの具体的な展開までを網羅し、コミュニティづくりにおける多様な取り組みの現状と展望を明らかにする。第二部「『もうひとつの地球村』版文化・文明論」は、六つの論文からなる人文科学的分析であり、「多様な文化・文明の共存でこそ地球村はよみがえる」というテーマのもとで、「もうひとつの地球村＝グローバル・コミュニティ」を構築していくための具体的な文化・文明モデルが提示される。以下、各論の概要を記す。

**第一部総論「アメリカ版グローバリゼーションの矛盾と地球村版グローバリゼーションの展望」**（木村）では、矛盾を深める「上からのグローバリゼーション」の構造と、今後期待される「下からのグローバリゼーション」の構造の全体像に迫る。「下からのグローバリズム」論では、市民社会イコールNGO／NPOと考える意識から脱却し、住民の生活の場である地域（コミュニティ）を視野に入れた。農村だけでなく、人口の多数が住む都市コミュニティも検討される。

**第1章「巨大国家から補完性政府へ――『政府の役割』の大変動」**（木村）では、「福祉国家」や「経済国家」に代表される二〇世紀型の国家が、市民社会や経済界との協働（パートナーシップ）により、「福祉社会」という形で運営される新しい政治システムとして動き出しつつあることが論じられる。そこでは、ローカルの多様性に立脚した地域おこしを支援する機関として、地方自治体や中央政府をどう組み立てていくのかが提示される。

**第2章「都市コミュニティの再生と地域協働の創造」**（中田）では、都市形成とともに生み出された人間疎外という問題がどのように蓄積されていったかを論じたうえで、都市地域社会像の中から構築されるべきコミュニティのあり方を構想する。町内会・自治会の重要性に留意しつつも、伝統的な共同とは異なる長期的・総合的な将来像と、その合意形成の必要を説く。

**第3章「コミュニティ・ビジネスの発展——地域に立脚した支えあう社会へ」**（山崎）では、地域雇用の創出と活性化に寄与する日本のコミュニティ・ビジネスの全体像を明らかにする。各種の具体的な取り組みを紹介しながら、(1) 地域資源の掘り起こしと事業化による地域経済循環の拡大、(2) 雇用の場の創出と拡大、(3) 経済効果の地域定着、(4) 地域文化の発掘と継承、(5) まちづくり、人づくり（人間発達、生きがい）への連動といった点で、コミュニティ・ビジネスの役割を論じ、その担い手である個人、NPO・自治会・協同組合などとの結びつきがどのように有効に機能しているかを指摘する。

**第4章「町おこし・村おこしと農村地域経済の再建」**（竹谷）では、農村コミュニティによる地域おこしの現状と展望を描き、日本の農村社会を舞台に、日本発のアジア型営農システムの展開を模索する。ヨーロッパの観光農業、スローフード運動を参考にしつつ、「一村一品型村おこし」を超える「地域資源活性型村おこし」（地産地消、農業公園、道の駅、農家宿泊、高齢者や兼業農家の生き甲斐農業、非農家住民とのふれあい農業など）の豊富な経験が盛り込まれている。

**第5章「イタリアの地場産業発展モデルによる『もうひとつのグローバル化』の可能性」**（マルティノ）では、世界的に注目を浴びるイタリア北東部や中部の産業集積地域の開発に焦点をあて、その理論的総括を行う。イタリアの中小企業ローカル・ネットワークは「フレキシブル（柔軟な）」と「スペシャリゼーション（特化）」に特徴づけられるが、それが国際化によってどのような独自性を身につけたのか、詳しく分析される。

第6章「地域づくりにおける住民参加と『もうひとつの地球村』への展開——環境マネジメントから持続的な発展へ」（金谷）では、富士山の湧水を守り自然を回復させる静岡県三島市の先進的な取り組みを紹介する。二〇団体で設立されたNPO法人「グラウンドワーク三島」と三島市役所および地元企業との、理想的な三者協力の実践例である。三島の先進的なところは、地元学生の参加にもある。

第二部総論「『もうひとつの地球村』から見た戦略的文化・文明論」（幸泉）では、世界各地の文化・文明の諸相を検討しながら、定義づけがきわめてむずかしいこの二つの語の意味を吟味し、「もうひとつの地球村」において確定されるべき文化・文明の意味が考察される。ここでは「持続的（sustainable）」「友好的（sociable）」「精神的な（spiritual）豊かさ」という「三つのS」が、来るべき文化・文明の鍵として提示される。

第7章「『もうひとつの地球村』をめざす法文化——ナイジェリアの多元的裁判制度」（松本）では、ナイジェリアの司法制度の考察から、「もうひとつの地球村」がめざすべき法文化の有りようを示唆する。グローバル化した単一的世界では、各国の司法制度も、西洋近代型モデルに同一化されつつある。しかし、それは本質的に紛争の事後救済をめざしたもので、多様な文化・文明の共存（共同体意識に基づく人間関係の構築）をめざす「もうひとつの地球村」には適していない。ここでの議論の焦点は、ナイジェリアに見られるような、紛争そのものの減少をめざす伝統的な慣習法による裁判制度の有効性と、それを取り入れた多元的な司法制度の必要性の検討にある。

第8章「カリブ世界に見る『もうひとつの地球村』——『揺れ』の美学を基盤として」（山本）では、カーニバルに象徴される日常と非日常との「揺れ」が「交感する人間」の復権につながるとして、「もうひとつの地球村」構想にカリブ社会の側から一つのヒントが提示される。カリブ社会は、アフリカ系人、インド系人、中国人と、多人種が混交する共存世界である。白人利益の優先社会とされるものの、自己と他者との文化的「揺れ」を受け入れながら自らのアイデンティティを確立してきた人びとのエネルギーで溢れている。フランス人植民者が持ち込んだカーニバルを独自の趣向で作り変えてきたのもそのひとつである。カリブ社会には、「もうひとつの地球村」がめざす多文化、他民族共存のための文化的基盤が秘められている。

**第9章「中世における村落共同体・都市共同体の形成から学ぶもの」**（北島）では、中世日本の荘園内に生まれた惣村《そうそん》（村落共同体）や寺内町（武装自治都市）を、「もうひとつの地球村」がめざす地域共同体の先行モデルとして取り上げる。とくに、近畿・北陸・東海地域に存在していた浄土真宗を紐帯とする村落共同体や都市共同体では、精神生活における門徒としての連帯意識だけでなく、実生活においても信仰を同じくする「兄弟」として集団的民主主義が実現していた。そこで営まれた「共同体」が、今日的民主主義の実践とどうつながるのかがこの章の主題となる。

**第10章「『もうひとつの地球村』と多文化主義・多言語主義の問題点——カナダ、オーストラリア、EUにみる民族共生の試み」**（高垣）では、多文化主義や多言語主義がもつ問題点をカナダ、オーストラリア、ヨーロッパの人びとの経験から考察する。カナダとオーストラリアは多文化主義をうたっているが、言語政策の面では、それぞれ二言語主義と一言語主義を推進している。これは文化のみならず言語そのものの多様性も教育政策などで尊重しようとするEUとは対照的である。言語問題は国民や民族の統合に直結する問題として、国民国家にとっても未解決の領域である。言語権が個人に属するものか、集団に属するものかといった議論とともに、多様性を求める「もうひとつの地球村」にとっては大きな課題である。

最後に、**第11章「『もうひとつの地球村』を生きる——五島からの便り」**（奴田原）では、日本の本島の西の果て、長崎県五島列島を新たな生活の場として選んだ著者の個人的な体験を通して、「もうひとつの地球村」に生きることの意味が語られる。「グローバル化社会」で生きることが、たえず自己が何かに「なる」ことをめざす行為であるなら、「もうひとつの地球村」で生きることは、つねに今「ある」自分と向き合う行為である、という思いにゆきつく過程が描かれる。

# 第一部　多様な地域から発信する「もうひとつの地球村」構想

バングラデシュの農村。雨季には道路がなくなり、電気がない村も多い。「ひとつになりつつある地球」からは遠い。

総　論

# アメリカ版グローバリゼーションの矛盾と地球村版グローバリゼーションの展望

木村宏恒

## はじめに

筆者は、前著『地球村の思想』第一部総論「グローバリゼーションの重層性と国家およびローカリズム」で、グローバリゼーションの四層構造を次のように提起した。

**第一層**　カネ、モノ、人、情報の地球大での量的に急速な拡大にともない、地球各地の距離感が縮小し、相互結合関係が質的に高まった状況。

**第二層**　超大国アメリカによる国益を反映した、グローバル・スタンダード（世界標準）のアメリカン・スタンダード化とその追求。

**第三層**　アメリカ以外の各国（EU、開発途上国）が自国の国益を念頭において、それを反映した国際標準（各国の利害を調整したInternational Standard）をつくろうとする動き。

**第四層**　各国のNGO（非政府組織）や地方政府など、各国中央政府ではなく地域（ローカル）の市民社会を担う行動主体が、自分たちの行動規範（人権、環境、地域おこし、各地の文化の国際化など）を国際的な標準のあり方に反映していこうとする動き。これは「観客民主主義（数年に一度の選挙以外は政治をテレビで観客として見るだけ）」から「参加民主主義」への動きと連動する「下からのグローバリゼーション[1]」というスローガンに象徴される。

今回の第一部総論では、その議論をさらに進め、第二層のアメリカ版グローバリゼーションが矛盾を深めてきているその構造と、第四層の「下からのグローバリゼーション」の展開の全体像に迫りたい。「地球村」という言葉はこれまで、たんに「地球各地の距離感の縮小」「市民の地球市民化」といった意味で使われてきた。これからは、「上から」と「下から」のグローバリゼーションを区別すべきである。「地球」に「村」をつける以上は、現実の世界各地の「村」（ローカル）の現状から出発した、「下からのグローバリゼーション」と結びついた「地球村」でなければならない。本章ではそうした角度からの議論を展開したい。「上からのグローバリゼーション」を推進する世界経済フォーラム（ダボス会議）に対抗して、二〇〇一年からは世界社会フォーラムが開かれるようになった。(2)そのスローガン「もうひとつの世界は可能だ」の基本もまた、「下からのグローバリゼーション」にあると考える。

## 一　アメリカ版グローバリゼーションの矛盾

冷戦後のアメリカの影響力があまりにも大きいために、グローバリゼーションそのものを「尊大なアメリカ」の中心化＝「悪い方向」と考える人もいるが、グローバリゼーションそのものは、「より深い、今日の世界の構造変動を現す概念」(3)である。それは、グローバルな金融と生産がネットワーク化し、新しいコミュニケーション・システムが展開している状況、平たく言えば、モノ、カネ、ヒト、情報の量的な拡大が未曾有の展開を遂げ、その結果、地球大の結びつきが質的な転換を迎えている状況を言う。

しかし現状はアメリカを中心とした先進諸国による「上からのグローバリゼーション」が、グローバリゼーションの本義に矛盾をきたす状況をつくり出している。より具体的に言えば次のようになる。

まず生産においては、アメリカを中心とした六万の多国籍企業が世界に進出し（二〇〇〇年）、八二万の海外支社をつくり、それらが世界生産の二五％と世界貿易の七〇％を占め、売上高で世界ＧＤＰ（国内総生産）の約五〇％を占め、グローバリゼーションの中心に君臨するようになったが、その結果、この世界は国家の集合体として成り立っているものの、国内生産と消費構造は高度に国際依存するという状況を生み出した。しかし同時に、それは先進国の現象であり、地球人口の八割を占める途上国のうち、貧困層やローカルな部分は「膨大な例外」になっているという問題も浮き彫りにした。

次に、非常に多くの先進国企業が賃金の安い途上国で経済活動を展開することになった結果として、先進国の賃金水準も停滞し、夫婦共稼ぎをしないとやっていけない家庭が増大した。企業は大量にパート労働者を雇う方向を強め、日本でも就業者の三割はパートやフリーターという状況になった。若年層のフリーターは五〇〇万人にもなるという。彼らは企業にとって安上がりの労働力であると同時に、短期的な使い捨て労働力であり、長期的な訓練を積んでその仕事で一人前になるということを想定されていない。彼らはまた、家庭をもって子どもを大学にやるような収入を将来に渡って期待できない。知識社会の進展と個人の能力向上がこれからの国際競争力の鍵と言われているなかで、若年層の非正社員化は、長期的には社会の質・再生産能力に影を落としている。

高名な経営学者ピーター・ドラッカーは、「アメリカ経営者に対しては所得格差を二〇倍以上にするなと言ってきた。経営陣が大金を懐に入れつつ大量の解雇を行うことは、社会的にも道徳的にも許されない。必ず高いつけとなって返ってくる[4]」と警告した。しかし、今日の日本でも所得格差は二〇〇〇倍もの規模に達している。「環境におけるリスクもさることながら、不平等の拡大こそが、いま世界が直面する最大の問題である[5]」（ギデンズ）。

社会において競争は必要不可欠である。たとえば、杉を育てるには根が競争するように密に植え、元気に育った木以外は間伐していく。これを「どうせ間伐するなら」と、最初から間を離して植えるとよく育たない。競争社会は基本的になくてはならないものだが、中庸をはずした競争原理主義＝市場原理主義となると話は別である。ギデンスが言うように、競争によって「七〜八割の敗者を生む」ことを想定するような社会は論外である[6]。日本の大学制度もこの論外に入るだろう。一八歳あたりでどのレベルの大学に入ったかが一生ついて回る。これを「入口文化」論という。実際には「自由」できる大学在学中に大差がつき、上位国立大学にトップレベルで入学した者が挫折して、補欠で入学した者がトップレベルで卒業して社会で活躍することも少なくないが、大学中につけた付加価値は企業ではあまり問題にされない。

東京大学教育学研究科教授の佐藤学らは、入学者選抜の重点を一八歳から二二歳以上にシフトさせ、学歴の中心を大学院に移し、大卒後、目的意識を持った人びとの競争が行われれば、学歴社会が教育を歪める問題は存在しなくなるとしている。(7) 大卒後の約一〇年、企業や大学院に入った若者が互いに切磋琢磨し、一部は転職していくものの、多くはそれなりの専門職になっていく。望ましいのは、再挑戦の場が多く用意され、多様な「一芸に秀でる」場があり、「あらゆる生きとし生けるものはその存在意味をもっている」という社会的価値観が定着していくことだろう。

グローバリゼーションがもたらした変化は、こうした生産システムの面だけに限らない。より大きな変化は世界金融システムの超国家化である。スーザン・ストレンジは一九八六年に『カジノ資本主義』(8) を書いて、世界資本主義が生産ではなくマネーゲームによって富を生む体質になってきていることに警告を発した。そして九八年には『マッド・マネー――世紀末のカジノ資本主義』(9) を出版し、マネーゲームが九〇年代のコンピュータと衛星通信技術の革新によってとてつもなく拡大し、九五年のメキシコ金融危機、九七年の東アジア通貨危機、九八年のロシアとブラジルの金融危機などに結びついていったことを論じた。アメリカはどの国も抱えている国内金融体制の欠陥を批判したが、国際金融の大規模投機が危機の引き金になったこと（金融「自由」市場の構造欠陥）は否定できない。

ストレンジは、「もし世界経済市場がつまずくことがあるとすれば、それはウォール街（あるいは株式市場全般）から始まるだろう」(10) と書いた。八七年のニューヨーク株式暴落は世界を震撼させたが、二〇〇二年に起こったアメリカの巨大企業エンロン社の不正経理露見と倒産事件は、アメリカ自体の会計制度の欠陥を示す衝撃の事件となった。(11)

ブッシュ（子）大統領選挙支援の筆頭的存在であったエンロン社は、自由化の波に乗って電力の転売転売（電力ころがし）で電力価格をつりあげ、超複雑化した金融工学を使った粉飾決算・損失とばしで株価を値上げした。そして、政治献金で会計法修正を操作し、会計検査会社をコンサルタント化して抱き込み、投資銀行（ウォール街）と結託していた。そこでは世論操作こそが企業戦略の根幹となった。ニューヨーク市立大学の霍見芳浩は、その著『日米摩擦』[12]のなかでアメリカ論を次のように展開している。アメリカの基礎はフロンティア（西部開拓）から出発しており、そこは弱肉強食（ホッブズ的力の理念）の世界であった。アメリカは四割台の国民が毎週教会に通うきわめて宗教的な国家であるが、西部開拓では「汝殺すなかれ」と説く聖書と、銃の社会が共存してきた。その論理からすれば、企業競争で身勝手は当たり前であり、「自由競争」と言いつつ補助金をもらい、保護を受けるダブル・スタンダードは普通のことである、と。

一九八〇年代に日本の対米貿易黒字が一〇〇〇億ドルの規模になった時、日本企業はもうけたドルをアメリカに留めることを要請され、アメリカの国債購入、不動産投資、銀行預金などを余儀なくされた。その結果、八五年プラザ合意（アメリカの巨大な貿易赤字に対応するためニューヨークのプラザホテルで合意されたドル安誘導協調介入）後の円高などで何兆円もの損失を被った。今日、一〇〇〇億ドルを超える対米貿易黒字を抱える中国も同じことを要請されている。高名なビジネス・コンサルタントの大前研一は、「今、世界の貯蓄を通貨別に見ると、米ドルが六八％、ユーロが一〇％、円が五、六％であり、アメリカの経済規模二〇％からすると著しく歪んでいる。この正常化過程でもし世界資金の一〇％がドルからユーロにシフトすると、ドルは暴落する」[13]という。アメリカ版グローバリゼーションに基づいた国際経済システムは、このようにいくつもの火薬庫を抱えているのである。

## 二　アメリカと他の先進国および途上国との矛盾

前記『地球村の思想』の拙稿でもふれたが、一九九九年一二月に開催されたＷＴＯ（世界貿易機関）シアトル会議の歴史的意義は大きい。いわゆる「社会運動のグローバリゼーション」の幕開けである。[14] 会議会場の外には、企業の国外進出に反対する地元アメリカの労働組合をはじめ、アメリカ農産物の自由化（輸出）に反対する途上国の農民やNGO、環境規制のゆるい途上国への企業進出に反対する環境団体など、これまで立場を異にしてきた世界中の諸団体から約五万人の市民が集まった。しかし、より大きな事態は会場のなかで起きた。アメリカの主導権に対してヨーロッパや途上国が反対し、会議は暗礁に乗り上げた。

世界貿易をめぐる先進国と途上国との間の国際会議は、一九六四年にUNCTAD（国連貿易開発会議）を舞台に始まったが、八二年の同カンクン会議（メキシコ）では、レーガン米大統領とサッチャー英首相が、以後途上国とは話し合わないと宣言、南北対話は事実上ストップしていた。一方、四五年発足のGATT（関税と貿易に関する一般協定）で自由貿易の例外扱いを受けていた途上国が、九四年発足のWTOでは一律加盟を強いられた。そのためシアトル会議は実質的に南北対話を再開する場となった。本稿の冒頭で述べたグローバリゼーションの四層構造の第三層とアメリカとの矛盾が顕在化したのである。二〇〇三年九月のカンクン会議で、WTOの行き詰まりはいよいよ明らかとなった。

米欧の国民レベルでは今日でも幅広い歴史的・文化的共通基盤が存在するが[15]、イラク問題に代表されるアメリカの中東政策をめぐる米欧関係は構造的・文化的ギャップを拡大させている。これは、ネオコン（新保守主義）勢力を率いるカウボーイ大統領のユニラテラリズム（単独行動主義）とヨーロッパとのギャップである。二〇〇四年五月には一〇カ国を加えて二五カ国となった拡大EU（ヨーロッパ連合）が実現し、ヨーロッパ勢力のGDP合計額は九兆ドルと跳ね上がった。これはアメリカの一〇・四兆ドルに匹敵する規模（＝影響力）であり、もしアメリカが国際主義に復帰すれば、アメリカ、EU、ロシアの三者間での話し合いによる国際問題への対応体制構築は可能となろう。今日、アメリカの軍事費は露英仏独日中の軍事費合計を上回ってはいるが、イラク戦争後の平和構築過程は、アメリカの単独行動主義の限界を示すものとなっている。

アジアにおける国際主義への道はなお険しい。冷戦時代から今日まで、東アジア各国はアメリカを扇の要としてそれぞれ個別にアメリカと結びついてきた。その意味でアジアの中心はアメリカであった。現にアメリカは、マレーシアが提唱したＥＡＥＣ（東アジア経済コーカス）のような東アジア諸国の結束を高める地域連合は認めず、たとえ認めたとしても、それはＡＰＥＣ（アジア太平洋経済協力会議）のようにアメリカが主導権を握るものに限った。この面で、アジアの問題意識はフランスのそれと通じるものがあった。すなわち、バラバラのヨーロッパを支配し続けるアメリカの存在を認めるのか、それとも十分な力で交渉できるヨーロッパ人によるヨーロッパを形成してアメリカに対応していくのか、と同様の意識がアジアにもあったのである。

一九九七年の東アジア金融・経済危機で事態は変わった。対米貿易黒字を減らすために円高、ウォン高、台湾ドル高が誘導された八五年のプラザ合意以後、日韓台の企業は、大挙アメリカ、ヨーロッパ、さらには東南アジア近隣諸国に進出し、ＡＳＥＡＮは外資導入をてことした未曾有の好景気を経験した。好景気に合わせて大量の国際投機資金がＡＳＥＡＮ諸国に流れ込み、タイではバブル経済の懸念が拡大して、一度に大量に投機資金が引き上げられた（九六年に一一八〇億ドルが流入、九八年には四五〇億ドルが流出）。その結果、タイ通貨は暴落した。危機はマレーシア、インドネシア、韓国にも飛火して同様の暴落を招いた（マレーシアはその後の強権で通貨の流出入を阻止したため難を逃れた）。ドルを借りて投資をしていた大部分の地元企業・銀行は倒産し、株価が二〜三割に落ちた優良企業の資産は米欧資本に買い叩かれ、気がついたら長年の汗の結晶が米欧資本に取られていた。東南アジアの人びとは、「これがグローバリゼーションだ。ＩＭＦ（国際通貨基金）に従ってわれわれはひどい目にあった[16]」と考えるようになった。外資による買い占めはナショナリズムを刺激した。九七年通貨危機は、東南アジアに「一連の問題を根本的に再考するきっかけを与えた[17]」。

アメリカやＩＭＦ側には「バブル経済を引き起こすような国内経済体制が悪い」という態度があった。東南アジアはその点を反省しつつも、「根本原因は、国際投機マネーに規制を加えない今の金融グローバリゼーションの欠陥にある」と信じた。またアメリカの影響下にあるＩＭＦはダブル・スタンダードをもち、欧米外資は救うがアジア経済は救わないと信じた。

東南アジアに対して大規模有償援助、投資、融資をしてきた日本も大損を被った。日本政府は危機打開のために緊急融資、宮沢構想（一九九八年）、新宮沢構想（九九年）などで合計約八兆円を支援した。また、日本企業に対しては火事場的買い占めを控えさせた。しかし通産省（榊原英資など／現経済産業省）が考えたアジア国際通貨基金構想Ａｓｉａｎ　ＩＦＭ）はアメリカに阻止された。

ＡＳＥＡＮ諸国は自分たちでこの危機に対応できなかったことを痛感し、日本、中国、韓国を巻き込んだ東アジア地域主義（ＡＳＥＡＮ＋３）に傾斜した。中国はＡＳＥＡＮ各国とＦＴＡ（自由貿易協定）を結ぶ明確な志向を持ちはじめていった。

これにともない日本も韓国も、成長著しい中国との貿易を急拡大させるようになり、二〇〇二年の日本の対中輸出はついに対米輸出を上回った。対米配慮を優先させる日本は煮え切らないが、「分割して支配する」ような状況におかれた東アジア諸国がＮＡＦＴＡ（北米自由貿易協定）、ＥＵとの三極で駆け引き能力のある話し合いの場を築いていくのは望ましく、「すべての道はワシントンに通ず」というような国際関係は不公平・不健全である。[18] 今日、ＮＧＯに代表される世論は、そのような不公平な国際関係を正す主体として大事な存在となっているが、グローバル化への懐疑派は、「国民型政府こそが、グローバルな不平等と不均衡な発展という災いを是正し、これと戦うための唯一の適切で確かなメカニズムであり続けると考えている[19]」。

先にふれたように、ＷＴＯの発足によって途上国は先進国と同じ土俵で競争することを受け入れた。では、主要途上国はなぜＷＴＯを承認したのか？　第一は、アメリカなどから加入を強く迫られたからである。途上国には「アメリカと対立してやっていけるのか？」という懸念があった。大野健一（元ＩＭＦ職員、現政策大学院大学教授）はこれを「強制された国際統合」[20]と表現した。第二は、工業化を進めていた主要途上国がこの自由化に乗ったからである。工業化をいっそう進めるには、先進国の貿易障壁が取り除かれること（輸出環境の変化）は好機であった。工業化は先進国の資本・技術・部品を導入しないと困難であるから、自由貿易はそれを助けるもの（外資依存型工業化）なのである。たとえば中国では、ＷＴＯ加盟により繊維産業は五〇〇万人の新規雇用を可能にすると予測した。

しかし、ナショナリズムはどうなるのか？　国民生活の基盤となる農業は犠牲になるかもしれない。小麦、トウモロコシ、大豆などの一次産品はアメリカの機械化農業に勝てないだろう。香辛料、コーヒーなどはより自由に売れるだろうが。ＷＴＯへの加盟は、発展途上国にとっては期待と不安のなかでの見切り発車となった。

大野健一は、産業基盤・制度基盤・政策上の準備等が整わないまま競争的・不安定な国際経済に加入すると、自国経済のコントロールは困難になるはずだが、アメリカはそれを承知の上で自国の通商利益を前面に打ち出して交渉したと、批判的である[21]。外資が来るような条件のよい途上国はまだよいが、そうでない途上国はどうなるのか？　輸出を促進できる国にしても、中国のように、成長著しい沿海部とギャップが拡大する内陸部との国内格差拡大は問題を深刻化させている。

ハーバード大学教授から世界銀行（世銀）のチーフ・エコノミストになったスティグリッツは、ＩＭＦのやり方では多くの途上国が不幸になると大批判を展開した[22]。ホワイトハウス、ＩＭＦ本部、世銀本部はいずれもワシントンにあり、それらの間で決定される世界経済の運営方策をワシントン・コンセンサスと言うが、スティグリッツはその内部から批判を加えたわけである。途上国の経済運営を指示する現場では、ＩＭＦ本部から次々とむずかしい政策目標が与えられ、一つ前の指示は成長の出発点に過ぎないといわれる。途上国の現場ではそのたびに目標が薄められ、達成度もまちまちとなり、ワシンーン・コンセンサスはワシントン・コンフュージョン（混乱）だともいわれる(23)。

一九九七年の東アジア経済危機は、資本主義生産体制のあり方をめぐるアジア型とアングロサクソン型のイデオロギー対立でもあった。民主化と自由市場こそが途上国の開発戦略と主張するアメリカ、IMF、世銀の開発論に対して、明治以来国家官僚指導型の開発を進めてきた日本は、戦後の韓国、台湾、シンガポール、タイなど権威主義型の開発国家による経済成長の経験を加えて、九一年にOECF（海外経済協力基金、現国際協力銀行）の機関誌で公式に世銀政策を批判した。これを受けて作成された世銀の共同報告書（妥協の産物）が『東アジアの奇跡』（一九九四年）であった。しかし、市場経済原理派は国家主導型開発に譲歩したわけでは決してなかった。九〇年代日本の長期不況と九七年の東アジア経済危機に際し、彼らは「日本型」「アジア型」の開発路線けやはり間違っていたと大宣伝に出た。

「中国は世界経済に地殻変動を起こすのか」（『ル・モンド・ディプロマティーク』二〇〇三年一〇月号）は、この間のアメリカの「日本型」「アジア型」モデルへの敵意をよく描いている(24)。『通産省と日本の奇跡(25)』を書いてはじめて（共産主義型でもアメリカ型でもない）「開発国家」論を展開したチャーマーズ・ジョンソンは、一九九九年に韓国研究のカミングス夫妻とともに『開発国家論(26)』を出した。同書は、フランスこそが開発国家の典型と論じ、イギリス以外の後発資本主義ヨーロッパと日本・アジアNIES型との類似論を展開した。また、ロナルド・ドーアは二〇〇〇年に『日本型資本主義と市場主義の衝突――日独対アングロサクソン(27)』を出した。同書は、冷戦後は二つの資本主義をめぐる戦いが繰り広げられており、後発資本主義の道を歩む途上国には日独型が適しているのではないかと示唆した。ドラッカーも同様、次のように指摘する。「官僚の優位はほとんどあらゆる先進国で見られる。英語圏の一部（アメリカ、カナダ、オーストラリア、ニュージーランド）が例外である。日本の官僚の優位はフランスに比べるとまだ劣っている」「日本の官僚制はわれわれが考えるよりはるかに耐久力がある。日本の官僚は、長年の不祥事と無能の暴露にもかかわらず、権力を維持してきた[28]」。

『国家衰退の神話[29]』を書いたリンダ・ウェイスも、冷戦後の世界は、資本主義の世界大の拡大に直面しているのではなく、異なった種類の資本主義の競争に直面していると論じ、要旨次のように述べている。「国家の否定」は本質的にアングロアメリカンのものである。アメリカ国家も国内では弱いが、外交では強く、国益を守るためには超大国（＝強い国家）として現れる。一九九七年経済危機に際してマレーシアとインドネシアを分けたものは、国内制度の弱さ＝国家の対応能力（transformative capacity）の差であった。なぜ韓国は九七年危機に直面したか？　アメリカで訓練されて帰国した経済学者が増え、過去一〇年に国家主導を弱めたからである、と。

日本では、政治家、経済人のみならず、マスコミ、学者までアメリカ一辺倒という印象だが、国際主義を世界システムの構造にするためには、もっとヨーロッパ型と接近し、ヨーロッパモデルに学ばなければならない。

## 三　地球村版グローバリゼーションの展望

ヨーロッパの政治は、一方ではEUという超国家機関に上昇するとともに、他方では地方分権と補完性原理（Principle of Subsidiarity）に下降している。補完性原理とは、本書第1章の政治論でより詳しく展開するが、自律・自助・互助の精神に則り、個人やコミュニティで対応できることはそのレベルで対応し、対応できない、あるいは非効率なものは市町村などより上部の単位に移譲するか、そこでも対応できないものはさらに上の州や国に移譲するという、下からの自律と要望を基礎とした国家のあり方をいう。この用語は一九九三年EU発足時に、「地方の多様性と独立を尊重し、それぞれに異なる要求を政策に反映してこそ、ヨーロッパ統合は真にヨーロッパ市民の期待にこたえる成果を生み出すことになる」という精神の下でマーストリヒト条約（ヨーロッパ連合条約）に盛り込まれたこと

インドネシア1999年総選挙
民主化後の期待のなかでの選挙（左）と選挙監視ボランティア（右）。選挙後の腐敗政治は民主主義への真の失望をもたらした。途上国では「名目的民主主義」からの脱却が課題である。

から有名になった。そして、この原理に基づいてEUには地方代表委員で構成される地域委員会が設置され、EU内の地域開発、環境政策、交通・通信ネットワークなどにあたることになった[30]。

地域コミュニティの運営においては、教会やボランティア団体の積極的なかかわりが想定されている。一九九〇年代から先進国、途上国ともに「ガバメント（政府）からガバナンス（協治）へ」（第1章参照）というスローガンのもと、政府とくに地方政府は地域の問題を市民社会や経済界と協調して三者のパートナーシップで運営し、従来のように「お上」＝政府だけで運営されるべきではないというガバナンスの通念が普及してきた。日本の地方自治体も今後は、構造的な財政難に直面していることから、NPOの協力を得て、それぞれのNPOに補助金程度の支出をし、政府サービスを肩代わりしてもらおうという動きが大規模に出てくるだろう。しかも、このような形の政府サービスは中央でなく地方政府の裁量下にある仕事でなければならないという前提がある。すなわち、地方自治がなければ機能しないという考えである。

イギリスのメージャー保守党内閣（一九九〇～九七年）の政策を引き継いだブレア労働党内閣（九七年～）は、NPOを積極的に活用し、福祉「国家」を福祉「社会」に変え、さらに失業者や高齢者に仕事＝社会参加を促そうと、「福祉（welfare）」社会から「労働（workfare）」社会に変える政策を展開してきた。そこでの政府構造は、半政府組織（Quasi Govemmental Organization：Quango）の集合体として特徴づけられるようになった。イギリスで見られるのは、国家機構が契約ベースによるサービス機関（独立行政法人／ＮＰＯ）の集合体へと変容する政治システムの変化である。しかし政府契約で成り立つこれら地元サービス機関は、資金と権限を出す中央政府に説明責任をもつことから、中央政府の役割を低下させるわけではない。実際イギリスは、ＥＵが補完性原理を採択した時、これでＥＵによる中央集権化は阻止されたと喜んだ。この採択によりＥＵは、加盟各国から委任されたことしか手をつけられなくなったのである。

一九九〇年代の世界的な民主化の潮流（共産主義体制と途上国開発独裁体制の崩壊）のなかで、政治が住民の要求により近づくと想定される地方分権は、民主化の中心的な柱の一つとして、先進国、途上国を問わず時代をリードするものとなっている反面、「地方の王国」をつくるだけだとか、とくに途上国においては「中央の汚職が（権限の拡大にともなって）地方に移転する」といった否定的な認識も根強い。地方分権はそれ自体が評価されるものではなく、分権化された地方政府がさらに下のレベルに権限を移譲し、参加型民主主義を採り入れ、ＮＰＯなどとも協働する「ガバメントからガバナンスへ」とその自治の形態を変えて、はじめて評価できるものになる。筆者はこれを「二重の地方分権」と呼ぶ。民間企業では当たり前であったＣＳ（Customer Satisfaction＝顧客満足）の論理は、八〇年代以降、次第に行政にも採り入れられるようになった。

地方の住民が抱える諸問題から出発すると、一般的には、まず第一に道路や上下水道整備などインフラの整備、第二に地域経済振興による仕事づくり、第三に治安、福祉、コミュニティの活動が活発な安心・安全の組織化、第四に環境保全が出てくる。これらはいずれも「まちづくり」の基本となるものであり、地方自治とまちづくりはローカルな意識を高める。一九七〇年代の石油代金の高騰が欧米文明の中東イスラム世界への大浸透（お金があれば何でも買える）をもたらし、その反作用としてイスラム原理主義を台頭させたように、コカコーラとマクドナルドに象徴されるグローバリゼーションはローカリズム意識をかえって強めるという反作用現象もある（「グローバル・パラドックス」と言われる）。ブレッチャーらはその著『下からのグローバリゼーション』[31]のなかでNGO／NPO（あるいはCSO Civil Society Organization, 市民社会組織[32]）にその主体を見出した。市民社会組織をイコールNGOと結びつける論者も多い。

近現代世界は農村社会を都市型社会に変えた。先進国では人口の八〇～八五％が都市に住む。都市社会は文化の中心であるが、コミュニティが根づかずにきた。ドラッカーが『ネクスト・ソサエティ』において提起するのは、「二一世紀は、人間環境としての都市社会にコミュニティをもたらすべきNPOの爆発的な成長を必要としている」[33]というものであり、町内会的な地縁組織ではなく、知識労働者の意思と心に基づく「選べるコミュニティ」「多様なコミュニティ」の成長である。

市民社会組織を論じる場合、第一の特徴にあげられるのはその多様性である。市民社会組織のよくある定義は、家族、趣味の会などの私的部分と国家との間にある（ラリー・ダイアモンド流に言えば[34]）「公的性格をもった」すべての組織、となる。それを分類すれば以下の五つになる。

(1)私的社会（parochial society）――ここでは公的目標を掲げない宗教、体育・文化、趣味の会が含まれる（これらが公的目標を掲げると(4)の「市民社会」に移動する）。

(2)経済社会――企業関係。

(3)政治社会――政党、圧力団体など。労働組合も、日常は(4)の「市民社会」の一部であるが、選挙で政党を支援すると「政治社会」の構成団体となる。

(4)市民社会――パットナムは(1)の「私的社会」も「市民社会」の一部とするが[35]、ラリー・ダイアモンドは公的目

表　市民社会組織＝広義のNPO（非営利組織）の範囲

| | |
|---|---|
| 最狭義 | 特定非営利活動法人（NPO法人） |
| 一般的な範囲 | ボランティア団体、市民活動団体 |
| アメリカで一般に使われている範囲 | 社団法人、財団法人、社会福祉法人<br>学校法人、宗教法人、医療法人 |
| | 町内会・自治会（地域コミュニティ組織） |
| 最広義 | 労働団体、経済団体、協同組合、信用組合 |

標を掲げる団体に限定して「市民社会」とする。

(5)国家諸機構――地方政府を含む。

市民社会組織は、既存の団体が圧倒的に多く、民衆志向のいわゆる「草の根」市民社会組織はごく一部である。今、厚生省（現厚生労働省）の分類[36]を若干加工してその全体像を示すと、表のようになる。

ＮＰＯはボランティア団体＝無償とイメージされがちだが、彼らも食べていかなければならない。有償で程度の差はあれ報酬を出さないと、ボランティア精神だけでは運動は持続性をもちえない（ドラッカーは、企業に比べて政府の経営はなっていないが、ＮＰＯの経営はもっとなっていないという問題意識から『非営利組織の経営』を書いた[37]）。ここでは、ＮＰＯ（Non-Profit Organization）はＮＰＥ（Non-Profit Enterprises）、すなわち非営利企業にならなければならないと考えられている。

第三セクターと呼ばれる政府と民間企業の中間部門には、大規模な経済セクター＝雇用の場が拡大している。八時間労働制の枠を取り払えば、高齢者にも雇用のチャンスが広がり、広範囲な社会参加＝生きがいの場を提供することができる。共産主義体制の崩壊とポスト資本主義社会で見えてきたものは、第三セクターの巨大な台頭である。

また、住民運動といえば、かつては対政府・対企業の対決型が多かった。しかしながら、今日国際社会で広く語られるガバナンスのモデル、すなわち政府―企業―市民社会の協働モデルは、「ＮＧＯ―ＧＯシナジー」（非政府組織と政府組織の協働による相乗効果)」というキーワードに示されるように、三者間の協調型が想定されている。某地方自治体の経験者は次のようにいう。「日本でもだいたい一九八〇年代に、住民運動のパターンは対決型から協調型へと変わっていった。今では彼らは役場のパートナーであり、自治体運営の不可欠な構成要素となっている。パートナーシップが市の運営のキーワードだ」と。町内会も労働組合も生活協同組合も商工会議所も、世界的にはみな市民社会組織であり、途上国においてはコミュニティや宗教団体が市民社会組織の中心なのである。

市民社会組織をイコールNGO／NPOと考える意識から脱却し、住民の生活の場である地域(コミュニティ)の諸問題から出発することが求められている。こうした考えは、多国籍企業がつくるグローバル・スタンダードの単色世界ではなく、世界各地の「地域おこし」と「ローカリズム」が発する多様性とネットワーキングに満ち満ちた「下からのグローバリズム」を構想するための前提である。

しかし、たとえ世界が多様であっても、その中心に超大国アメリカと多国籍企業が位置する限り、たとえば多国籍企業で働く者が、VISAカードでエキゾチック・バリを楽しむというように、ローカル文化は周辺的に利用されるだけで終わるかもしれない。したがって、多様なローカリズムがグローバル世界の中心に座るためにはどのような筋道をつけるかが問題となる。

地域といっても、タイの場合のローカリズムは、中央政府の発案による地方振興政策の一環として位置づけられており、その地域開発は市場＝輸出志向型、しかも国際生産統合システムにいかに合わせて生産するかに焦点があてられ[38]、地方文化の再生とは結びついていない。むしろローカリズムの諸要素を「上からのグローバリゼーション」にどう組み込むかが図られ、その生産システムをグローバル・スタンダードにいかに「下から合わせる」かについて努力しているのが実状である。

では、各国主要都市におけるエスニック・レストランの流行はどう位置づけるべきか？　あるいは、大分県大山町の一村一品（実際は一村多品）運動の「梅ジャム」（都市の人に売れてこそ商品価値がある）は「上からのグローバリゼーション」の一部なのか、それとも「下から」のものなのか？　岐阜県郡上市（旧郡上郡八幡町）の無形民俗文化財「郡上踊り」のロサンゼルス公演はどちらか？（芸術の世界では「単一支配スタイルなし」は当然であるから、これが多様性の世界のモデルなのか？）

「上から」と「下から」の中間には、途上国における、そして先進国を含むローカルの場におけるグローバリゼーションの幅広い「翻訳的適応」[39]（地域的脚色）がある。高度にアメリカ化されたフィリピンでは、ローカリズムは事実上存在しない。グローバリゼーションのなかでフィリピンが問われているのは国民的アイデンティティ、ナショナリズムなのである。また、インドネシアでは、地方分権化によって各地の民族意識と結びついた後ろ向きのローカリズムが盛んである。地方自治体職員の採用は、能力でなく地元民族を優先してなされる。とはいえ、今日の世界は国レベルだけでなく、地域レベルでも多民族社会になってきているから、結局すべての要素は混ざり合っている。ヘルドらは、「ラジカル派はローカリズムに潜在力を求め、グローバル化の諸力によって生み出されたガバナンスの課題を解決しうるとしている点では、あまりにも楽観的すぎるように見える」[40]と書いた。

ドラッカーは、市場は一つであるとする想定は間違いで、実際にはグローバル市場、国内市場、地場市場という、ほとんど関わりのない三つの市場が重なって展開していると考える。ヘルドらも、現代の経済と金融は現実にはグローバル化というよりも経済活動が高度に国際化しているにすぎず、圧倒的にナショナルな次元で組織され、国際化によって補完されているとし、経済と金融は総じてナショナルとローカルのレベルにあって、今日の世界経済の中心と周辺もそれほど強く統合されているわけではない、という考えに着目している。

グローバル経済を過大評価してはならない。その端的な例は環境問題の側面からとらえることができる。経済のグローバル化をめざすかつての工場は公害の代名詞であり、工場地帯と居住地域は分離すべきものと考えられていた。

今は職住接近が考えられている。現代的工場は有害廃棄物を出さなくなったのである。住民に被害が及べば社会的な非難を浴び、もはや企業経営が成り立たなくなるであろう。企業体質の変化には、地域住民による長年の公害反対運動と、それに対応した行政、企業の三者による努力があった。今や企業は社会貢献・地域貢献を掲げ、環境保全運動にも貢献するようになっている。リサイクルは産業的に引き合うものになりはじめ、新しい産業分野を開き、すでに鉄の六割はスクラップから、またガラスの九割は使用済みガラスから再生されるようになっている。エコ・エコノミーとゼロエミッション（廃棄物ゼロ）社会への具体的な道筋も盛んに議論されるようになっている[41]。環境保全運動はまさに「下から」の運動が世界システムにインパクトを与えた例だと言えよう（ただし、環境問題は基本的に国際政治の範疇であり、政府の政策は「力」の論理で決まってくるものだから、前途は多難である）。

## 参考文献をかねた注

（1）Falk, R., *Predatory Globalization: A Critique*, Chap.8 Resisting "Globalization-from-Above" through "Globalization-from-Below", 1999. よくまとまったものに、Brecher, J. & others, *Globalization from Below: The Power of Solidarity*. South End Press. Cambridge, 2000 がある。

（2）世界社会フォーラムについては加藤哲郎ホームページ参照（http://member.nifty.ne.jp/katote/ecoforum.htm）。また、松下冽「グローバリズムへの挑戦——ローカルの視点から」関下稔・小林誠編『統合と分離の国際政治経済学』ナカニシヤ出版、二〇〇四年。

（3）ヘルド&マッグルー／中谷義和・柳原克行訳『グローバル化と反グローバル化』日本経済評論社、二〇〇三年。

（4）ドラッカー、ピーター／上田惇生訳『ネクスト・ソサエティ』ダイヤモンド社、二〇〇二年。

（5）ギデンズ、アンソニー／佐和隆光訳『暴走する世界——グローバリゼーションは何をどう変えるのか』ダイヤモンド社、一九九九年。

（6）ギデンズ、アンソニー／佐和隆光訳『第三の道——社会民主主義の刷新』日本経済新聞社、一九九九年。

（7）佐藤学・苅谷剛彦・池上岳彦「教育改革の処方箋」『世界』二〇〇〇年一一月号。

（8）ストレンジ、スーザン／小林襄治訳『カジノ資本主義』岩波書店、一九八八年。

（9）ストレンジ、スーザン／櫻井公人はか訳『マッド・マネー——世紀末のカジノ資本主義』岩波書店、一九九九年。

（10）同前書。

（11）赤木昭夫「エンロン事件——ひとつの時代の自壊」『世界』二〇〇二年一二月号。フサロ、ピーター&ミラー、ロス／橋本碩也訳『エンロン崩壊の真実』税務経理協会、二〇〇二年。

（12）霍見芳浩『日米摩擦』講談社、一九八九年。
（13）大前研一「イラク戦争後を襲う新たな冷戦『アトランティックウォー』に備えよ」『ＳＡＰＩＯ』二〇〇三年六月一一日号。
（14）"The New Radicals", *Newsweek*. Dec.13, 1999.
（15）ゴードン、フィリップ「米欧対立を埋めるには」（Foreign Affairs論文）『論座』二〇〇三年四月号。
（16）Higgot, R., "The International Relations of the Asian Economic Crisis", Richard Robison and others eds., *Politics and Markets in the Wake of Asian Crisis*, 2000.
（17）同前書。
（18）参考文献として、ゴードン、バーナード「自由貿易構想という危険な妄想」（Foreign Affairs論文）『論座』二〇〇三年一〇月号、カプチャン、チャールズ&ウォルフレン「アメリカ時代の終焉、世界と日本の選択は」『論座』二〇〇四年三月号。
（19）ヘルド&マッグルー、前掲書。
（20）大野健一『途上国のグローバリゼーション――自立的発展は可能か』東洋経済新報社、二〇〇〇年。
（21）同前書。
（22）スティグリッツ、ジョセフ／鈴木主税訳『世界を不幸にしたグローバリズムの正体』徳間書店、二〇〇二年。
（23）Naim, M., "Washington Consensus or Washington Confusion?", *Foreign Policy*. No.118, 2000.
（24）http://www.diplo.jp/（記事二〇〇二年一〇月）。
（25）ジョンソン、チャーマーズ／矢野俊比古訳『通産省と日本の奇跡』ＴＢＳブリタニカ、一九八二年。
（26）Cumings, Meredith Woo ed., *The Developmental State*, 2000.
（27）ドーア、ロナルド／藤井真人訳『日本型資本主義と市場主義の衝突――日独対アングロサクソン』東洋経済新報社、二〇〇〇年。
（28）ドラッカー、前掲書。
（29）Weiss, L., *The Myth of the Powerless State*, Cornell UP, 1998.
（30）ＥＵ地域委員（http://jpn.cec.eu.int/japanese/europe-mag/1998_0102/buttonsp18.htm）。その他、Google（http://www.google.co.jp/）などで「補完性」「Subsidiarity」の記事を見よ。
（31）Brecher, J. & others, 前掲書。
（32）ＮＰＯは日本でだけ使われる呼称で、アメリカではＰＶＯ（民間ボランティア組織）、途上国一般ではＮＧＯ（非政府組織）、インドではSocial Work Groups（社会活動団体）と呼ばれる（斉藤千宏編『ＮＧＯ大国インド』明石書店、一九九七年）。ＮＧＯの専門家野田真里（中部大学助教授）は、一般名称としてはＣＳＯ（市民社会組織）がふさわしいとする。
（33）ドラッカー、前掲書。
（34）Diamond, L. *Developing Democracy toward Consolidation*. Chap. 6 Civil Society, 1999.
（35）パットナム、ロバート・Ｄ／河田潤一訳『哲学する民主主義――伝統と改革の市民的構造』ＮＴＴ出版、二〇〇一年。

(36) 厚生省『国民生活白書（特集「ボランティアが深める好縁」）』二〇〇〇年、一三〇頁。
(37) ドラッカー、ピーター／上田惇生訳『非営利組織の経営』ダイヤモンド社、一九九〇年。
(38) Kaothien, U. & Webster, D., "Regional Development in Thailand: New Issues, New Responses", in UNCRD coordinated *New Regional Development Paradigms*, Vol.2., 2001.
(39) 前川啓治『開発の人類学――文化接合から翻訳的適応へ』新曜社、二〇〇〇年。
(40) ヘルド＆マッグルー、前掲書。
(41) ブラウン、レスター／福岡克也監訳『エコ・エコノミー』家の光協会、二〇〇二年。

全国で展開される町おこしは、NGO 活動とともに下からの地球村づくりの旗手である。
町おこしを知る研修は、若者にも人気がある。(岐阜県の多治見市役所前で)

第1章

# 巨大国家から補完性政府へ

## 「政府の役割」の大変動

木村宏恒

# はじめに

一九八〇年代にサッチャー英首相とレーガン米大統領が始めた「巨大国家」による「小さな政府」への転換は結局実現しなかった。産業国家・福祉国家はあまりにも深く体制に組み込まれており、あまりにも多くの人が政府の福祉事業に依存しているため、修正はできても廃止するには無理があった。GDPに占める政府財政支出はむしろ増える結果になった。しかしながら、サッチャーのイギリスやニュージーランドなど、アングロサクソン系の国から出発して、日本や途上国にも幅広く普及した、行政の効率化をめざす新公共経営（NPM、New Public Management）の手法[1]は、二〇世紀に発達した巨大国家型の政府のあり方を大きく変えた。サッチャー首相はイギリスを独立行政法人（Agency）の集合体に変え、自治体改革にも手をつけた。それは、ブレア・イギリス労働党政権に代わっても引き継がれた[2]。高齢化社会の到来にともなう財政支出増と国家の財政危機は、先進国に共通する問題であり、国家中心の福祉「国家」体制を続けることが不可能であることは、今や誰の目にも明らかである。

　中央政府は民営化や地方自治体への権限移譲を促進し、地方自治体は市民社会団体に政府が行うサービスを移譲して、協働関係、パートナーシップを促進する。福祉「国家」は福祉「社会」に転換し、地方自治体は市民サービスにあたって単独で行うのではなく、市民社会と協力して主として調整役を担う。こうした方向づけが、二一世紀における政府の役割のあり方として浮かび上がってきている。コミュニティから出発する「もうひとつの地球村」は、地方自治体と連携し、さまざまに工夫された地域おこしのネットワーキングを国内に、さらには世界に拡大し、「下からのグローバリゼーション」につなげていく展望をもつ。地方自治体は、地域おこしや地域福祉をサポートするために存在すべく編成される。それが、「下からの地球村」づくりの第一歩である。このとき中央政府は、そうした地方自治体へのサポートを第一の目標として編成される。以上が本章のメッセージである。

ＥＵでは、その発足に先立って一九九一年に締結されたマーストリヒト条約で、補完性原理（Principle of Subsidiarity）を政治制度の基本として規定した。補完性原理とは、地方の多様性と独立を尊重し、下から発案される地域づくりの出発点として、コミュニティでできることはコミュニティで行い、コミュニティで不可能なことや非効率なことは市町村、州・県、国といったより大きな単位が順に補完していくという、住民に身近なところから出発する政治システムを指す。[3]日本の市町村でも住民参加型の町づくり、地域おこしが盛んになってきているが、その発想は基本的に同じである。

共産主義体制が崩壊し、途上国の権威主義体制（開発独裁）も次々と崩れ、一九九〇年代には世界的に民主化が進んだ。しかしながら、途上国の民主化は独裁からの「移行（transition）」を果たしたものの、「これでも民主主義か」と多くの民衆が失望する「名目的民主主義」や「低水準民主主義」を生み出した。民主主義が広く良い制度として受け入れられる「定着（consolidation）」状態にはほど遠い現状がある。[4]中東のようにすべての国が非民主体制を維持している地域もある。

途上国だけでなく先進国においても、民主政治への信頼は危機的状況にある。しかしながら、民主政治を望ましい制度と考える人は九〇％を超えている。「民主主義は多くの欠陥を抱えるが、他のどの制度よりましな制度である」というわけである。政治への関心が薄れているわけでもない。

イギリスの社会学者ギデンズは、民主主義を深化させる「民主主義の民主化」を提唱する。[5]一時「強い国家、弱い国家」論が流行ったが、「健全な民主主義は三本足の腰掛けのようなもの」であって、強い（しっかりした）政府、強い（しっかりした）市場・ビジネス、強い（しっかりした）市民社会が互いに協働し、地域づくりや政治に対応することが望ましい姿だとするのである。

二〇世紀に取り組まれた福祉国家は、住民サービスの代名詞である福祉を国家が行うシステムであった。しかし、二一世紀型の民主主義では、こうした国家のあり方に対して変化が求められはじめている。それは、台頭する市民社会組織と地方自治を中心として、「CS、Customer Satisfaction＝顧客（住民）満足」「住民とのパートナーシップ」「ガバメント（政府）からガバナンス（協治）へ」をキーワードとするものに、あるいは参加民主主義に対応するものに、さらには住民要求を基礎とした地域づくりに対応するものに変わってきている。

なお、ガバナンスという言葉は多義的に使われている。アメリカにおいては、ガバナンスは政治を排除した行政管理学、政府経営の方法の範囲で論じられているが、ヨーロッパやUNDP（国連開発計画）では、二〇世紀型の政府とは質的に異なる参加型の政府を意味し、国家と社会の関係の変化を象徴する新しい概念として理解されている。(6) 本章では後者の意味でこの言葉を使う。

## 一　巨大国家から「小さな政府」へ、さらに市民との「パートナーシップ」へ

二〇世紀の政治は、一九二〇年代の世界恐慌に対応するため、国家が経済と福祉に大規模に介入する巨大国家・行政国家をつくりあげた。それ以前も、資本主義社会の国家は決して小さなものではなかった。「夜警国家」（国家の役割を治安等最小限にとどめた国家）という言葉は最初から間違いであった。アダム・スミスの『国富論』は、「見えざる手」の働きで市場それ自体の論理が展開すると議論したことで有名だが、それでもスミスは同書第五編で、法を整備し、税金を集め、公債を発行し、国防を整え、道路や水道などの公共事業を行い、教育などの公共施設を整える政府の役割があってはじめて、「見えざる手」は機能すると考えた。

その後政府の役割はとてもスミス程度では済まず、都市計画を実施し、弱い立場の労働者を保護するために最低賃

金法など労働条件や、失業保険・災害保険・年金制度、さらには保健・医療制度や環境保護政策を整えるなどの必要に迫られた。そのうえで、郵便、鉄道、市バス、政府金融、公営住宅、電力などの公営事業で国民経済のバランスある発展を支える産業国家と、救貧制度を超えた全国民対象の教育、保健・医療、年金などを支える福祉国家とを発展させたのである。

日本の公務員数は先進国中非常に少なく、国家公務員一〇〇万（自衛隊を含む）、地方公務員三二〇万、国立大学などの独立行政法人や住宅公団、道路公団など公社・公団の準公務員を入れると計約五〇〇万人。人口が倍のアメリカでは二〇〇二年で連邦二四三万、軍人一四〇万、地方一五六〇万の合計一九四三万人が公務員職であるから、その数では日本の約四倍である。各国別比較では、軍人を除く行政職員は、人口一〇〇〇人あたり、日本三七人、イギリス七八人、フランス九三人、アメリカ七一人、ドイツ七〇人である（一九九八年）[7]。

巨大国家の民主主義制度の下では、民衆は野球場の観客のように、プレイヤーとしての政党による政治を「観客席」からながめ、数年に一度の選挙のときにその意向を投票に反映させるだけの「半主権人民」[8]となってきた（「観客民主主義」とも言われる）。政治の主体は政党（とメディア）であり、主権を有する「人民」は投票日の一日だけ主権者となる。それも一票の有効性の薄さを感じながら投票、あるいは棄権する。これでは、いくら「あなたは主権者である」と言われても、「それはリップサービスである。まあ名目的・形式的にはそうだ」と考えるのが自然であろう。また、巨大国家の下では、官僚の仕事への監視体制や情報公開もきわめて脆弱であった。

しかしながら一九八〇年代になると、官僚制肥大化の弊害と国家の財政危機が叫ばれ、「小さな政府」を旗印に、新公共経営の導入（公務員組織に民間企業の経営論理を導入）が図られるようになった。そこでは、国営企業民営化、政府部門の一部の独立行政法人化、清掃・データ処理などの民間委託、民間資本依存型公共事業（Private Finance Initiative）、補助金を通じた第三セクター／ＮＧＯ／ＮＰＯの活用などが導入されることで[9]、住民に対するＣＳ（顧

## 表　行政機能の外部化

| 処理形態 | 具体的事例 |
|---|---|
| 個別独立法人方式 | 特別会計方式、独立法人方式、官立民営方式 |
| 外郭団体企業方式 | 公営企業方式、公社団体方式、第三セクター |
| 民間委託処理方式 | 企業外注方式、公益法人委託、住民団体委託 |
| 民間移管遂行方式 | 民間資金主導（PFI）方式、NPO方式、アウトソーシング（外部委託）方式 |

客満足）の視点が企業論理から公務論理に取り入れられ、「ガバメント（政府）からガバナンス（協治）へ」というスローガンとともに住民とのパートナーシップが、公共サービスの基本的運営方法として普及していった。

民間資本依存型公共事業については、よく知られたものにＢＯＴ（Build, Operate, Transfer＝建設し、操業し、政府移管する）がある。これは高速道路や発電所、港湾を建設する際に、政府と二〇～三〇年の契約を結んだ民間企業が公共施設を建設し、利用料金を契約期間内に取って利益をあげた後、その施設を政府に引き渡す方式である。予算なしでインフラ（産業・社会基盤）建設ができるという点で、途上国ではよく使われる手法である。高寄昇三『地方自治の政策経営』[10]を援用すれば、こうした「行政機能の外部化」の全体像は表のようになる。

ガバナンスの一つの柱が地方自治の拡大であった。「地域のことは地域で」という地域おこしや都市コミュニティ創生運動の流れが、二〇世紀型の国家構造に地殻変動を起こしている。地方自治体の力はまだまだ構造的に強い。それゆえ、こうした地殻変動にも対応せざるを得なくなっているといえる。

地方自治、地域おこし、ローカリズムの流れは、「下からの地球村」の政治構造構築につながる可能性を持っている。その方向性を象徴するのが、キーワードとしてのＮＧＯ―ＧＯシナジー（非政府組織と政府組織の協働・パートナーシップによる相乗効果）である。では、その実態はどの程度のものなのか、一九七〇年代の住民運動のように「あぶく」と言われる程度のものなのか、それとも政治の構造変動につながり得るものなのか。ここで考えてみたい。

## 二　「国家官僚」と官僚制主導の政治枠は後退するのか？

日本は明治以来、官僚国家として運営されてきた。官僚はその分野の専門家として二〇～四〇年働き、長期的視野で、調査・計画立案・政策遂行を行う。一方政治家は、次の選挙での再選をにらみ、短期効果が期待できる政策を好む。地位は不安定で任期も長くない。こうしたなかでは官僚が国家政策の基本を決め、議会が「承認する」パターンができる。そのように議会による決定のたんなる執行者ではなく、実質的な政治的決定に携わる官僚を「国家官僚」という。日本は長年このスタイルでやってきた。日本以上にフランスが官僚国家であり、アングロサクソン以外の後発資本主義国はこのスタイルであった(11)。途上国でもこのスタイルが一般的であり、トップエリートは、政治家ではなく高級官僚の道を選んできた。ただし、ブラジルやメキシコなど中南米では、アメリカと同じく選挙ごとに大量の上級職公務員が、当選した政治家による選挙の論功行賞で政治的に任命される。アメリカでは五～六〇〇〇人だが、ブラジルやメキシコでは約五万人の公務員が交代する(12)。アメリカでは、ハーバード大学の卒業生が公務員になることはない。アメリカは民尊官卑の国なのである。中南米でも官僚による着実・長期の計画など考えられない。それでも、公営企業などを通じて官僚機構は肥大化した。その結果、中南米は「失敗した開発国家」の典型となった。

では、世界的に潮流となった地方分権は、国家構造としての中央集権体制の後退につながるのか？　事態はそれほど簡単ではない。本節では途上国もある程度見据えながら、主として日本の議論を行うが、筆者はこの間フィリピンとインドネシアの地方分権の実験を調べてきた。フィリピンでは一九九二年の地方分権後も、中央集権体制が維持されてきた。二〇〇一年から本格的な地方分権を実施したインドネシアでは、実態がどうなっていくかまだ不明な点も

農業（第一次産業）を食品加工（第二次産業）や観光（第三次産業）と結びつけて町おこしを構想する。そのリーダーのひとりとなった農民の話から学ぶ若者たち（愛知県美浜町）。

あるが、中央政府はなお大きな権限を保持している[13]。日本においては九九年の地方分権一括法・地方自治法大改正と、上からの強権的市町村合併が抱き合わせにされ、中央政府は「地方の時代」と言えるような政治を実現するつもりがないことを強烈に示した。行政学者の新藤宗幸は、最近の論文で、経済産業省中堅キャリア組を中心メンバーとする行政改革推進事務局によるポピュリズム（大衆主義）のもとで、官僚支配が復権しつつあることを明らかにした[14]。

筆者が考える中央―地方関係のなかの地方分権キーワードは、次の四点を特徴とする。

(1)　**「不平等なパートナー」モデル**　中央―地方は法的には対等だが、実際には対等ではない。「従属の複合システム」と呼ぶこともできる。

(2)　**「中央集権下の地方分権[15]」**　地方分権は一応実施しても、財政や大きな権限、実質的な権限は中央が握りつづけている。日本を含むアジアの地方分権はほとんどこれである。

(3)　**「中央分権・地方集権」**　中央集権といっても、内実は「省あって国なし。局あって省なし」で中央省庁が横の連絡なく、仕事をしている。垂直にばらばらで降りてくる中央の各種プロジェクトをまとまりあるプロジェクトに統合再編して実施するのは、地方政府の集権能力である。ただし多くの途上国では中央集権縦割り体制が末端まで貫徹し、「中央分権・地方分権」となっている。

(4) **中央集権—地方分権連続体**（centralization-decentralization continuum）[16]　中央政府は、公共政策決定過程で、開発の全国的空間的配置に貢献する。土地利用、都市再開発、再定住、天然資源利用などがそれである。また、政府サービスの国民的平等化も推進する。中央政府は計画実施などで、また地方政府は首都圏との結びつきや全国的・広域的計画などで、どちらも他方を必要としている。

ところで地域開発といった場合、多くの議論は州・県を越えた「広域の地域」を意味する「リージョン」（region）と、「特定の地域」をさす「ローカル」（local）とを区別していない。これは地域を考える場合の基本的な問題である。たとえば、大分県の平松守彦知事（二〇〇二年当時）は、「私が提唱した一村一品運動はそれぞれの地域の潜在力を引き出し、リファインして『ローカルにしてグローバル』に評価される地域力をつくる運動であり、同時に魅力ある『人間力』を作り出す運動である」[17]という。ここでは地域はローカルで考えられているが、一方で氏は「県民性を地域力に転化する」と言う。つまり、「村」と「県」と「地域」のレベルがほとんど区別されていない。今、「地域」（region, local）の単位を区切ると、次のようになる。[18]

(1) **マクロ・リージョナル・レベル**　EU、ASEANなど国家連合を単位として構築される地域。リージョンとしてはもっともよく使われる。

(2) **サブ・リージョナル・レベル**　ASEAN成長の三角地帯（シンガポールを軸にマレーシアのジョホール州とイン

ドネシアのバタム島とを結んだ地域）や環日本海構想（日本海を囲む北陸地方、朝鮮半島、ロシアの極東地方の交流を深める構想）など、国の一部が国境を越えて参加する地域。

(3) ナショナル・レベル　文字通り、国家単位で区切られる地域。

(4) ミクロ・リージョナル・レベル　道州制単位のようなもので、東北地方など、一つの国のなかの一部の地域。

(5) 州・県レベル　一つの国のなかでリージョナリズムとローカリズムが交錯する地域。

(6) 市町村レベル　「村おこし」「町おこし」等、ローカリズムの舞台となる地域。

(7) コミュニティ・レベル　都市の町内会、あるいは行政村のなかの自然村レベルという狭義の地域。ロバート・チェンバースが「参加型開発」を論じるのはこのレベルである。[19]

これまでの地域開発政策は、中央政府によってつくられた地域開発（regional development）政策であり、その目的の中心は、地方中核都市の工業化とその経済効果の周辺への普及（trickle down）にあった。[20]途上国の国家経済開発庁などがつくる地域開発の基本はこのレベルである。地方自治の単位である地方政府の基本三層構造は、(1) 州・県、(2) 市・町・郡、(3) 村・町内であるが、州・県については、アングロサクソン以外の近代国家の場合、おおむね中央集権的である。中央集権の基本戦略は Prefectoralism（中央派遣統治）にあり、Prefectとは中央派遣の地方長官を意味する。これは植民地行政の基本でもあった。[21]一九九一年地方政府法以後のフィリピンの州政府庁舎も、中央政府各省の総合出先機関的様相を変えることはなかった（一八省中五省だけが省による「上からの発案」で分権）。

「中央集権」対「地方分権」のせめぎあいもあるが、日本の分権では、地方といえば「三割自治」の下で中央の出先機関的色彩をなお残す府県主体が一般的で、各府県とも市町村に対しては集権的であった。四七都道府県庁職員の合計は、三二〇〇市町村職員の合計より多かった（一九九九年で一七〇万人対一四六万人）。現在の分権論議は市町を軸に行われているが、住民自治・住民参加よりも行政効率性（地域経済支援）を優先する考え方からいけば、広域行政が望ましい時代になっており、道州制議論（北海道、東北、…九州、沖縄などの地方ブロックを行政単位とする動き）の主体は府県である。一方、大型公共施設が機能するためには、一五～五〇万人都市が望ましい。しかしその規模では住民自治論、住民参加論は弱くなり、参加型の基礎自治体としては無理がある。地方分権を進めようとすればするほど、その受け皿としての自治体の規模は重要な論点になってくる。[22]

世界的に、町内会・自治会（地区・校区）レベルの役員はたいてい公務員ではなく、少額の手当だけが支払われるボランティアで構成される。補完性議論はこのレベルに自治の重点を移すものだが、そこでは地域住民参加型の中心舞台ができあがり、NPOよりも地域コミュニティが前面に出ることになる。ドラッカーが『ネクスト・ソサエティ』[23]で主張する都市コミュニティの群生は、地縁型ではなく、NPOの集合型であるが、地方自治体・コミュニティの二本柱はこれと同じくらい重要な主体となり得るものである。

## 三　参加型とNGO―GO―COシナジーに向けた地方政府構築の方向性

市町村レベルでのNGO―GOシナジーは、地域による大差はあれ、世界的に進められている。地域開発（地域づくり）では参加型開発が注目を浴びている。日本の市町村でも、長期総合計画をつくるにあたっては、たいてい参加型で作成している。今、参加型の構成要素は次の四つに分けることができる（市町村によって多様ではあるが）。

(1) 役場の各課
(2) 地方議会の各委員会

(3) 市民団体＝農協、商工会、観光協会がその代表＋α（たとえば愛知県足助町で三六団体、同県長久手町で五〇団体）
(4) 地域団体＝町内会（自治会）、町内会（自治会・地区）連合会

この四要素のなかで主導権を執るのは役場である。地方政府は巨大な事業団体であり、地域社会における最大のサービス団体である。[24] 同時にまた、本来は政策官庁であり、総合行政を行うべき組織である。政策の基本は現状を数字（統計）で把握し、現場をよく知っていることである。民間活力の有効活用も必要である。地方政府は、地域の市民、企業、大学、自治体職員による共同経営政府であるという観点から、地域における人材・計画作成・実施過程の「調整役」の任務を担う立場にある。また行政需要に対し、制御方式も含めて、どの程度公共部門で扱うかを組織的に判断する場となる必要がある。「行政需要があれば何でもサービス供給で応える」というやり方では膨張型自治体となり、財政危機に直結する。市民に対して行政需要を制御・規制する行政スタイルと、諸情報をもつ職員の発言の保障によって、地域おこしの主導権は圧倒的に専門家集団としての役場がもつ。[25] しかし、それは支配ではなくリーダーシップ（参加者の同意で動く）である。「職員間の民主主義」という言い方があるが、これは「末端の職員は日常的に住民と接し、満足度や苦情に触れる最前線の職員」と位置づけ、彼らが日常的にモニタリングしている意見を政策に反映させたり、そのシステムを円滑に機能させたりすることを意味する。

町村の地方議会は日本では制度的に弱い。町村議会の議員の月給は約二〇万円と、四〇～五〇歳代の一般サラリーマンの半分程度であり、議員は四年ごとの選挙で落選する可能性もあり、地位も不安定である。地方議員は勢い伝統的志向の強い定年退職者の集団となりがちであり、全国の七割の地方議会が行政側から提案される議題をすべて修正なしで承認する「フリーパス議会」になっているという。[26] 給与の高い都市部ほど若手や女性の進出が多く、今後は

欧米並みに、普通の主婦やサラリーマン層が議員になり、一般の市民も参加できる夜間や休日に議会が開催されるように変化する必要がある。

いわゆる「参加型」開発には四つのパターンがある。

(1)「動員型の参加」　市民主体の形態をとりながら、実際には上からの指導・介入により住民が参加する形態。インドネシアのスハルト権威主義政権（一九六八～九八年）下で日常的に行われた「参加型開発」はこれにあたる。
(2)「制度的参加」　農協、商工会、観光協会、あるいは既存団体役員（地方エリート）単位に限られた参加形態。
(3)「コミュニティの参加」　校区や町内会・自治会の住民が参加する形態。
(4)「幅広い市民社会団体の参加」　(2)(3)のみならず、環境・福祉・教育・町づくり等、さまざまな領域の市民団体が連携して参加する形態。

四番目の方式が望ましいが、よく言われることは、たとえばエリート層だけの参加でも、地域の実情を反映できるなら中央政府計画に従うだけのものよりはるかにましだということである。

一方、日本では、参加型でつくられた町の長期（基本）計画は町長が交代しても制度的に変わらないが、これを途上国の人に伝えると驚きの声をあげる。途上国では、制度化のレベルが低く、「人治」が支配する。首長が交代すると多くのことがガラリと変わる不安定性をもつ。

参加型はまた、住民に「私たちがつくった」という達成観を生み、それが町政を運営する政府への信頼に向かい、パートナーシップを前進させる可能性をもつ。実行できると政府への信頼はいっそう高まる。実行にあたっては、地方自治体が市民社会団体や地域団体の活動の一部を支援する場合が多くなっている。地方自治体が支援すると、町ぐるみの色彩が高まり、地元企業も寄付金や人を出して協力するようになる。こうした状況をNGO—GOシナジーと呼ぶが、本書第6章で取り上げる静岡県三島市の環境保全運動はその典型といえる。

ただし、このような協調関係は、実際には「ローカル」性に依拠した調和的共同体にすぎないと見る枠組みもある。そこでは、実際のコンセンサスはエリート層の既得権をさらに強化しかねないとみなされやすい。「ローカル」には古い支配要素が含まれるため、これを理想化したり、より広い政治経済構造から切り離すのは誤りであるとする指摘である。(27) イギリス、サセックス大学開発政治学者の故ゴードン・ホワイトも、「近年、市民社会と民主主義の肯定的関係についてのナンセンス議論が多い」、「市民社会は、社会の集団的基礎を反映しており、政治的によく代表される集団とそうでない集団の参加機会の不平等もある。市民社会は政治接近の不平等を拡大する可能性もある」と、「参加＝民主的」という考えに反対する。(28)

「市民社会とは何であり、何でないか」という議論も盛んである。筆者はラリー・ダイアモンドの『途上国の民主主義』第6章「市民社会」のなかの議論が有効だと考える。(29) 彼の定義によれば、市民社会とは、家族・親族、趣味の会、スポーツクラブなど私的社会（parochial society）と国家（政府関係諸機関）との間にある諸団体となるが、ここでは私企業などの経済社会や党などの政治社会とは区別される。具体的には次のような領域の団体を指す。

(1) 経済——経済諸団体（商工会議所、農協、生協など）
(2) 文化——宗教、民族、その他、集団の利益や価値や信念を守る諸団体
(3) 情報・教育——公的知識、ニュース、情報を普及する諸団体
(4) 利益——物的利益を擁護する諸団体（労働組合、退役軍人・退職者・専門家団体など）

(5) 開発――インフラ、制度、コミュニティ生活の改善をめざす諸団体
(6) 争点型――環境保護、土地改革、消費者保護、婦人・少数民族の権利擁護、ハンディキャップの保護等をめざす諸団体
(7) 市民――政治制度や市場の改善をめざす諸団体（投票者教育、選挙監視、汚職追放など）

ダイアモンドが定義する市民社会は、経済社会と政治社会との三並列で描かれるほか、他の社会団体との区別についても、次のように規定する。

(1) 市民社会は公的目標に関わる。ゆえに私的社会とは区別される。
(2) 市民社会は国家と関わる。しかし政治権力の支配はめざさない。国家から譲歩、利益、改革、救済、正義、説明責任などを引き出す。
(3) 市民社会は複数主義と多様性を求める。宗教原理主義、民族的排外主義、革命運動は特定分野の独占をめざすので区別される。
(4) 市民社会は個人や共同体の同一的な全体利害を代表しない。異なった団体がそれぞれの異なった利益を代表する。宗教団体も社会奉仕運動をすれば市民社会団体であり、趣味の団体も市民運動をすれば市民社会に入る。労働組合は選挙時には政治社会に移動する。
(5) 市民社会はアメリカの政治学者ロバート・パトナムの市民共同体論とは異なる。パトノムのいう市民共同体は私的団体等あらゆる団体を含むことによって市民社会より広い。しかし同時に、相互主義的で、協調主義的で、信頼的な結びつきによって水平的に構成されている団体に限定することによって（労働組合などヒエラルヒーをもつ団体を入れないことによって）、市民社会より狭い。

以上のダイアモンドの定義に従えば、市民社会団体の第一の特徴はその多様性にあるといえる。声の大きな団体も小さな団体もある。それらの団体がどの程度市民の声を代表しているのかが問題となる。結局地域をよくしていこうとする運動では、そのまとめ役がもつリーダーシップとその合意形成能力が決定的に重要である。そしてそのまとめ役は多くの場合、役場、とくに首長となる。役場がよく機能しない時は、市民運動ネットワークが対抗運動を展開することになる。しかし、地方政府がＣＳ（住民満足）や市民社会団体とのパートナーシップに基づく地域運営を基本スローガンとするところが増えている今日、市民運動は、対決型から協調型へと大きくその潮流を変えてきている。

なお、市民団体はよく、そのまとめ役の母体を「行政」と呼んでいるが、この呼称は明確な誤りであり、正しくは地方政府（ないし地方自治体）である。首長（知事や市町村長）および地方議会議員は政治家である。行政マンは部局に属し、部局の領域を越えることができない。部局を越えて総合政策を考え、さらに重点項目にプライオリティを付けるのは政治家の仕事である。[30]元横浜市長の高秀秀信は、「世論調査は世の中を見る道具でしかなく、リーダーが世論にばかり従っていたら、ろくなことにはならない」、「圧倒的大多数の税金を納めているのがサイレント・マジョリティであるはずなのに、行政が相手にしているのはオピニオン・マイノリティ（いつも大きな声を出す人）である。こうした構図がきちんと頭に入っていないと、公平・公正という判断がきちんと下せなくなってしまう」と言うが、[31]これが参加型の難しさであり、リーダーシップの重要なところである。シャットシュナイダーが「デモクラシーとは、リーダーシップ、組織、選択肢、責任と信頼の体系の問題である」と言うとおりである。[32]

地方政府のリーダーには社会の諸利害を組織し、総合的政策にまとめ上げ、実行する責務があるとする高寄昇三のまとめを再構成すると、次のようになる。[33]

(1) 地域経営には住民のニーズを把握すると同時に、長期的展望が必要である。

(2) 地域経営の発想は、官庁縦割りではなく、地域・生活といった総合的発想が必要である。

(3) 地域経営は、地域資源（産業、人材、景観など）の商品化であるとともに、地域特性の創出である。伝統文化建造物も地域特性の創出である。

(4) 地域振興は、地域の独創性の追求であるから、自律した政策展開が求められる。地域振興の起爆剤（独創性のある売りもの）をどこに見出すかはきわめて困難な作業である。

(5) 地域振興は地域社会のネットワーク化である。自治体は道路をつくれても特産品の開発・販売はできない。財源・情報・人材のネットワーク化が成功の秘訣である。

## おわりに

ヨーロッパからはじまって日本にも普及しつつある政治構造の補完性原則は、「ガバナンスとはコミュニティ、村、町からはじまること、そして地方ガバナンスとはガバナンス構造全体の基礎を提供すること、という確信を育んできた」[34]。一九九〇年、途上国の開発に取り組むＵＮＤＰ（国連開発計画）は『人間開発報告』という年報を出しはじめ、「経済成長は人間開発の手段にすぎない」として、貧富の格差が大きい途上国に対して一般的な経済成長ではなく「下層の半分」に焦点をあてた生活水準（一人当たりＧＤＰ）、知識（成人識字率、就学率）、平均余命（幼児死亡率、基礎保健の程度）の三つの基本に立つ人間開発指標（ＨＤＩ、Human Development Index）を提起した。ＨＤＩはその後、「社会的孤立を脱却する仲間組織」「環境」「平和」などの指標を加えて「人間の安全保障」に関わる基礎的概念となっていった。

同じ質をもった政策が日本でも展開されてきた。日本における現代社会政策の第一の課題は、成長経済概念としての「豊かな社会」からの脱却とともに、家族・コミュニティの衰退、資源収奪、大量生産・消費・廃棄による地球環境の悪化から脱却する「豊かな社会」の実現である。第二の課題は、多様な就業の創造である（生活の基盤における自営的な就業、非営利的でボランタリーな就業の創造）。これには週三日労働、一日四時間労働、三時間昼休みなど、自由な形態による勤労への参加（生きがい）の創造が含まれる（そこでは六五歳以上、あるいは定年後の高齢者をたんに非生産人口として扱うことはない）。第三の課題は、福祉社会の実現である。一九九〇年代の日本の福祉改革は、「福祉国家から福祉社会へ」「分権的行政改革（地方自治体に福祉行政の主権を移譲）」「地域福祉（コミュニティ・ケア＝地域住民の福祉参加）への転換」という三つのキー概念から構成されてきた[35]。

「下からのグローバリゼーション」「下からの地球村」に向けての動きは、一部の人の運動ではなく、地球上の多くの人が考えていることと合致する。この動きに合致しないのはせいぜい多国籍企業の弱肉強食、競争原理主義的側面だけである。そしてこの動きの主体は、市民社会団体と地方自治体が中心となる。世界各地で地域づくりが取り組まれている。その地域づくりに政治が対応することで、すでに地方政府は変わりはじめている。もちろんこれに対する抵抗も多く、前途は多難である。

地方には「ばらばらの共同体」としてのイメージがある。しかし実際には、地方は個別の小さな地域を越えて経済・社会・文化・政治の関係が形成される場であり、モノや情報や人が流通する場である。必要なのは「ローカルな場所でとらえるグローバルな認識（a global sense of place）」である[36]。それは、平松守彦元大分県知事が言う「ローカルにしてグローバル」と同じ概念であり、「グローカリゼーション」（グローバル＋ローカル）の名の下に、すでに広く認識されているものである。

## 参考文献をかねた注

（1）ヤーギン、ダニエル／山岡洋一訳『市場対国家』日本経済新聞社、一九九八年、とくに第一、四章十注（9）。

（2）分権・自治ジャーナリストの会『英国の地方分権改革』日本評論社、二〇〇〇年。

（3）遠藤乾「日本における補完性原理の可能性」同ほか編『グローバル化時代の地方ガバナンス』岩波書店、二〇〇三年。遠藤乾「ポスト主権の政治思想――ヨーロッパ連合における補完性原理の可能性」『思想』二〇〇三年一月号。ヨーロッパ評議会編／大津浩ほか訳「補完性原理の定義と限界」『経済と貿易』二〇〇四年三月号。

（4）Diamond, L., *Developing Democracy toward Consolidation*, Cornell University Press, 1999.

（5）ギデンズ、アンソニー／佐和隆光訳『暴走する世界』第五章「民主主義の限界」ダイヤモンド社、一九九九年。

（6）Pierre, J. & Peters, B. G., *Governance, Politics and the State*, St. Martin's Press, 2000.

（7）http://member.nifty.ne.jp/shomenif/gov9812.html

（8）シャットシュナイダー／内山秀夫訳『半主権人民』而立書房、一九六一年。

（9）大住荘一郎『ニュー・パブリック・マネジメント』日本評論社、一九九九年。上山信一『行政経営の時代』NTT出版、一九九九年。

（10）高寄昇三『地方自治の政策経営』学陽書房、二〇〇〇年。

（11）ドーア、ロナルド／藤井眞人訳『日本型資本主義と市場主義の衝突――日独対アングロサクソン』藤井真人訳、東洋経済新報社、二〇〇〇年。

（12）Schneider, B. R., "The Desarrolista State in Brazil and Mexico," in Meredith Woo-Cumings ed., The Developmental State, Cornell University Press, 1999.

（13）木村宏恒『フィリピン――開発・国家・NGO』第2章第3節「地方行政と91年地方性政府法」三一書房、一九九八年、同「インドネシアの地方分権と社会的環境管理能力形成をめぐる諸問題」広島大学国際協力研究科COE『社会的環境管理能力形成』ディスカッション・ペーパー、二〇〇三年（木村宏恒ホームページ www.gsid.nagoya-u.ac.jp/kimura からダウンロード可）。

（14）新藤宗幸「政治行政の骨格を揺るがす『公務員制度改革』」『世界』二〇〇三年七月号。

（15）遠藤宏一「競争的地方自治制と自治体経営」大阪市立大学経営学会『経営研究』49（4）、一九九九年。

（16）Hutchcroft, Paul D., "Centralization and Decentralization in Administration and Politics: Assessing Territorial Dimensions of Authority and Power," *Governance*. 14(1), 2001.

（17）平松守彦『地方からの変革――地域力と人間力―グローカルという発想』角川新書、二〇〇二年。

（18）下敷きは Mittelman, James H., "Rethinking the New Regionalism in the Context of Globalization," *Global Governance*, 2, 1996.

（19）チェンバース、ロバート／野田直人・白鳥清志監訳『参加型開発と国際協力――変わるのはわたしたち』明石書店、一九九七年。

（20）Edgington, D. & Fernandez, A., "The Changing Context of Regional Development," UNCRD organized *New Regional Development Paradigms*, Vol.2, 2001.

（21）Hutchcroft, Paul D., 前掲書。

（22）佐々木信夫『新しい地方政府』葦書房、一九八四年。

（23）ドラッカー、ピーター／上田惇生訳『ネクスト・ソサエティ』ダイヤモンド社、二〇〇二年。
（24）高寄昇三、前掲書。
（25）佐々木信夫、前掲書。
（26）服部勝弘『地方行政を変える』大村書店、二〇〇一年。
（27）Mohan, G. & Stokke, K., "Participatory development and empowerment: the dangers of localism," *Third World Quarterly*, 21(2), 2000.
（28）Robinson, M. & White, G. eds., *The Democratic Developmental State*, Oxford UP, 1998.
（29）Diamond, L., 前掲書。
（30）浅野史郎ほか『民に聞け』光文社、一九九九年。
（31）高秀秀信『元気都市ヨコハマを創る——市長からの発信』有隣堂、二〇〇〇年。
（32）シャットシュナイダー、前掲書。
（33）高寄昇三、前掲書。
（34）Work, R., Chap 2, "Decentralization, Governance, and Sustainable Regional Development" in Walter B. Stohr et.al ed., *Decentralization, Governance, and the New Planning for Local-Level Development. New Regional Development Paradigms, Vol. 3*, Published in coordination with UNCRD, Greenwood Press, 2001.
（35）堀内隆治『福祉国家の危機と地域福祉——地域社会政策論の試み』ミネルヴァ書房、二〇〇三年、四〜五頁を再編。
（36）Mohan, G. & Stokke, K., 前掲書。

アミアン市住区委員会連合および全仏住民組織・住区委員会交流会と交流する愛知県のコミュニティ組織メンバー。(2001年10月27日、フランス、アミアン市にて)

第2章

# 都市コミュニティの再生と地域協働の創造

中田　実

## はじめに

社会の経済的な発展を促し、非合理的な束縛から人間を解放する推進役となってきた都市が、豊かさを追い求める成長至上主義政策の結果としていままさに諸問題を激発させ、都市の構成員である市民とのあいだで、その矛盾を耐えがたいものにしている。資本と権力が集中する場としての都市では、市場経済が市民生活のすみずみにまで浸潤し、グローバル化の波がまっ先に押し寄せるとともに、都市間の格差と市民間の階層差をさらに拡大させ、市民生活の場としての都市の存立基盤を掘り崩そうとしている。当初は、それこそ都市の魅力と考えられていた「自由」が、アノミー（無規律と葛藤の状態）と孤独のしるしでしかないことが次第に明らかとなってきた。本来、一人では生きていけない人間は、都市で生きることがむつかしくなってきた。しかし、いまや帰るべき場所をもたない市民は、都市で生活する以外に居場所がなくなっている。都市の住民は、いまここで生きるために、あらためて自分の足元をみなおし、市民共同の生活の場を再構築するよう迫られている。

これに対応するには、都市における生活共同の成立根拠を、あらためて模索することが必要である。都市はもはや利益と権力のために競争し、戦う場でしかないのか。

都市はいまや、人口の圧倒的多数が過密状態で生活する社会である。その生活を成り立たせている新たな条件が曲りなりにも整備され、それを基盤にすることで都市生活は可能になっている。そうであれば、あらためて都市生活の基盤を探り、そこから人間の共同の場としての条件を明らかにして、その再規定を試みることが必要となっている。それによって、市民同士だけでなく自然とも共生できる持続的な生活条件を明らかにし、その条件が確保できる生活のあり方を考察することができるようになる。

本章では、都市生活の可能性をコミュニティの再生に求めようとする。ここでのコミュニティとは、もちろん、伝統的な地域共同体という過去の亡霊を呼びもどそうとするものではなく、現代の都市生活自身が生み出した条件をよりよく管理し運用することで見えてくる、新たな社会関係、ないしは地域構造を指す。それはまた、たんに住むという静態的な事実からでなく、住むことのもつ能動的な生活行動を前提とする主体的営為としての都市生活からでてくる関係、ないしは地域構造であるはずである。

都市を否定して現代の生活は語れないが、少なくともその都市は、これまでのままということはありえない。どんな都市像が見えてくるか、考えてみよう。

## 一　都市の荒廃と公共的関心の衰弱

### 強権と恣意の都市形成

日本の都市形成が計画的視点に弱いことはよく知られているところである。もちろん、都市計画がまったくなかったわけではない。明治期の「市区改止」はまず東京、大阪に適用され、ついで名古屋その他の大都市、そして順次中都市にも広げられていった。しかしそこに込められた意思は、より快適な市民生活の場を創り出すというよりも、富国強兵のための合理的な基盤づくりとして、きわめて政治的あるいは軍事的性格の強いものであった。したがって、こうした計画を作る主体はつねに国家であった（「計画高権」と呼ばれる）。こうした計画高権が行使される場面は当然、広域・大規模なものとなり、生活圏内でのあれこれの施設、たとえば生活道路や公園の建設・整備などを中心にしたものではなかった。逆に、高権が及ばない範域の開発では、小さな地域での小さな利害に基づいた開発が恣意的にすすめられるという、私権の跳梁が許される世界であった。その結果、国家的ないし広域的視点からの都市計画は、市民の共同生活を分断・破壊するものとなり、狭域における開発は、私的土地所有権の強さと自治体の権限や財政の制約という障害にあって、計画化自体が遅れるとともに、結果としてスプロール型の開発となりがちであった。都市整備は非効率となり、災害に弱い街区が作り出された。そしてそれゆえに、ある程度の開発がすすむと、あらためて区画整理が必要となり、下水道整備事業に見られるように、再開発に莫大な経費と時間を要することとなった。

都市化がすすんで多くの住民が都市に集住するようになり、日本では大正末期以降、遅ればせながら社会施設の整備がすすめられた。しかし、軍事予算の突出とその後の戦災による破壊で、都市基盤は壊滅的な打撃を受けた。戦災復興事業でどのような都市像のもとに都市再生計画が立案され、実施されたかは、とくにモータリゼーションへの展望如何による差異として現れたが、それも自動車交通の発達の促進と地域生活の分断という両刃の剣となるものであった。

戦後、日本の都市化はさらにすすみ、二〇〇〇年現在の市部人口比は七八・七％、人口集中地区（ＤＩＤ）の人口比は六二・五％、同面積比は三・三％となった。また、これを一九七〇年から二〇〇〇年の間の増加率でみると、総人口の伸び率が二一％であったのに対して、市部人口は三三％、人口集中地区は人口で四九％、面積で九五％の増加で、近年、伸び率は小さくなっているものの、都市の拡大がすすんでいることを示している。三・三％の面積に全人口の過半数が住むという国土利用のアンバランスは、過密都市の生活環境の整備を軸とする住民運動を呼び起こすものとなったし、他方では、国土の約半分が過疎地域市町村としてその存立を危ぶまれるものにしてしまった。

戦後における公営住宅団地や民間マンションの大規模な建設は、拡大する都市人口受け入れの手段となり、住宅数の確保と都市的生活様式の普及に貢献した。しかしそれもいま、居住者の高齢化と建て替え期をむかえて、新たな都市問題となってきている。また、阪神淡路大震災後の復興方式としても注目された減歩《げんぶ》（関係する所有地面積の一定比率による無償拠出）を軸とする区画整理事業は、住み続けたい人びとを選別・排除するとともに、利用に残された空間が縮減されたことへの対応策として建物の高層化を余儀なくさせ、それにより、地域環境・景観の悪化を印象づけた。

他方で、鉄道や道路への公共投資が生み出した結果としての地価の上昇が、日本では適切に公共に還元されずに地主の資産価値を増すことに寄与し、この私的所有権に基づく地主の経済的、社会的発言力の強さが、都市の権力構造の基盤を形作ってきた。都市計画の遂行には、土地所有者や地権者の協力が不可欠であることから、明治以来、行政はかれらの恣意に翻弄されてきた。それゆえにまた、行政はかれらをその統治構造のなかに組み込み、借地・借家の住民を軸に一般住民を統制支配するための仕掛けを整備してきた。衛生委員や町内会長等の役職ポストが、そのような住民統制機能の維持に利用された。いまだに語られる東京の町会の強大な力は庶民の目には見えず、よるべき組織もなく浮遊する庶民大衆は、その暮らしの場に強大な地域利害構造が厳存して、地域形成に大きな影響力をもち続けていることに想い至ることもない。相続税を払うために土地が処分され、分散化していくとしても、強大な私的所有権に基づく個人の恣意と利害関心は、計画行政にとっての最大のつまずきの石となってきたのである。

バブル経済の反動であるとはいえ、公共的計画の思想の成熟により、日本でも、公共の福祉優先の理念をうたう土地基本法が制定（一九八九年）されるまでになった。しかし、長期不況下で行われた小泉政権下の「都市再生」策が経済政策として位置づけられるや（二〇〇一年）、大都市内の局部的な開発地区での現象ではあるが、民営化と規制緩和の掛け声の下、あらためて私有制あるいは土建資本主義のブルドーザーが動き出した。政策的に創出される空間については、需給関係を無視したディベロッパーごとの超高密度開発が競ってすすめられるようになった。

これによって、まちとしての景観の保全は無視され、生活者のコミュニティ形成の条件は排除された。そして、これらを犠牲にする都市開発が、政治の力でもって、あいかわらず強引にすすめられている。容積率の緩和は建物の高層化を加速させ、人口、交通、廃棄物などの集中は都市の局所の過密化と他の多くの地域の荒廃をもたらす危険をはらんでいる。都心地区の人口減少を防ぐためにつけられた建築物への住宅併設義務（たとえば千代田区住宅付置制度要綱、一九九二年）についても、開発建築業界からはその規制緩和の要求が出されているが、こうしていっそう加速される事務所空間の新規参入の拡大は、すでに過剰が指摘されるなかで、借主を求めて既存の施設とのあいだで壮絶な競争をくりひろげることになるであろう。その結果、都市内のあちこちに不良債権化した放置施設を生みだし、周辺都市をふくめて、旧整備地区の新たな段階での衰退を招き寄せることが危惧されている。

それは、生活の場としての都市から業務空間としての都市への変質である。人の住まない業務区域が生活空間内に無秩序に割り込んでくる。そこでは生活の便利さが失われ、日照やビル風、景観をはじめとして地域環境の悪化がもたらされる。まちは住民にとってアイデンティティの持てないものになってしまう。住民の連携、連帯に基礎づけられる地域自治も、居住する住民数の減少と周辺地域からの孤立によって、その基盤を崩壊させられている。

## 生活圏拡大論の問題と人びとの接触の断片化

急激に進行したモータリゼーションと、それに押されながらも普及、発展してきた交通手段の高度化によって、人びとの生活圏は、職住分離を軸にしながら拡大を続けてきたといわれている。

しかし、この生活圏という概念は、なおきわめてあいまいである。それは普通には、通勤・通学圏、購買圏、親交圏、娯楽圏などで構成される都市圏の一部を指して用いられる。そこには、住民個人ごとに異なる私的な活動圏（それは面的な空間というより、断片化された移動線が断続的に軌跡を描くネットワーク型のものである）を指す場合と、ある地域の住民生活が共有する共同的な空間的範囲（それは、そこでの住民の生活を支える基盤となる諸施設、たとえば、学校、郵便局、商店街、楽施設などを核とするそれらの利用者の居住圏）を指す場合、さらには生活とは異質の、地域開発の視角から区分される場合とが、用語としては区別されずに混在して使われているのが実情である。

このことが、本来の地域生活の再生にかかわる主体形成についての議論をあいまいにする一つの原因をなしている。

生活圏の拡大を指摘し、その現実をふまえて新たな政策を提起しようとしたのが、新全国総合開発計画（一九六九年、以下、新全総）であった。同計画では、「現在、わが国土は、四〇〇～五〇〇の生活圏によって構成されており（新全総第一部第三　計画のフレーム、1(3)、これを地域開発の第一次圏として「それぞれの特性に基づいて、自主的な地域開発計画を策定する」ことを提案した。これは既設の市町村の範囲を越えた広域圏であるが、同計画が言うように、それは「地域開発のための基礎単位」であって、その計画策定の主体は、同年から自治省（現総務省）によって推進された広域市町村圏によるものと考えられた。しかし、その整備、充実は「地域の自主性に期待」されるにとどまり、住民は「事業の実施」に協力すべきものとされた。その意味で、住民の生活圏といえるものではなかった。

高度経済成長の破綻により計画の見直しを求められた新全総に代わって策定された第三次全国総合開発計画（一九七七年、以下、三全総）は、この生活圏を「定住構想」として引き継ぐが、そこでは生活圏は、もっとも身近な「居住区」（全国で約三〇万～五〇万）と、それが集まってコミュニティ形成の単位となる「定住区」（全国で約二万～三万）、そしてその複合体としての「定住圏」（全国で約二〇〇～三〇〇）の三層からなるものとして構成される。それらはやはり「地域開発の基礎的な圏域」と位置づけられるが、新たに流域圏という意味をもたされた「定住圏」は、「住民一人ひとりの創造的な活動によって、安定した国土の上に総合的居住環境を形成することが可能となる」圏域とされる（三全総第三　定住構想、2(2)）。

しかし、この広域生活圏の整備主体は市町村と都道府県と国であり、「住民一人ひとりの創造的な活動」が活かされる場所も公聴広報の枠を越えるものではなかった。また、「居住区」「定住区」についての振興策は、島嶼などの一部の地域についてしか言及はなく、関心はもっぱら各定住圏の中心都市との関係の緊密化に向けられていた。こうしていずれの場合も生活圏とはいえ、生活主体である住民が管理する（ことが期待される）場ではなかった。言い換えれば、ここでは住民の創造性は、行政が提供する諸サービスを消費する場面におけるものでしかなかったのである。

このように、生活圏を小から大へと重層的にとらえる考え方は一般的といってよいであろうが、国の政策的文書という制約に基づくものであっても、固有性と相互連関のなかで各層が存在し維持されているという相互の関係への注目なしには、重層性の認識は現象のたんなる分類にとどまることになろう。生活地区の重層性の発見は、どれかの層の地区が優勢になると、弱体化した層の地区はそれにとって代わられるかのように理解する、背反的、二元論的な思考を免れさせるものであり、その点で、都市の住民共同の生活を再生させる手がかりとなるものといえよう。

その意味で、第二七次地方制度調査会の答申（二〇〇三年）、およびそれに基づく改正地方自治法（二〇〇四年）が、市町村合併によって広域化された基礎自治体の設置にさいして、その区域内により狭域の地域自治組織の存続を認めたことは、地域生活のこの重層性を認識するものとして注目に値する。その背景に財政危機の深刻化への対応という事情があるにせよ、地方分権の推進という状況の変化がこの政策の推進を支えていることは明らかであり、地域を論ずる場合には、当該地域の大小を問わず、つねに住民自治の有無あるいはその程度への目配りが欠かせないことを示している。生活の広域化から、狭域的な地域住民の自治を否定する議論（これはグローバリズム一元論にもあてはまる）は、住民の生活者としての主体性を軽視する議論であることは明らかであろう。

生活圏を「近隣的地区」「副都心地区」「都心地区」という、三重の生活地区でとらえた社会学者に鈴木栄太郎がいる。かれは最小の単位である「近隣的地区」に社会関係の連続的統一を見ようとした。そこは「生活のための基礎的にして下級なる必需物資の購入」圏であり、「生活の協力即ち都市住民の社会的自給性」が見られる場である（鈴木栄太郎『都市社会学原理』有斐閣、一九五七年、第八章第四節）。そして、「都市住民の生活の社会的自給の組織は、そのまま都市住民の生活協力の組織」であり、それが「聚社会としての都市の範域」をなすとする。

その意味は物資の購入だけにとどまらないであろう。現在、「社会的自給性」の衰弱ないし分解が都市生活の特徴であるといわれるが、そのために都市で暮らしていけずにさまざまな問題を抱えてしまっている住民が少なくないと考えられる。少子高齢化はその構造的な表れであろうし、過密な環境のなかにいながら適切な社会関係を築けずに、自覚なしにいじめや虐待といった攻撃的な行動に走り、あるいは他人を拒否し、孤立している市民が少なくないと思われる。都市住民であるがゆえの、地域生活関係構築の意味を理解する必要があるといえよう。

もちろん他方で、生活圏を、住民個人に視点を置いて個人の行動圏としてとらえる視点も存在しうる。そこでは、生活圏は個人の行動の頻度や各種施設・場所の利用の密度、主観的な愛着度によって異なる非均質的なネットワークが織りなす空間として理解される。このような個人ごとに活動圏が異なって広域拡散していくと、住民が共有する圏域は、その範囲があいまいになり、関係の密度もますます薄くなっていき、住民共同の生活圏とはいえないものとなっていく。営業のため、あるいは趣味のために全国、都道府県内を走り回っている人がいることは確かであろうし、購買圏が郊外型の大型商店に広がっている場合も多いであろう。勤め人となった主婦が通勤帰途にあるデパートの地下売り場で野菜や肉、魚を買って帰るというのが時代を表す現象になっている。

しかし、それで都市生活のすべてが語られるわけではない。それは多くの場合、点（職場と商店や各種施設等）と点（自宅）とを結ぶ線形の広がりである。それらの線は、交差し、部分的に重なることがあっても、本来は相互に無関係な範域である。だから、それらをカバーする地理的区域に意味があるわけではない。当然、愛着が生れる場所でもなければ、それらを統合する原理をもつ圏域であるわけでもない。これらの範域を広義には生活圏と呼ぶとしても、それは個人ごと、ライフステージごとに異なっている。こうした空間を移動することによって個人や家族・世帯の生活が再生産されているとしても、その空間自体が家族や隣接住民の生活にとって一定の拠点としての意味を持つようになっているわけではない。個人単位での行動圏の拡大・拡散により、生活圏の意味は後退し、B・ウエルマンが指摘するように、生活行動のドメスティケーション（家族中心化）が主要な側面として浮上してきているように思われる（Wellman，章末文献参照）。つまり、行動の目的地が個人ごとに拡散・多様化し、結果として家族・世帯だけが生活における拠点性を強めていることを意味する。

こうして、同じ地域に住むというだけでは住民間の生活上の接点は生まれず、地域的連携も失われることになっていった。同じことは物流についても当てはまり、生産地と消費地とのつながりは切れて、両者の関係は商品市場の無国籍性に呑み込まれていった。いまや都市と農村との関係は抽象化され、生産地と消費地をへだてる国境すらもほとんど意識されることがない。

地域における人間関係の薄まり、あるいは地域とのかかわりの縮小、選択化は、地域に対する住民の関与を困難にする。住民が地域を知り、地域についてニーズをもち、その実現のために関係者に呼びかけ、協働するなどの行為、要するに、住民が住民という資格で地域を共同で管理する活動（これを「地域共同管理」と呼ぶ）は成立しがたくなっている。そしてこのことが、都市地域での環境汚染、犯罪の多発など諸問題の発生を許し、またその解決の困難さを生み出している。財政危機による公的扶助の後退をカバーし、あるいは子どもたちの多様な関心に応える教育指導の充実について、地域の福祉力や教育力に期待する声が高まっている。しかし、この期待に応えるべき主体が解体させられ、その力量を持ちえなくなっているのが地域の実情である。

すでに生活のための手段のそろえ方やそれに基づくライフスタイルは選択の幅を広げ、人ごとに多様化している。多様な選択が可能になると、食品や日常的な買物についても、地域にとけこんで存立してきた小商店から都市郊外の大型店やコンビニに移り、それにともない、従来の地域生活を支える社会的資源であった中心市街地や地域産業は衰退していった。生活の選択の幅が広がるように見えて、その実、地域に密着し、広域移動のできない人びとがそこで暮らし続けることはむずかしくなったのである。

それは、どんな人にも生活の可能性を広げようとするのではなく、現在の経済システムに順応できる人を中心にした生活構造の一元化といえる。少子高齢化は子育て期の家族や高齢者、とくに一人暮らしの高齢者の生活に厳しい制約を課している。選択の可能性が広がったといっても、それは選択の余地をもつライフステージないしは階層においてのことであって、すべての市民についていえることではない。経済的効率を基準とする都市の選別的構造は、人間についても地域についても、さまざまな格差をもたらす。地域アイデンティティの象徴であった中心市街地でさえ例外ではないことが、この事態の深刻さを示している。

競争と選別の原理だけで、市民生活を安定的に維持することは困難であろう。都市にはさまざまな住民が暮らしているのであり、さまざまな「社会的自給性」への期待が潜在している。そうした現実の地域生活の姿を見落とすことはできない。都市を経済活動の舞台とだけ見て、あくなき成長を追い求めることから眼を転じ、より快適で安全な暮らしを求めて市民が協力しあう都市のあり方に注目するならば、現代の都市にもいくつかの新しい動きを見つけることができるであろう。

## 二　現代の都市コミュニティの成立条件とその形成

### 都市生活の客観的基盤の変化と空間利用の共同性

現代の生活は、マイカーがあれば、いつでもどこへでも行けるようになっており、携帯電話があれば、いつでもどこへでも連絡がとれるようになっている。食べ物をはじめとした生活必需品も、生活の拠点である家庭を離れ、いつでもどこでも簡単に手に入れることができるようになり、生活条件の変化が進行している。それは情報環境の飛躍的な革新のために可能となったことである。

必要に応じて即時に対応しうるこのようなシステムの開発と整備は、人と人とが関係を重ねていくなかで相互信頼

まちづくりについて交流・検討する市民たち
（東海4県まちづくり交流フォーラム分科会、2000年12月3日、津市にて）

を固めるといったやり方から、競争入札でつぎつぎと契約相手を替えていく方式に改められ、当事者間の関係の表層化を招いてきた。その状態は、グローバル化により社会的分業がさらに深化し、競争が国際化することでいっそう加速されて、生活を支えあってきた人間相互の関係をますます見えにくくしている。終身雇用制が崩壊し、任期制の雇用の増加、アルバイトやフリーターの恒常化にみられるように、就業形態の流動化と多様化も進んできた。

それだけでない。地域生活のなかでは、先にも指摘したような解決されるべき新たな問題が多方面に生み出されてもいる。個人中心の生活が住民どうしの水平的関係を形式化、空洞化させ、他方で異世代間交流を困難にして、社会関係を支えてきた共通の文化やルールを崩壊させてきた。こうした社会にあっては、住民の個性は行動の無政府性を指すにすぎず、地域生活の諸問題を共同の問題として構成することも、ましてその解決のために共同行動を組織することもきわめて困難になった。活動的な世代や住民層が多かったはずの都市では高齢化、なかでも単身高齢者世帯が急増し、その人口規模の多さゆえに、もっとも支援を必要とする緊急の場合に行政による対処が及ばないという、都市生活のジレンマに直面しているのが現状である。近隣関係にわずらわされない自由な生活の場と考えられたマンションの場合、建て替え期に直面して、それまでの住民による管理の質が問われ、その質いかんが住宅の資産価値にはね返っていることも皮肉な現実である。こうした生活問題は多くの住民にとって他人事ではなく、だれにでも起こることである。

しかし一方では、さまざまな能力、関心をもつ住民が居住する都市の強みとして、住民相互の協力で解決できること、少なくとも問題から発生する被害を軽減できること、さらには住民の自治の力量次第で地域独自の生活環境や事業を展開できること、などが分かってくるにつれ、他者との関係回避という意味での自由の価値は相対化され、外部に対して張りめぐらしてきたプライバシーの防壁の意味も問い直されてきている。地域生活を成り立たせている仕組みが分かってくるにつれ、伝統的な共同とは異なる新たな共同関係の構築が求められるようになってきたのである。

この新たな地域共同生活の関係または組織は、伝統的な地域共同体と区別してコミュニティと呼ばれるようになっている。しかし、この両者の区別は基本的に理念的なものであって、実態としてそんなに鮮明に区別できるものではない。個人に立脚する関係のみに限定し、共同を過去のものとして否定したのでは、現代の都市生活はままならないものとなる。地域における共同の関係はどのように変化してきたのか、また、変化しつつも、なぜ住民の共同は可能であったのか。これらを考察することが大切である。

現代の都市生活を特徴づけているのは、生活に必要な消費手段を住民が共同で利用しているという事実である。現代では農村でも事情は同様となってきているが、とりわけ多くの住民が集住している都市では、生活必需のものやサービスについて、個別的な消費手段によることが困難であり、大量生産＝大量消費を可能にする共同した消費手段によることが効率的である。そのために、生活の基本を支える電気、ガス、上下水道、通信、廃棄物処理から、さらには教育、娯楽、婚葬などの儀式にいたるまで、共同で利用するシステムが用意される。これを利用できてはじめて、都市的生活は可能となるのである。すべての住民の生活に欠かせないこれらの生活手段の供給は、生存権の保障として、それゆえに公共的な機関によって行われることが多い。近年ではこれらの共同利用施設が大型化していき、その管理が非効率となり、財政負担が困難になったとして民営化がすすめられているが、たとえ民営化されたとしても、それらの供給が公共的な性格をもつ事業であることに変わりはない。都市生活は、個々の住民の意識や生活スタイルではきわめて強い個別性をもちながら、その基盤においては逆に、きわめて強い物理的な共同性に裏づけられたものとなっているのである。

そのため、たとえば水道のように、降雨量という当該地域の自然的条件に左右される資源に依存しているものについては、渇水による供給不足は地域の全住民にその影響が生じ、節水への協力が求められることになる。道路交通では、マイカーの無規制の保有増加によって、交通渋滞の被害は同じ道路の利用者すべてにおよぶことになる。また、公共的手段の共同利用にともなって発生する被害、たとえば騒音や大気汚染、交通事故多発などの道路沿線公害に対しては、裁判でも、直接の健康被害等への賠償とともに、近年では当該地域の公害抑止に向けた地域再生への取り組みをすすめるために、金品の拠出を被告企業に命ずることが多い（たとえば、名古屋南部大気汚染公害差止等請求事件名古屋高裁和解条項、二〇〇一年八月八日）。都市生活は地域性をもたないどころか、地域的条件に強く規定されているといえる。

ここで注目される都市の地域区画性、言い換えれば都市生活の相対的なまとまりである生活圏は、空間的な重層性（地方—都市圏、広域市町村圏—市町村自治体、学校区—コミュニティ、町内—近隣地区）と、機能的な多次元性（公私の機関・施設の利用圏、特定の地域行事や文化を保持する地域範囲、地域環境の類似地域等）との両面で特徴づけられる範域である。地方分権の推進によって、地域での共同的または公共的な意思形成への要請と、それに基づく住民活動の構築への要請は、あらためて都市における生活組織の設置ないし再評価の必要性を予測させる。そして、都市の空間的な広がりとそこでの問題状況は、新たな生活の場の再確認、再構築を要請するだろう。

個人の視点にあまりにも限定された都市生活の把握から脱却し、共同利用されている生活空間の公共性、共同性の側面も正しく認識して、それを管理する地域主体の発見と確認、および現実に管理すべき事柄についての検討と実践が必要である。この過程がまちづくりにほかならない。

## コミュニティづくりの構造と過程

新たな地域の課題に共同で取り組む都市地域社会像としてのコミュニティは、日本では一九六〇年代の高度経済成長過程で現れた伝統的な地域組織の動揺、弛緩、そしてより広域的な人間関係の展開をうけて構想されたものである。一九六九年の国民生活審議会調査部会の報告書『コミュニティ』（大蔵省）は、「生活の場における人間性の回復」を副題として、経済成長後の成熟社会の新たな社会関係と社会組織のありようを、コミュニティの形成という方向で提起した。それは、地域社会の変化が、伝統的な地域関係の解体を超えて社会関係そのものの解体の危険をはらむようになり、それが人間疎外を生み出していることに警告を発する、きわめて重要な提起を含むものであった。しかしそこには、やむをえないことではあるが、時代の制約や、事態の誤認と思われる点がいくつか残されていた。

第一に、この報告では、目標とされるコミュニティの性格づけが抽象的かつあいまいで、既存の制度のなかでの位置づけが明確でなかったことである。「人間生活の地域的最小単位」と位置づけられたコミュニティは、地域住民の自主的な運営によって維持されるものであるから、「行政サービスについての要求には負担が伴う」という当然といえる言及箇所にしても、どの程度の要求にどの程度の負担かということになると、きわめて抽象的、原理的で、実際の施策においては、基本的に従来の集権的な行政手法の枠を出ないことが多かった。

第二に、地域組織の再構築をめざす意図は的確であったとしても、実際には現にある地域組織、具体的には町内会・自治会についての検討、評価が不十分であり、観念的ないしイデオロギー的であったことである。つまり、実態としては地域差の大きかった町内会・自治会をもはや存在しないもの、ないし廃止すべきものとして、コミュニティづくりの視野の外に置いたため、現実のコミュニティづくりのなかで町内会・自治会の扱いに混乱が生じただけでなく、本来新しい理念に基づくコミュニティづくりのなかで見直しと改革を行う必要があった町内会・自治会を、戦後占領軍による町内会禁止措置のように、ここでも改革の対象とする前に門前払いしてしまったのである。町内会・自治会は近代的な自発的結社とは背反的でなく重層的な位置にあるということへの理解がなく、一元的な近代化論に流されていたといえる。町内会や自治会に代わって期待された任意参加型の地域組織（公募による住民協議会など）も、時間とともにメンバー不足と固定化、高齢化を余儀なくされ、存在感を低めていかざるをえなかった。NPO等のボランタリーな地域公益組織が現れる一九九〇年代に入ると、これらと町内会・自治会との共存をはかる方針に切り替わっていくが、大きな回り道をしたことは否めない。

第三に、コミュニティのリーダーシップは有限責任型のものであることが強調されたため、コミュニティの全体を統括し、合意形成にみちびく統合力を弱める可能性があったことである。

第四に、住民の自主的な組織といわれながら、コミュニティが行政との関係でどれだけ自治を認められていたかといえば、コミュニティ担当部局を除けばなんの変化もなく、縦割り集権体制のもとに裸でほうり出される状態にあったことである。それは、まちづくりとは行政と住民の協働事業である、という認識を欠くものであったから、コミュニティ自治の発展の基盤を奪ったままで住民に地域再建の責任を押し付けるものでしかなかった。近年の地方分権推進法（一九九五年）のもとで、国の仕事を自治体にやらせてきた機関委任事務の制度が廃止となり、財源問題などを残しながらも地方公共団体の自治体化の完成が日程に上っていること、そして都市内分権をキーワードとして都市内を区画し、相対的な自治の単位として「地域自治組織」の振興をめざす行政施策が「地域自治区」の制度化として浮上していることは、住民自治を抑制してきたこれまでの問題点を露呈させるものとして注目すべきことであろう。

その他、コミュニティ施策が結局、コミュニティ・センター等のハコモノづくりに終わったという批判もある。しかし、これについては地域の要望の吟味が必要であって、外形的な一律の評価は慎むべきであろうと思われる（コミュニティ政策の評価については、拙稿「コミュニティ政策再考」『愛知学泉大学コミュニティ政策学部紀要』第5号、二〇〇二年を参照されたい）。

以上のような論点をはらむコミュニティ施策は、当然ながら十分な成果を挙げることはなかったが、その政策の先見性のゆえに、各地で地味ながらねばり強い取り組みがすすめられてきたことも確かである。とくに財政危機のもとでの少子高齢化の進行への対処、災害に対する備えの強化、持続的発展へのライフスタイルの転換の要請など、個人の努力では解決しえない問題が地域社会（生活の場）につきつけられてくると、先進的な自治体職員と住民は、行政サービスや民間による専門処理システムのたんなる利用者にとどまれなくなっていること（鉄道やバス路線の廃止や高齢者介護などのケースを考えてみよう）を理解しはじめた。行政機構の再構築が不可避であるという認識を前提に、住民は、既存のサービスでは手がまわらなくなっているさまざまな生活のニーズについて、専門的な事柄にもかなり踏み込んだ取り組みをはじめるようになっている。ボランティア組織やNPOがそれである。しかし同時に、これらの自発的で任意な取り組みに対しては、それだけでよいのか、またそれがいつまで続けられるのか、という不安もあり、より長期的で総合的な取り組みに関する将来像への合意形成と、そこに至る計画策定の必要も感じはじめている。有志住民のイニシアティヴのみならず、地域住民の総意の結集が求められているということであり、その実施については、それなりの財政的基盤の確保や決定権限の承認という公共性を担保する手続きが必要だということである。

具体的には、全住民を包含するコミュニティ型の地域意思決定機関の設置と、その取り組みを保障するまちづくり条例のような仕組みの制定が求められている。そこでは、住民と行政は事業実施のパートナーとして協働する存在となり、住民の生活を支える、それこそ「ゆりかごから墓場まで」のさまざまな活動をともに担いあうことになる。それは一言でいえば、生活圏を管理する主体が行政と住民の両者によって形成されるということである。地域の住民である限り、外国人も排除することはない。そこに住むすべての人びとが地域の課題に応じて力を合わせて取り組めるよう、組織と制度をどのように構築するかが最大の課題である。しかもそれは、国家や市場の側からではなく、市民の生活のなかから構築されるべきものである。その裏づけをなしているのが、都市のコミュニティ生活を成り立たせている住民の日常の活動なのである。

## 三　安全・安心の根拠としてのコミュニティづくりを

いじめや幼児虐待、高齢者の孤独死、公共交通路線の廃止など、現代の地域生活の暗い面が報道されるたびに、コミュニティの重要さが指摘され続けてきた。しかし、そうした痛ましい事件や公共性の希薄化は止むことがなく、地域の住民が直接参加する公職選挙の投票率の驚くべき低さや、イラク「人質」事件において露呈された国家と市民社会とのあやうい亀裂とともに、この国が（それはアメリカが導こうとしている世界の動きに同調するものであるが）いま、その行方がわからないまま、二一世紀に期待された方向とは違う方向に突進していることを感じさせる。その亀裂の深さは、市民にその全体像を見えにくくさせ、そのために生じる生活の困難あるいは展望の喪失とあいまって、ますます日々の不安に目を奪われ、それだけにさしあたりの小さな快適と平穏に安住しようとする悪循環に陥っているかのようである。

しかし、社会的無関心のあつい霧のなかから、さまざまな光がその輝きを増しつつあることも事実である。まちづくりにおいても、それは例外ではない。ただ、将来の枠組みへの展望が見出せず、それゆえお互いに連携できずにとまどっているように見えるのは、第一に、市民社会の動きに対応できない国家の公的政策の混迷によるものであろう。

その逆証は、平成の大合併と呼ばれる市町村合併の推進のなかで、その意図はともかく、地方自治法が改正（二〇〇四年五月）されて「地域自治区」が制度化されたことである。本章では、日本のコミュニティ政策の推進過程の問題を見てきたが、地域自治については、なお制約はあるものの、評価されるべき新たな前進がなされようとしている。この条件を活かして、協働の力で生活の再構築をはかろうとする住民と行政との協働と、この協働にからまろうとしている自主的なNPOとの連携、という構図も目に見えるようになってきた。

都市は多様な住民による多様な生活を可能にする場であるだけに、自発性によるさまざまな活動が展開できる場でもある。この多様性が拡散して終わるのでなく、そこにまちづくりとしての共通の果実を実らせる道を探ることが重要である。それを可能にする根拠は、住民が自らの生活をもち、生活をとおして自助、互助、公助の意味を自らのこととして理解しようとするプロセスのなかにある。同時にそれは、国籍を問わない「都市」という社会の成熟プロセスをも意味する。

それはいま、多様な芽を出しはじめた段階といえるかもしれない。人が安全・安心のうちに住むにはコミュニティが必要である。そしてコミュニティの発展は都市の成熟をもたらす。また、都市の発展はコミュニティを生み育て、人びとを横につなぐことに貢献する。こうして住民は、都市コミュニティに支えられつつ都市コミュニティを支える存在となる。

こうした取り組みは、いうまでもなく日本に固有のものではない。世界各国の都市で、それぞれの特徴をもちながら同様な活動の展開がある。国を超えた住民どうしの地域活動の交流も、たとえばフランスのアミアン市住区委員会連合（および全仏住民組織・住区委員会交流会）と日本の愛知県のコミュニティ組織とのあいだで行われている（本章扉写真参照）。

地域に根ざした住民のまちづくりの活動は、それ自体が地球に根ざす活動でもある。そして、住民どうしの交流に国境はない。

## 引用および参考文献


五十嵐敬喜・小川明雄『「都市再生」を問う』岩波新書、二〇〇三年。

国民生活審議会調査部会『コミュニティ――生活の場における人間性の回復』大蔵省、一九六九年。

『新全国総合開発計画』経済企画庁、一九六九年。

鈴木栄太郎『都市社会学原理』有斐閣、(『著作集』6)一九五七年。

『第三次全国総合開発計画』国土庁、一九九七年。

田中義岳『市民自治のコミュニティをつくろう――宝塚市・市民の10年の取組みと未来』ぎょうせい、二〇〇三年。

中田実『地域共同管理の社会学』東信堂、一九九三年。

中田実編『世界の住民組織』自治体研究社、二〇〇〇年。

Wellman, B., 'From Little Boxes to Loosely Bounded Networks', Abu-Lughod, J.L. ed., *Sociology for the Twenty-first Century*, The University of Chicago Press,1999.

「大起業市場」(起業支援ネット主催)。価値軸を変えなければコミュニティ・ビジネスは育たない、という問題意識のもとに、毎年、新しい価値づくりのための社会実験会場(大起業市場)が開かれる。そこでは、参加者がコミュニティ・ビジネスの各ブースを回って交流し、模擬投資という形で「価値軸の転換」体験が行われる。

第3章

# コミュニティ・ビジネスの発展

## 地域に立脚した支えあう社会へ

山崎丈夫

## はじめに

コミュニティ・ビジネスは、地域の諸問題の解決をビジネス領域からとらえ、地域雇用の創出と活性化に寄与する事業である。今日までの日本経済のアメリカ型グローバリズムがもたらした負の財産は、競争原理に基づく新自由主義《ネオリベラリズム》的経済構造であった。それは、企業の肥大化をもたらし、住民間の連携の希薄性と行政への依存度を高め、地域においては、生活課題の解決を専門処理機構としての行政に専ら委ねる道を進んできた。また、経済状況の低位固定化は、国と地方の財政環境を弱め、その結果、たとえば、今日の高齢社会の進行にともなう高齢者対策についても行政に委ねるのみでは立ちゆかない現実になっている。そこで、住民相互の関係性に依拠し、相互に支えあう持続可能な社会の創出によって、地域の問題を解決していく新たなシステムを社会的につくりだしていくことが要請されている。このことがコミュニティ・ビジネスを必要とする理由である。コミュニティ・ビジネスの価値は、金銭による問題の解決関係を超えた地域互助関係が成立し、コミュニティに依拠して地域の再生を図る鍵となっているところにある。

## 一　コミュニティ・ビジネスの意義と役割

コミュニティ・ビジネスに取り組む動機は、「自己実現や働きがい」「コミュニティの問題解決」「問題解決への切実な当事者性」「地域の技術や資源の活用」などである。そして、取り組まれている領域は、福祉・健康・環境・文化・安全・情報などというように、住民生活の実態に沿って広がりをみせている。

これらの各領域にわたるコミュニティ・ビジネスは、地域経済への貢献・文化・まちづくりの面などで大きな意義と役割を果たしている。それらは、以下のように整理することができよう。

(1) 地域資源の掘り起こしと事業化による地域経済循環の拡大
(2) 雇用の場の創出と拡大
(3) 経済効果の地域定着
(4) 地域文化の発掘と継承
(5) まちづくり、人づくり（人間発達、生きがい）への連動

コミュニティ・ビジネスは、地域の労働力・技術や資源を活用し、協働を通じて成立していく事業である。したがって、その経済活動は、地域で循環し、その効果は地域社会に還元される。このことは、中央資本が地域における経済活動から生じた利潤を中央（本社）にほとんど吸収してしまう構造とは異なる点である。そして、地域で展開される事業は、すそ野の広い雇用機会を創出し、地域資源の活用によって、新しい働き方を生み出すことに成功している。人と人とをつなぐこれらの事業は、まちづくりの主要な内容である住民間の結びつきと地域文化を継承させていく意義をもっている。

こうして、コミュニティ・ビジネスは、個人、NPO・自治会・協同組合などの組織を問わず、多様な事業主体に基づいて、地域社会の活性化に向かってミッション（使命）を遂行するために地域社会に密着して発展してきた。地域的には、神戸市・月見山連合自治会などのように、事業開始当初からNPOを設立して取り組むのではなく、自治会・町内会の地域問題解決の活動（高齢者の助けあいや給食サービス）の蓄積を専門特化してNPO法人化し、地域密着型事業とて展開させているところもある。地域密着型の事業は、地域の労働力・原材料・技術などの資源を活用

図　まちづくりの類型

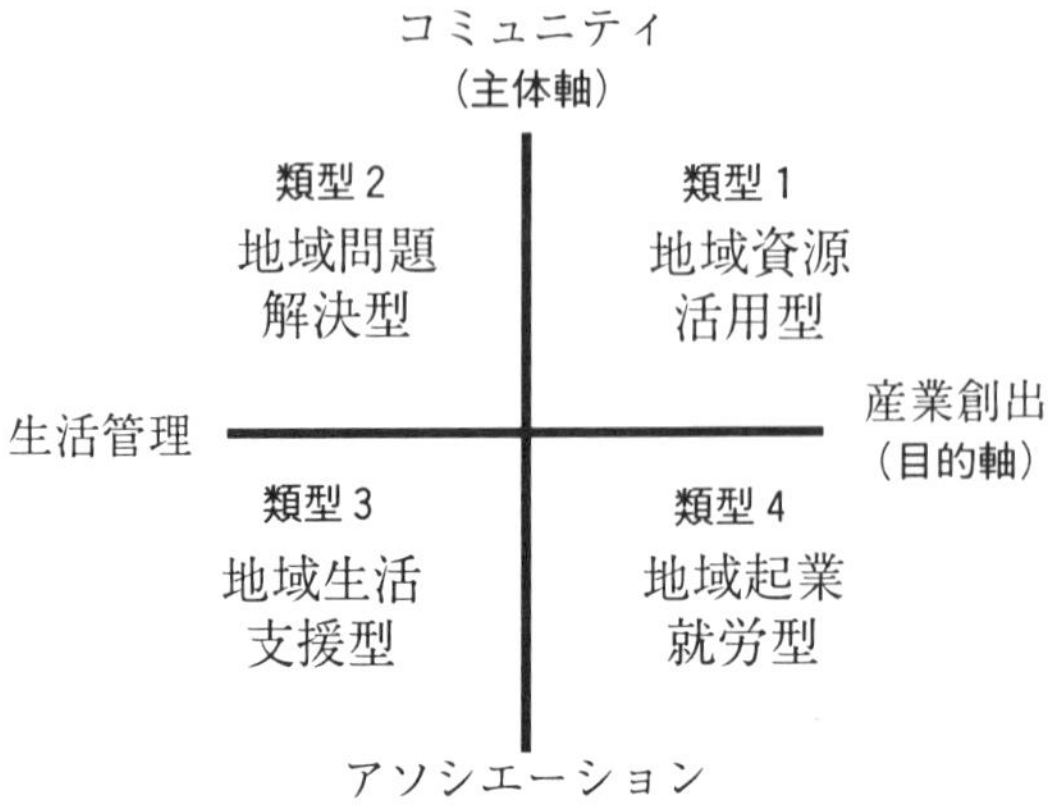


出所：山崎丈夫『まちづくり政策論入門』（自治体研究社、2000、29 頁）

し、住民の生活要望と地域（まち）づくりに基礎をおいて成立する。そして、経済効果や利潤追求という従来の大量生産、大規模事業システムではない生き方に基調をおいているところに特徴がある。

加えて、コミュニティ・ビジネスの育成・発展のためには、行政による各種の支援策が必要である。行政による支援策としては、行政から事業体への事業委託の拡大（各種公共施設の運営管理や公園の清掃）、情報の発信（公報を活用した事業の周知）、技術習得のための支援、資金援助や融資、融資のための保障制度の整備などが考えられる。行政の具体的な支援策とあいまったコミュニティ・ビジネスの展開は、その基盤をさらに強化し、まちづくりや地域問題解決のための事業化を促進することにつながるであろう。

## 二　コミュニティ・ビジネスの領域

コミュニティ・ビジネスは、地域問題解決を主要な内容とするまちづくりのための具体的な取り組みから出発する。上図は、まちづくりの類型[1]である。この四類型は、まちづくりを担う主体である地域包括性をもつコミュニティ組織と問題関心に基づくアソシエーション組織をタテ軸（主体軸）とし、暮らしを成り立たせるための基盤としての産業創出と生活管理というまちづくりの目的をヨコ軸（目的軸）として、その交差によって導き出されている。

**類型1**は、「地域資源活用型まちづくり」である。これは、地域の特産品開発などの地域産業の振興や地域の文化・自然条件などの資源を活かしたまちづくりである。コミュニティ・ビジネスとして具体的には、地域の経済的疲弊の改善や地域文化の掘り起こしを主な目的として、朝市の開設、郷土料理、物産の提供にみる特産品の開発、伝統文化の継承・観光開発などが取り組まれている。

**類型2**は、「地域問題解決型まちづくり」である。山村部の再生や地域住民の暮らしに共通するごみ・環境・過疎・商店街再生などの地域問題を共同管理していくためのまちづくりである。コミュニティ・ビジネスとして具体的には、地域再生や地域生活問題の解決を主な目的として、グリーンツーリズム、リサイクル事業や空き店舗活用事業などが取り組まれている。

**類型3**は、「地域生活支援型まちづくり」である。高齢者の生活支援や人にやさしいまちづくりなどが内容である。地域では、住民の生活実態に即して商品や相互サービスの開発・実用化が図られている。コミュニティ・ビジネスとして具体的には、高齢社会における相互援助、子育て層の労働保障を主な目的として、高齢者の給食・配食・買物・家事代行・在宅介護支援、宅老所、育児子育てサービスなどが取り組まれている。

**類型4**は、「地域起業就労型まちづくり」である。地域の生活要望に根ざし、生活に密着して、高齢者・障碍者の仕事おこしや就労の場を創出していくことなどに代表されるまちづくりである。コミュニティ・ビジネスとして具体的には、ノーマライゼーションの暮らしの場における実現を主な目的として、障碍者への授産（生業のための技術指導・援助）とその事業化、高齢者の身近な生活地での就業機会の創出、起業支援などが取り組まれている。

以上の類型からみれば、コミュニティ・ビジネスは、まちづくりの各領域の取り組みを事業として包み込んでいる。これらの各領域に沿って全国的に進められている事業分野について整理されたものが左の表である。コミュニティ・ビジネスは、地域の住民が主体性をもって活動することにより生み出される事業であるため、活動領域も、コミュニティ創造のための各領域に即して多様に発展している。そこで求められるものは、地域と生活の維持・発展に関する実態的要求をコミュニティ創造のための事業に組み合せていく視点である。

## 三　コミュニティ・ビジネスの実際

実際にコミュニティ・ビジネスは、高齢者・障碍者の生活支援・雇用確保、地域特産品開発、子育てに関するもの、商店街再生を目的にしたものなど多岐にわたっている。以下に、中部地方を中心にして、いくつかの事例をこれまでの取り組みを通してみておきたい。

### 高齢者サポートコミュニティ・ビジネス

介護保険制度の発足にともない、関連する事業の受け皿組織として多くのＮＰＯが誕生した。ＮＰＯの約四〇％が介護を中心とした福祉系のものであることをみると、この制度がもたらしたコミュニティ・ビジネスへの作用は大きいものがある。

この分野でのコミュニティ・ビジネスは、採算性の問題もあり、資本力のある企業が進出しない地域や事業内容にほとんど集中している。実際に地域では、高齢者の生活支援のためのデイサービス、宅老所、介護サービス、ヘルパー派遣などの事業がＮＰＯや各団体によって多様に展開されている。

## 表　コミュニティ・ビジネスの分類

| | 事業分野 | 事業およびサービス内容 |
|---|---|---|
| 1 | 高齢者生活支援 | 高齢者向け総合サービス、配食サービス、移送サービス、買物代行、宅配サービス、在宅・訪問サービス（理・美容）、宅老所、増改築・修理サービス、訪問介護ステーション、グループホーム・共同住宅など |
| 2 | 障碍者生活支援 | 手話通訳、同伴、介助、販売支援、在宅勤務支援（ほか上記高齢者向けサービス）など |
| 3 | 健康づくり支援 | 健康の増進と維持のための運動指導・セミナー開催、リラクゼーション運動指導等の講師派遣、栄養指導、健康料理教室など |
| 4 | 地域環境整備、資源リサイクル | 環境保全活動、地域美化、資源回収、廃家電・パソコンリサイクル、古着回収、公園管理、環境整備・機器関連サービスなど |
| 5 | 子育て支援 | 保育所、保育サービス、ベビーシッター、子育て情報提供、食事サービス、フリースクールなど |
| 6 | 地域情報発信、ネットワークづくり | タウン誌発行、インターネット情報発信、情報インフラ整備、地域通貨、コミュニティ施設運営、地域情報資源の電子データ化とその販売、地域FM放送、市民図書館の開設・運営、異業種交流活動、異世代交流活動、異文化交流活動、地域交流活動など |
| 7 | まちづくり | 歴史的資源を活かした地域づくり、地域パートナーシップ構築、伝統行事・祭りのサポート事業、防災・防犯など |
| 8 | 地域資源活用 | 歴史的建造物活用、地域資源の発掘、地域独自の商品づくり、関連サービス、伝統技術・技能の伝承、地域観光促進活動など |
| 9 | 創業支援、雇用促進 | チャレンジショップ、ベンチャースクール、コンサルティング、高齢者就労促進活動、事業マッチングサービスなど |
| 10 | 生活関連良品販売 | フェアトレードショップ、エコショップ、自然素材を使った良品販売など |
| 11 | 環境・安全配慮型飲食サービス | 安全な食材を使ったレストラン、コミュニティ・レストランなど |
| 12 | 地域教育、生涯学習、情報教育 | コミュニティ・スクール、セミナー開催、パソコン教室、青年健全育成、高齢者社会参画促進活動、青少年向け野外教室など |
| 13 | その他 | 在日外国人支援、便利屋など |

参考：「地域を豊にするコミュニティ・ビジネスのビジネスモデルに関する調査研究
（平成14年３月　関東経済産業局）

**(1) 特定非営利活動法人「地域福祉サポートちた」**

「地域福祉サポートちた」は、愛知県知多市に位置し、高齢者の生活支援、ネットワーク形成の分野のコミュニティ・ビジネスを展開している。年間予算約二〇〇〇万円、常勤職員三人、非常勤職員四人。事業内容は、ホームヘルパー養成講座（ホームヘルパー二級、ガイドヘルパー養成研修）、人材養成（ＮＰＯ基礎講座、人材養成講座、ＮＰＯ現場見学）、団体運営支援（マネジメント講座）、情報交流促進（ホームページ作成、情報機器メンテナンス）などの事業を行っている。「サポートちた」は、愛知県知多地域の大学関係者、ＮＰＯなどの諸団体と連携した活動をしており、地域に支えられた存在として発展している。

**(2)「ゴジカラ村」（社会福祉法人愛知たいようの杜）**

「ゴジカラ村」は、愛知県長久手町に位置し、高齢者の生活支援などの分野のコミュニティ・ビジネスを展開している。事業内容は、「暮らし」を守っていくことを主旨にして、サービスの提供に力を入れている。年間予算約八億円、常勤職員一一二人、非常勤職員五九人。事業としては、事業責任者の資産活用をベースとして、ショートステイ、デイサービス、ヘルパーステーション、訪問看護ステーション「ふれあい」、リハビリセンター在宅介護支援センター、グループホーム「嬉楽家」「よりみち」の運営に携わっている。「ゴジカラ村」は、高齢者の生活空間としての役割だけでなく、地域住民の交流拠点＝コミュニティ・センターとしての位置づけを強く意識していることが特徴である。

**まちづくり会社「黒壁」による地域再生**

滋賀県長浜市の新しいまちづくりの取り組みは、中心部にある明治時代に建てられた旧百三十銀行長浜支店（黒壁銀行）の取り壊し問題が起こり、その保存をめぐって始められた。そこで、黒壁銀行の建物を保存するために、市民と信用金庫が資金を出し合い、一億三〇〇〇万円の資本金で第三セクターとして、まちづくり会社「黒壁」が設立されることになった。まちづくり会社「黒壁」は黒壁銀行を買収し、保存・活用を事業化して、北国街道のまち並みを保存し、ガラス工芸品を基礎にした観光開発に活路を見出した。そして、若い人びとの関心の高いガラス工芸品を中心に黒壁の建物を活かし、周辺に喫茶店、レストラン、体験工房などを立地して黒壁スクエアを完成させたことにより、商店街再生の中核組織となった。

まちに活力を取り戻した「黒壁」の取り組みは、外来の資本力に頼らず、地元の力を基礎にしていることが成功の要因である。株式会社「黒壁」の役員は全員無報酬であり、収益は次の事業拡大・まち並み整備・担い手育成・海外交流などのミッションの実現のために使われている。

### 「ZIZI工房・バーバラはうす」による高齢者雇用の創出

「ZIZI工房・バーバラはうす」は、愛知県豊田市（旧足助町）に位置し、百年草協会が運営母体となり、ノーマライゼーションを理念に、元気・生きがい・快適サービスを柱に事業が展開されている。ZIZI工房の方は、地元の男性高齢者一五人ほどが交替でハムやソーセージづくりに取り組む。また、バーバラはうすの方は、女性の高齢者がパンの製造・販売にあたっている。両施設は、高齢者の就労施設という性格のみならず、学校給食への食材の提供、社会参加の拠点としての役割を担っている。年間予算は約四億円である。

これらの取り組みは、旧足助町の高齢化率が約二八・五％という状況の下で、高齢者の社会参加と就労機会の確保が同時に追求されたものである。これらの取り組みは、百年草協会全体としてのホテル・レストラン経営、観光事業と連携しながら複合的な運営がなされており、「生涯現役でいられる自力自走のしくみ」として、従事者の手もと収入の確保と雇用の創出という面でも大きな可能性をもっている。

## NPO法人「夢未来くんま」の地域おこし

静岡県浜松市（旧天竜市）の熊地区は、古くから天竜美林と称される林産地帯である。この地区は、高度経済成長による産業構造の変化に伴って過疎化が進み、一九五五年当時二五〇〇人の人口が、二〇〇〇年には九七七人に激減し、過疎化と高齢化が著しく進んだ。

二〇〇〇年六月に法人認証を受けた熊地区の全戸参加で設立されたNPO法人「夢未来くんま」は、熊地区を中心とした周辺地区で、森と木や食文化を通じて都市と山村の交流、福祉の増進、青少年の健全育成環境づくりなどの事業を行い、中山間地域の地域資源を活用した地域おこしに取り組んでいる。

女性有志グループの活動で始まった「くんま」の事業内容は、(1)水車部（女性の仕事おこし）――「かあさんの店」（食事どころ）、物産館「ぶらっと」、道の駅「水車の里」（そば・みそ・漬け物・五平餅などの製造）、手作り体験、(2)しあわせ部（老後の安心、高齢者の居場所づくり）――いきがいハウス「どっこいしょ」（デイサービス）、給食サービス、(3)いきがい部（ふれあい）――「ほたるを観る会」などイベント開催、都市と山村の交流事業、ホームステイの受け入れ、(4)ふるさと部（山を守る）――「ふるさとの山・川まもり隊育成事業」、体験型環境学習「子どもの水辺事業」、である。

事業のなかでも、道の駅「水車の里」、「かあさんの店」、物産館「ぶらっと」は、核になっている事業である。道の駅とは、鉄道駅に対し、主要幹線道路沿いに設置された物産店を備えたドライブイン構造のスポットである。これ

「こらぼ屋」＝コミュニティ・レストラン「こらぼ屋」（四日市市）。ここは、地域の交流スペースとして、料理の好きな主婦や将来店を持ちたいという人びとが、日替わりでシェフをつとめるワン・デイ・シェフ・システムという方式で店が運営されている。（本文とは関係なし）

らの販売事業で得た収入が他の事業の推進資金に回されている。ここでは地域の高齢者の手工芸品や農産物も販売され、従業員も含め、地域のセンターとしての役割を果たしている。「くんま」は、今日、約三五人がこの施設で働き、年間約一億円の資金を扱うまでに成長している。

以上、ここに紹介したコミュニティ・ビジネスの事例は、地域の要望に沿って住民を組織しながら定着してきた。これらの取り組みは、地域を基盤に本質的な価値の転換と創造をめざす経済システムのパラダイム転換に挑戦しつつ、着実に地域形成の核として成長している。このようなコミュニティ・ビジネスは、地域の人びとをつなぎ、各種の創意工夫をかさねながら展開されている。それらの創意工夫の一つとして、財やサービスの交換・交易をつなぐ手段としての地域通貨の試みがある。以下に、その意味するところを見ておきたい。

## 四　地域通貨の運用と役割

現在、コミュニティやコミュニティ・ビジネスを活発にする一つの手段として「地域通貨」[2]導入の動きが広がっている。地域通貨は、日本でも少しずつ広がりをみせてきているが、世界的には、カナダやアメリカなどの諸都市で取り組まれている。一九八三年には、カナダにおいて、「LETS」（Local Exchange And Trading System＝地域交換交易制度）が始められ、以後、九一年には、アメリカ・ニューヨーク州イサカ市における「イサカ・アワー」が発行されている。アワー紙幣の裏には、「TIME IS MONY（時は金なり）」。この紙幣は時間の労働もしくは交渉のうえで物やサービスの対価として保証されている。どうぞ受け取ってください」、「イサカ・アワーは、私たちの地元の資源をリサイクルすることで地元の経済を刺激し、新たな仕事を創出する助けとなります。イサカ・アワーは、私たちの技

能・体力・道具・森林・野原、そして川などの本来の資本によって育てられています」と印刷されている。(3)

地域通貨は、紙券・コイン・帳簿方式を採用して、限定された地域でのみ通用する住民間のつながりと信頼に基づく通貨である。地域通貨は、財・サービスなどの交換・交易などを活発にして地域循環させることによって、地域経済・コミュニティの活性化に貢献することを目的にしている。

地域通貨は、住民同士での福祉活動（介護サービス）や要望解決のための各種のボランティアに使った時間を貯蓄して、その分だけ将来他の住民から各種の労力奉仕を受ける権利として通用させたり、商店街での使用を広げ活性化していくための手段として導入する場合などに用いられている。その使用システムは、行政やＮＰＯなどが地域通貨の運用組織を設立して、登録者相互のサービス可能な内容や要望を組織のセンターに直接登録するか、インターネットなどで登録して交換する方法が一般的である。

実際に登録した住民は、これらの登録内容に基づいて、必要なサービスの相互交換を行い、そのサービスの対価を、それぞれ地域通貨で決済する。地域通貨が成立していく条件は、人びとのつながりが広がり、それを基礎にした共同作業の蓄積によって、コミュニティが豊かに発展していくことである。財やサービス交換システムとして位置づけられる地域通貨の発展のためには、生活の中での要望の組織という面の参加の拡大とサービス（労働提供）をしたことが、将来確実に交換されていくという保証のルール化を必要とする。

地域通貨は、地域住民のつながりによって成立する介護サービスや商店街活性化、地域特産品の普及などの相互の交換交易を行うコミュニティ・ビジネス分野においても、種々の創意・工夫を加えながら通用しており、今後、範囲をさらに広げていくことが期待できるであろう。

このような地域通貨が着実に機能していくためには、地域通貨による交換交易を支える基盤として、コミュニティ活動が豊かに発展していることが要請される。このコミュニティの基盤なしに地域通貨のみが独自に発展することは、ほとんど不可能である。その意味で、日本における地域通貨の取り組みは、曲がり角を迎えている。岩手県湯田町・沢内村の商工会が二〇〇三年秋から開始した「わらび」は、名産のワラビ畑の草取りや雪かきに来てくれたボランティアのお礼として使われている。ワラビと交換したり、温泉旅館の宿泊に使用される。山口県山口市など一市三町の市民が〇三年夏から取り組む「フシノ」は、河川清掃や間伐など川（ふしの川）の流域清掃に参加する自治会や漁協などの団体に支払われる（地元の商店で使用可能）[4]。これらは、地域のコミュニティ・ボランティア活動に依拠して発展している事例である。一方、住民がサービスの提供を行って地域通貨を取得しても、地元商店などで交換したい「もの」が入手できずに機能しない例も多い。また、地域コミュニティにおける住民同士のつながりの希薄化が進み、サービスや「もの」の交換・交易が困難になり、行き悩んでいる例も出ている。

## 五　コミュニティ・ビジネスの評価と課題

### コミュニティ・ビジネスの評価

コミュニティ・ビジネスは、地域の資源（労働力・原材料・資金・技術など）の活用とその地域循環によって地域社会の掘り起こしを行いつつ多様な発展をみせているが、先に整理した各類型にみる取り組みも、一部を除いて未だその初期段階にあるといえる。したがって、各取り組みに対する個々の評価は、いましばらく留保するが、このようなコミュニティ・ビジネスの総体的な評価軸としては、次の点をおさえる必要があろう。

第一は、各事業の展開によって、社会力（協働による地域社会を創造していく力）の向上につながっているか、第二には、経済基盤（雇用創出、ビジネス化）、生活基盤として成立しているか、ということである。この面でコミュニティ・ビジネスは、社会力の向上、社会基盤・経済基盤の強化という点で、実態的な利益の創出力が問われ、社会的にもこのような要望が高まっている。

これらの点は、コミュニティ・ビジネスが、社会性を担保しながら推進されるとき、社会的意義の強調のみならず、事業を通じて地域社会の住民自治的形成、経済的自立、生活基盤の確立という面での社会貢献度が問われているからである。

先の事例に見ると、たとえば、高齢者サポートコミュニティ・ビジネスは、法制度の不備な側面の隙間を埋めるニッチ産業的な側面が強く、効率や利潤の追求というビジネス経済性はそれほど高くはない。むしろ、安心・安全という面に価値をおいた高齢社会の安定装置的な性格が強く、これらのコミュニティ・ビジネスが展開されることにより、経済性の追求よりも、生活基盤の補強という社会的役割を評価すべきであろう。それに対し、「黒壁」や「ZI工房・バーバラはうす」「くんま」等の取り組みは、商店街の再生や高齢者就業の確保、そして地域の全戸を組織して地域資源活用による地域経済の掘り起こしに取り組んでいるという点で、着実に地域基盤の強化につながり、地域経済への貢献という点からみて、コミュニティ・ビジネスの新たな地平を切り開きつつある。

こうして、コミュニティ・ビジネスは、多様な地域の実態を反映させながら、社会的意義とともに、持続的発展と現実の社会的要請に応えていく可能性を広げている。

## コミュニティ・ビジネスの課題

みたように、コミュニティ・ビジネスの価値評価は高まっているが、今後の発展可能性を探るうえで必要な課題を整理しておきたい。

第一は、ネットワーク確立の重要性である。コミュニティ・ビジネスは、地域に存在する各主体の機能と活動の蓄積を活かし、主体間のパートナー関係をさらに構築していくことが求められる。

行政には、起業支援型NPOなどとともに、先にみたように地域分析、資金・情報・場所提供、技術援助などの機能やコミュニティ・ビジネスの主体に対する後方支援を行う中間機関としての機能を発揮して、ネットワークの核としての役割を果たすことが期待されている。ネットワークの強化は、小さなコミュニティ・ビジネスの孤立化を解消し、それぞれの事業蓄積を活かしあう相補性や起業支援の機能を高めていくことができる。このところ、民間活動団体のなかでは、起業に対する仲介支援活動も活発に展開されはじめている。(5) これらのネットワーク化や連携活動の強化は、個々のコミュニティ・ビジネス事業が地域相補性を高めることによって地域ビジネスクラスター（ぶどうの房状の固まり）を形成することが可能となり、発展基盤を強固にすることができる。

第二は、地域の包括的住民組織としてのコミュニティ組織との連携強化の必要性である。コミュニティ組織との連携は、問題関心に基づいてタテ型に活動するNPO型コミュニティ・ビジネス組織が、コミュニティの包括性に依拠して事業を地域に拡大し、定着させていくうえで欠かせない課題である。

元来、コミュニティ・ビジネスは、地域社会に存在する問題について、地域社会の資源で解決しようとする試みであるから、地域資源としてのコミュニティ組織を基盤にしていくことを当然に重視しなければならない。ここでは、コミュニティ・ビジネスのプラットホーム（コミュニティ・ビジネスが成立するための支援基盤）としてのコミュニティの意義を強調しておきたい。つまり、コミュニティ・ビジネスが事業を通じて多様な問題解決機能の拡大を可能にしているのは、これらの事業が、地域コミュニティにおけるこれまでの種々の問題解決や地域活性化のための活動蓄積を基盤にしているからである。

コミュニティとは、一定の地域の共同生活で繰り広げられる生活世界における共同性や相互作用によって生みだされる社会生活関係の体系と共同に向かう価値意識である。そこには、生活世界の共有とコミュニティの場における住民の志向作用的活動が存在している。したがって、コミュニティ・ビジネスの発展は、これらのコミュニティの基底的力量の蓄積にどのように依拠し、連携していくかが課題になっている。

こうして、これからのコミュニティ・ビジネスの発展可能性は、地域問題を解決し、地域像の実現をめざして取り組むコミュニティ形成に深く位置づいていくことに見出すことができよう。

## 注

（1）まちづくりの類型については、山崎丈夫『まちづくり政策論入門』（自治体研究社、二〇〇〇年）において、これまでのまちづくりの取り組みを基礎に、本質的意味と政策の内容に基づいて分析・類型化を試みた。

（2）日本では、正確な総数は把握されていないが、町村を対象にした全国商工会連合会の調査では、二〇〇五年三月時点で九六カ所（『朝日新聞』二〇〇五年八月二〇日付参照）で取り組まれている。都市部を加えると二倍以上の地域で動いているとみられる。主なものとしては、本文中の事例のほか、「ピーナッツ」（NPO法人千葉まちづくりサポートセンター）、「ポラン交換リング」（賢治の学校）、「おうみ」（地域通貨おうみ委員会）、「レインボーリング」（LETS普及委員会）、「ハートマネー安曇野リンク」（ヒコッテ）、「レッツチタ」（同事務局）、「苫小牧の交換リング・ガル」（苫小牧の自然を守る会）などがある。これらの地域通貨活用についての詳細は、森村英一監修『だれでもわかる地域通貨入門』（北斗出版、二〇〇〇年）参照。

（3）河邑厚徳他『エンデの遺言』（NHK出版、二〇〇〇年）参照。

（4）これらの事例は、『朝日新聞』二〇〇五年八月二〇日付を参考にした。

（5）たとえば、この面での活動として「NPO起業支援ネット」（名古屋市、代表関戸恵美子）は、起業支援講座・人材育成講座、コミュニティ・ビジネスの調査および分析など多様な起業支援の活動を展開している。

## 参考文献

『コミュニティビジネスガイドブック』特定非営利活動法人起業支援ネット、二〇〇四年。

『コミュニティビジネス事業モデル調査報告書――コミュニティビジネスの発展・プロセス及び類型化の分析』特定非営利活動法人起業支援ネット、二〇〇三年。

澤登信子ほか監修『少子高齢社会を支える市民起業』日本短波放送、一九九九年。

細内信孝『コミュニティ・ビジネス』中央大学出版部、一九九九年。

金子郁容・松岡正剛・下河辺淳『ボランタリ経済の誕生――自発する経済とコミュニティ』実業の日本社、一九九八年。

加藤敏春『エコマネー』日本経済評論社、一九九八年。

山崎丈夫『地域コミュニティ論』自治体研究社、二〇〇三年。

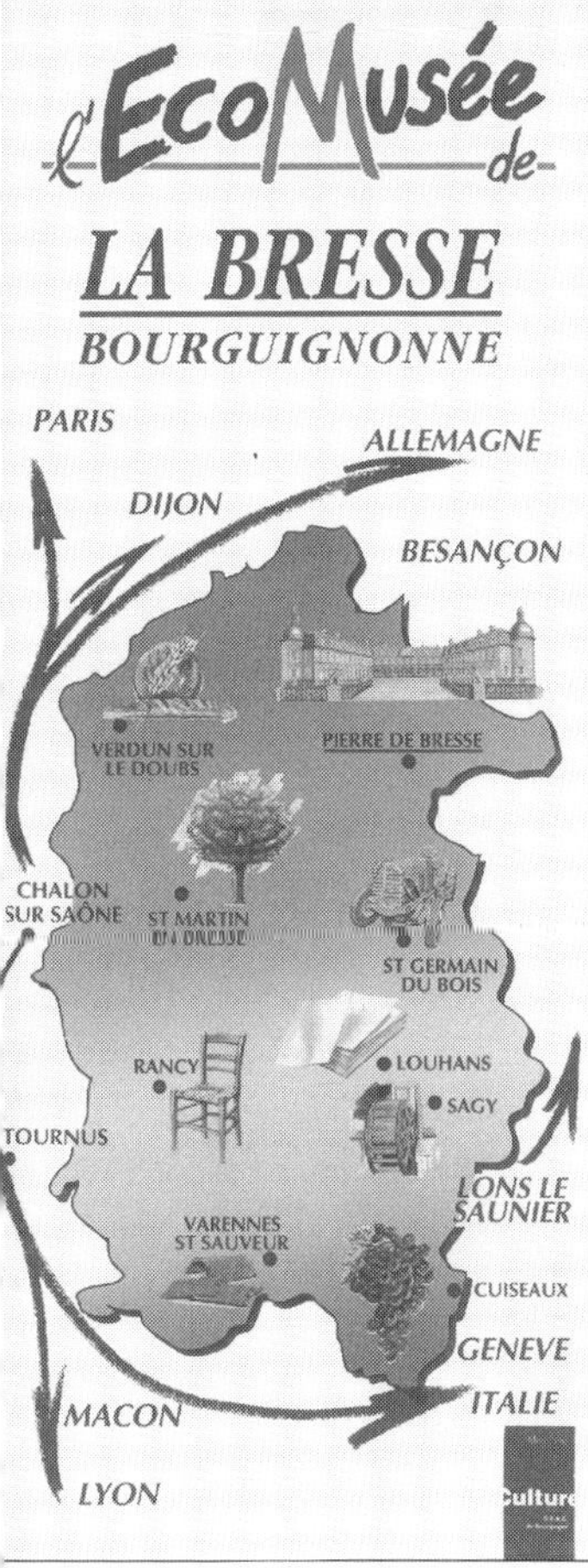


フランス・ブルゴーニュ地方、ブレス・エコ・ミュージアムのパンフレット。
人口8000人の地域内に六つのアンテナ施設を設け、自然・生活・文化遺産を生きた形で保存・育成・展示し、年間６万人のビジターを呼び込んでいる。

第４章

# 町おこし・村おこしと農村地域経済の再建

竹谷裕之

## はじめに

グローバリゼーション、それはわれわれの生活を逃れられない形で突き動かしている。この動きは、日本の農業など不利な地方資源に依拠するものをすべて脆弱化し後退させてしまう。グローバリゼーションの中心に位置づくのは市場である。市場は重要な機能を発揮するので、これを正確に理解する必要があるが、同時に非市場的機能をどう発見し、これをどう地域社会の活力につなげていくかが試されている。ものの価値とそれを消費する過程の価値、環境や顔の見える人間関係の価値、地域の価値等を発見し活かすため、知恵の輪を働かすことが問われている。

## 一　農業・農村構造の転換と地域おこしによる地域活性化

### 農業の後退、地域資源管理のゆがみ、農村・地域の活力低下

日本農業は、アジアの国々と同様に分散錯圃の零細農耕（耕作地が何カ所かに分散し、しかもそれぞれがごく零細な農業経営）を近代化の出発点として与えられ、地主制とともに、その克服に大きな努力が傾注されてきた。しかしアメリカ等とは異なる、その大きなハンディは容易に解決せず、グローバリゼーションが進む中、日本農業の後退・衰退が広範囲に顕在化する事態となっている。農業生産指数[1]で見ても、農業粗生産額[2]で見ても、プラザ合意[3]（一九八五年）による円高以降、ほとんどすべての作目・部門で後退が鮮明となり、近年では生鮮野菜の後退も顕著である。たくましく展開する専業経営は数少なく、農業の活力は大きく削がれ、農村地域の活力低下が危惧される状況となった。個々の経営（個別経営・組織経営）を国際競争力を持つ経営へと押し上げるには、個別の努力は必須であるとし

ても、そこにのみ希望を託すのでは、活力減退をくい止めることが困難となっている。新たな発展をいかに実現するか、それは国民的課題であり、また韓国などアジア的特性を持つ他の国々も共通する課題となっている。

地域資源管理上からみると、農地利用率の低下、耕作放棄の増大、景観の劣悪化、水質汚染、放置林の増加等々の諸問題が慢性化し、さらには農道や水路の維持管理の出役（コミュニティの一員として共同の仕事を行うこと）が困難となる中で、開水路を簡単に管理できるパイプ水路にして地中に埋設する事業が進められた結果、かつてはどこでも見られたメダカやカエルなどが絶滅危惧種になってしまい、のどかさ・ゆとり・助け合いといった「農村の良さ」の喪失も一般化するに至っている。農村社会は、近郊では混住化が進んで農家が少数派となり、中山間では過疎化が進み、いずれも地域共同体としての性格が急速に失われてきた。土地の水の利用・管理の後退、生活環境の弱体化、地域社会の求心力の低下は新たな対応を必須としている。

その一方で、都市住民・消費者からは、食の安全性への不安が広がる中、安全・安心な農産物を手に入れようとする新たな動きが急速に強まり、また農業・農村を環境保全・保健休養など新たな視点から位置づけ、生活に活かそうとする関心や取り組みが大きく広がっている。それは言ってみれば、一九六一年施行の旧農業基本法に代わり、九九年七月、食料・農業・農村基本法が施行されたことに象徴される変化である。

食料・農業・農村基本法は、農工間所得格差の是正をめざす旧基本法の生産者視点から、自然の循環機能や農業・農村の多面的機能も評価し、国民の生活視点も加えて、農業・農村に新たな位置づけを与えるものであった。その目標は、国際化時代（競争と共生の攻めぎ合い）に応える新たな持続的農業システムをつくり出し、農業・農村の多面的機能を発揮させ、都市農村交流を活発化することにより、個々の経営の更なる発展を可能にし、高齢者と女性の生きがいをつくり出し、地域資源を適切に管理し、それらを地域住民や消費者に支援される農業・農村の構築へとつなげ、地域の活力を取り戻し、協力・共同の精神を呼び戻す契機とすることである。

このように、食料・農業・農村基本法は理念的には「もうひとつの地球村」がめざす方向を共有しているものの、実際の政策レベルにおいては、競争原理・市場偏重主義のため、この理念の実現が困難となっていると言えよう。

## 地域おこしによる地域活性化

ところで、地域社会を見つめてみると、そこでは生産（産業・仕事）にしても生活にしても、また自然環境にしても、その外部条件は日々グローバル化を進展させ、その勢いを増すような状況にすらある。たとえば、輸入農産物の急増はスーパーの売り場で毎日実感するところとなっており、他方、野菜産地や畜産の生産現場では労働力不足のため、外国人を研修生・実習生として導入する動きが広がっている。このような条件下で、地域社会が生存基盤を確保し拡大していくには、地域の主体性を再構築し発展させることが必要不可欠になっている。それは、内部条件としての生産・生活・自然環境を、ある側面ではグローバル化の波に抗し、他の側面ではその波を活かし、主体的に再構成していく取り組みとして具体化される。そこでのキーワードは、地域の固有性の発見とそれを地域の生産・生活・自然環境の中に再構成することである。

地域社会の固有性は、効率原理・営利原則で動くグローバル化社会にあって、より多元的な視点を持ったときに見えてくるものであり、かつまた、位置づけることができるものである。空間と時間の組み合わせから見て、効率・営利とは異なる社会的価値を導入してみると、ゆったりとしたのどかさ、自然のリズムをベースに組み立てられた過疎山村の暮らしが地域社会の固有性を形成することも十分にあり得る。歴史も社会文化も地域の暮らしも、地域の固有性を形づくる可能性を秘めているのである。

つまり、地域の固有性を発見し、それを地域の生産・生活・自然環境の中に再構成するには、(1) 地域の固有性は、自然的・歴史的・社会文化的資源を基盤とし、地域の暮らしの中で有機的連鎖を持って形成されることを理解すること、(2)地域の固有性を発見し、その固有性を市場システムを活かしながら、パートナーシップ形成により地域社会開発につなげること、(3)新たな地域資源立脚型産業として、移動の困難な地域資源（土地・水・生態・労働・暮らし・地域文化等）を活かすこと、この三点が核になると思われる。

いわゆるグローバリズムの中で胎動するローカリズムは、こうした取り組みを内容としたときに、持続性を確保し、未来を掴むことができ、その意義を実現すると理解される。

## 二　地域の固有性の発見とそれを活かす取り組み――ヨーロッパの場合

まず、ヨーロッパのいくつかの事例を取り上げ、歴史・景観・風土・社会インフラ・食文化等の個性発見から、地域の固有性を活かす具体像を見ておこう。

### フランスから始まったエコ・ミュージアムと観光産業

一つ目の例として、フランスから始まったエコ・ミュージアム（生活・環境博物館）を取り上げよう。地域の空間的広がり、時間の流れ、その中における人間活動という意味でのエコロジーへの関心の広がりを新しいタイプの「博物館づくり」に結びつけた具体像は、フランス、ブルゴーニュ地方のピエール・ド・ブレス市にコア施設（インフォメーションセンター機能と調査研究・収集保存・展示・普及機能を持つ）を置くブレス・エコ・ミュージアムの事例に見ることができる。このエコ・ミュージアムは、モノから心への価値観の転換に対する対応として、自己確認意欲の高まりを家や事業体、地域の個件の発見という形で目標づけ、コア施設とテーマ別アンテナ施設のネットワークにより、保存・育成・展示しようとする取り組みである。地域社会の人びとの生活と、その地域の自然環境・社会環境の発達過程を史的に探求し、自然遺産や生活・文化遺産等を現地において生きた形で保存・育成し、展示することを通して、その地域社会の発展に寄与することを目的とするエコ・ミュージアムは、住民の多様な参加によって創り出され、心（教育効果）と経済（地域経済効果）の両面から地域活性化を促進している。人口八〇〇〇人の地域内に一つのコア、自然・文化・産業遺産にかかわる六つのアンテナ（ブレスの森、伝統的な「麦とパン」の家、水車と粉ひき、椅子づくりのアトリエ、ブドウとワインづくりの家、印刷機械のある旧新聞社）を持ち、年間六万人のビジターを呼び込んでいる。

## ドイツに見る美しい景観・健康な国土管理と農村活性化

ドイツは美しい景観・健康な国土管理の取り組みで参考になる。南ドイツ、バイエルン州のチェコ国境に近いオーバーアマガウ地方の景観は、放牧地や森や畑など、多様な土地利用の結果として作り出された牧歌的景観であるが、この美しい農村景観が、今日では農家の生活を支える観光資源として重要な収入源となっている。同地方のフォルベルト西部地区では、農家は草地酪農と伝統産業（ガラス細工、農産加工）に加え、「我がむらを美しく」コンクール（郡主催、州主催、連邦主催といった各段階のコンクールがある）出場と結びつけて魅力的な農村景観づくりを進め、滞在型レクリエーションの拠点として観光資源開発をし、人口二万八〇〇〇人に対し一三〇万人の観光客を呼び込む地区に変わっている。新規就業機会が創出され、多角的就業構造の形成が進んだ。コンツェル村デンクツェル地区の場合、若者の流出による過疎化に悩まされていたが、「我がむらを美しく」コンクールに参加して、田舎の魅力の再構築に成功したことにより、若者の流出をくい止め、UターンばかりかIターン（他地方の住民の流入）を呼び込む成果を上げている。州政府は景観維持やその手入れに対し補助金を用意し、町行政は民宿建築・改修費の一部を補助して、この取り組みを支援している。それは、食料・農業・農村が国民の生存の有り様に他ならないとの認識が国民の間で拡がり、それぞれが自らの生活の中にそうした考え方を活かしているからである。

## 花卉王国オランダに対するデンマークの花卉産業の対応

花卉王国オランダに対するデンマークの花卉産業の対応の場合はどうか。デンマークは一八七〇年代半ばから一八八〇年代に至る穀物恐慌に際し、国民学校による人づくりと、穀物から畜産への農業構造転換、それに協同組合組織化を通じて二〇世紀の基盤を切り開いた歴史を持っている。花卉生産をみると、オランダは生産面積八五二六ヘクタール、生産額三二億六〇〇〇万ユーロ余りを誇り、流通面でもヨーロッパの中心となっている花卉王国であるが、これに対しデンマークの花卉産業は歴史も浅く、生産面積六二八ヘクタール、生産額三億五〇〇〇万ユーロと、オランダの一〇分の一にしか過ぎない規模にある（一九九九年値）。

しかし、鉢物を中心とするデンマークの花卉生産は、北欧の自然環境を踏まえ、「切り花に比べ運搬しづらいが、鮮度保持は比較的容易」という鉢物の特性を活かすとともに、情報基盤の整った北欧地域の条件を最大限に活用し、生産者と流通業者とが生産流通情報を共有し、ダンポットシステムという電子オークションを核とするコンピュータ・ネットワークによる効率的な流通網を整備した。さらにはデンマークを本拠とするCCコンテナ社の小型のコンテナ（鉢物輸送用台車）が今やヨーロッパのデファクト・スタンダード[4]になるに及び、加えて花卉生産者協同組合を前身とする（株）GASAオーデンセを軸に、花卉流通革新の基本戦略として、国内競争ではなく、国際競争にうち勝つための国内協調を選び取っている。それはいわば、協同組合の歴史的所産と風土を活かしつつ、IT（情報技術）やコンテナ、それにロジスチックス[5]（物流システム最適管理手法）、サプライ・チェーン・マネージメント[6]といった最先端の管理技術を駆使したデンマーク型花卉産業のグローバル化への生き残りの取り組みとなっている。

### イタリア・ブラ市から開始されたスローフード運動の取り組み

さらにもうひとつ例を加えるなら、一九八六年、北イタリア・ピエモンテ州、ブラ市から開始されたファーストフードに対するスローフード運動の取り組みがある。イタリアではスパゲッティ料理一つをとっても、ミラノ風、ナポリ風、ロマノ風、フィレンツェ風というように、地域により異なっている。食は地域ごとに、その地域の食材を活用し、地域の風土にあった加工法・調理法で作られ、食卓の団らんを含め地域固有の食文化を形づくっている。スローフードの運動は、この個性豊かな食の生産・加工・調理・食事を、認証とネットワークを使った情報受発信、並びに伝統食材を一堂に集めた国際的なプロモーション活動等により、グローバル化社会に活かす取り組みをすることにより、伝統的食文化を現代社会に埋め込む具体像を提示している。スローフード運動は、世界八カ国七五〇カ所、会員が七万五〇〇〇人を数える活動として広がりを見せており、大いに注目されて良いものである。

次に、目を日本に移し、農業・農村と地域おこしの具体像を見ることにより、それらの可能性を探ってみよう。

## 三　日本の地域農業活性化と地域おこし

### 集落機能を活用した土地利用の集団的調整による集落営農、集落農場の展開

地域農業の目標は、国際化時代（競争と共生の攻めぎ合い）に応える地域営農システムを作り出すことである。この課題を地域で具体的に実現すべく取り組んできた事例としては、愛知県安城市の集落農場や愛知県十四山村の全作業受委託型水田農業などを挙げることができる。

安城市は、集団栽培から機械の共同利用、作業受委託を経て、早くも一九七一年には農協が主導して経営受委託事業を開始、続く転作の集団化、水稲の品種別団地などを通じて、競争力を持つ大規模借地型経営展開の担い手育成を

強力に推し進め、いつも全国に先駆けた経営展開をしてきたところである。この過程は労働結合から機械結合、そして農地の利用調整を中心とする土地結合へと、求心軸を推転させながら進行してきたものであるが、八九年からの集落農場構築運動は、農村住民の混住化、多様化、専業的農家の専門化を背景に、多様化と専門化を結びつけるネットワークの生産・生活結合として押し出す、より包括的な戦略を提起したものであった。

農業面では青壮年主体の本格的競争力を持った「やりがい農業」を構築するとともに、高齢者や兼業農家の女性就農者による「楽しみ・生きがい」農業と、さらに地域非農家住民との「ふれあい農業」をつくり出すことにより、合理的で多様な農家世帯員や農村住民が経済と心を持って参加できる生産（・生活）体系をつくり上げようとするものである。そのため、集落農場構想モデルの策定や農地利用調整、そして営農を実行する三つの機能がその担い手組織を含め明確にされ、各組織のパートナーシップの強化が打ち出された。農地利用改善組合（団体）[7]などが担う調整機能や、県農業普及組織・市農務課・農協の三者が一体となった支援指導機能、そして営農組合・作物別部会[8]などによる実行機能、これらが連携して成果を発揮し、地域に根づく生産生活結合が構築されてきている。それは、地域が活力を取り戻し、日本発のアジア型営農システムをうち立てる道である。

転作の団地化や、転作地を公平に回すブロックローテーション、並びに水稲品種別団地化は全地区実施され、担い手間で調整し担当区域を決めるエリア担当制は、五集落で実施されている。また、利用権の設定率[9]（一九九七年）は一九・七％（全国平均七・二％）に及び、全国一のイチジク産地を作るとともに、産直市は一七集落で開設、市民農園型のコミュニティ農園も六集落で開園されている。安城市の農業は、「日本デンマーク」[10]をつくり出した産業組合以降の協同活動と人づくり活動の伝統を活かし、日本の集落が持つ公平原則など集落機能を最大限発揚させることにより、アジア的零細農耕を脱却させただけでなく、高齢者や女性、コミュニティの主体性強化など、目を見張るような農業・農村地域おこしを具現する事例となっている。

### 安全安心・環境保全を重視する農業者組織の取り組みと都市・農村の相互連携

愛知県豊田市の高岡地区で活動する二つの農事組合法人[11]、「中甲《なかこう》」と「若竹《わかたけ》」は、借地型大規模水田農業経営体として発展してきた。この二つの農事組合法人で注目されるのは、受託能力を上回る委託希望が相次ぐ中、預かった農地の責任ある利用を進めるため、省力農業として農薬散布回数を最小限にする農業の実現をめざし、地域全体に働きかけ、味が良く病気に強い品種を組み合わせた地域稲作体系を組み立てることに成功したことである。しかも、これが名古屋勤労市民生協の組合員の関心を呼び、地産地消（その土地で採れた農産物をその土地の人びとが消費すること）の考えに基づいた安定取引に結実し、消費者はもちろん地域住民にも歓迎される新たな地域個性を持つ環境保全型農業を発展させている。高岡地区には消費者がよく訪れ、相互の交流が活発化している中、この農業は環境にやさしいだけでなく、消費者の農業・農村理解を拡げ、信頼に支えられ、持続する安全安心・クリーンな農産物の生産消費ネットワークの一例となっている。

### 逆転の発想から小規模産地の生き残り戦略を見つけ実践——日本一おいしいミカン産地づくり

知多半島は、蒲郡・幡豆地区とともに愛知県を二分するミカン産地である。その中心は美浜町と南知多町である。ほとんどは露地ミカンで、酸度が高くて貯蔵が利き、正月明けから販売するミカンとして消費者のニーズに応えてきた。しかし、知多ミカンは露地ミカンとしてはローカルブランドでしかなく、ミカンの消費後退・価格低迷下で産地の選別が進む中、生き残りは容易でない。産地は、この生き残り策をハウスミカンにかける農家を結集して、部会[12]として育て上げた。

この地域のハウス栽培は一九七〇年代の半ばに導入され、当初の一〇年近くは会員も少なく、試行錯誤の連続であったが、県内の先進地である蒲郡市農協から営農指導員を迎え、栽培の強化が図られた結果、生産が安定し、八〇年代半ばから九〇年代初頭にかけ会員数並びに栽培面積を飛躍的に拡大した。しかし、今度はハウスミカンの競争が激化して新たな対応が必須となった。美浜ハウスミカン部会は、収量から品質重視の考え方に転換することにより活路を見出した。だが美浜ハウスミカンの産地規模は、県内の大産地蒲郡と比較すると、出荷量で見て一五%に満たない。大産地と同じ方針を採ったのでは産地の維持発展は図れない。

そこで一九八七年、糖度による評価に大きな格差を導入した基準を設け、高品質ミカン生産を推進する方針を決め、産地あげての取り組みを行った。糖度を上げ、赤みに色付かせるには一カ月以上の水切りが欠かせない。しかし、これを行うと樹勢は弱まり、枯死する場合も出てくるため、水切り栽培は多くの産地にとって難しい技術となっていた。当地域は、耕土が深くミカンの根がしっかりと張るため、樹勢が強くなりすぎて、露地ミカンの食味や着色にはよくない。しかし、ハウス栽培では逆に樹勢の強さが五週間以上の水切り栽培を可能にし、糖度・着色ともに極めて良好なハウスミカンを作り出すことを可能にした。樹勢の強さをハウスで活かす逆転の発想をし、密度の濃い班別活動と研究会活動とを組み合わせることにより、水切りのストレスに疲れない栽培方法をマニュアルとして作り出し、「絶対においしいハウスミカンづくり」を進めたのである。

農産物直売所で販売されている「みはまっこ」

品質レベルは急速に向上した。しかし、名古屋市場では納得のいく評価は出ず、東京進出の方針を決め、ローカル産地のイメージを一新する「みはまっこ」づくりの取り組みを進めながら、一九九二年東京市場へ初出荷、全国一の高い評価を得ることに成功した。これを契機に、名古屋市場での評価も変わり、地元の住民にも受け入れられ、一気に贈答品用の特産として成長させることができた。美浜ハウスミカンは全国ブランドになったのである。ちなみに、東京市場での二〇〇一年の美浜ハウスミカンの価格は、高値でみて全国的先進地である蒲郡のそれを五〇％前後も上回るものとなっている。また他の産地が六月、七月出荷を指向するのに対し、ハウスミカンの需要期であるお盆中心に出荷できる体制づくりを進め、消費者に信頼されるものづくり・産地づくりを原点にした取り組みを行っている。

部会では、ハウスミカン栽培の重要な担い手である女性の役割をまっとうに評価し、この一〇年来、婦人部独自の技術向上活動や販売促進活動を強め、女性の自信と活力を引き出す取り組みを旺盛に行ってきた。女性会員は、量販店での「みはまっこ」の販促活動やPR活動を通じて、消費者のニーズは大量消費時代とは異なり、果皮は赤みで味が良く、それに小ぶりであることを掴んできた。それらは生産計画へ着実にフィードバックされている。また女性の発案により、直売所やグリーンセンターで「みはまっこ」の販売が行われるようになり、これを呼び物にして地元農産物の販売も好評を得ている。女性の力がよく結集され、産地の大きな活力となっていることは間違いない。

## 四　農業は「六次産業」——主産地形成、一村一品型村おこしを超える地域資源活用型村おこし

### 「六次産業」化と都市・農村交流による農村地域社会の活性化

イギリスの経済学者、W・ペティとC・G・クラークは、国民所得の上昇に伴って、一国の産業構造は第一次産業から第二次産業、第二次産業から第三次産業へとその比重を移していく経験法則を明らかにした。彼らは、農業を規

定し、その相対的比重の低下を解明したのである。しかし、現代においては農業は一次、二次、三次産業を合わせた、または掛け合わせた「六次産業」であり、生命系維持産業と考える方が、農業をより将来性のある産業に発展させることができるだろう。

二〇〇一年度の食料・農業・農村白書は認定農業者や法人経営が意欲的に経営多角化に取り組んでいることに注目しているが、消費者が支払う食料品支出のうち農業者が手にする割合が一八％を下回る状況下にあっては、なおさら六次産業化は重要な命題となっている。グローバリゼーションは食料分野では効率的生産に基づく地球大での「生きた培地」の運搬を不可避とするだけに、安全安心は六次産業のキーワードの一つとなる。効率的生産はまた、往々、社会的便益・費用を考慮しない。そうだとすると、農業・農村・食が持つ多面的機能もまたキーワードとなる。

### 「ファーマーズ・マーケット」による地産地消を通じた農村活性化

近年、ファーマーズ・マーケットが人気を博している。愛知県で見ても、産地直売所は県が掌握しているものだけでも二九五件を数え、一〇億円を超える売り上げを達成している大きな直売所もいくつか出現している。たとえば、愛知県豊川市のJAひまわりは、早くから兼業農家の婦人層・高齢者の活力に着目し、ファーマーズ・マーケット（グリーンセンター）づくりに努力してきた農協である。最近では市場価格の低迷もあり、専業農家のグリーンセンター利用も多く、そのため、量販店のダイエーや生協にグリーンセンターの出店を設ける取り組みが本格化し、出店数はすでに二〇を超える状況にある。

愛知県大府市にあるJA知多の「げんきの郷」は、「農と食、環境と福祉、文化をテーマとした健康・安全の地域づくり」を目標に、(1)土づくりを基本とした持続性のある有機農業の実現、(2)生産から加工・流通・販売・消費に至る食＝環システムの構築、(3)農業を核とし、商・工・観光等とも連携した地域複合（六次）産業の形成、(4)自然生態系（エコロジー）と人間生活（エコノミー）が調和した農業・農村文化の再生、(5)人生八〇年時代をすべての人びとが健やかに生きることができる社会（少子高齢社会）への対応、などを図るべく極めて旺盛な取り組みを進めている。一九九九年度の売り上げはファーマーズ・マーケット「はなまる市」で一〇億八〇〇〇万円余り、買上客数は六三万八〇〇〇人を超え、出荷会員数は六八五名を数えている。「げんきの郷」全体では二三億八〇〇〇万円余り、買上客数二〇二万七〇〇〇余となっている。

こうした地産地消の広がりは、都市生活者や地域住民の目の向け方、生活スタイルのあり方が、グローバル化の一方で、地域に根ざすことの大切さを再認識する流れの中にあることを実感させるものである。

### 農事組合法人「伊賀の里モクモク手作りファーム」による「農業公園作り」と農村活性化

三重県伊賀市（旧阿山町）の「伊賀の里モクモク手作りファーム」は、輸入豚増加に対抗するため、一九八二年豚生産者が自分たちの豚を差別化する取り組みを始め、銘柄豚「伊賀豚・伊賀山麓豚」をデビューさせたのが契機となって八七年に設立された組織である。現在では、ハム、ソーセージをはじめ、米、野菜、地ビール、地麦パン、和菓子などを生産加工し、県内四つの直営店、会員制通信販売等を通じて販売するとともに、「モクモク手作りファーム」に年間二九万人を迎える「ロマンと夢のある二一世紀型農業」をつくり上げている。生産加工部門は農事組合法人に、また、直営店や通信販売等は有限会社にそれぞれ業務分担しながら、労災・雇用・健康の各保険、それに退職金制度を整え、農業経験を持たない若者を吸引できる雇用管理を実行し、合わせて二〇〇人余りの従業員数を抱え、一一億三〇〇〇万円を超える事業体に成長している。

その発展は、サポーターづくり、手作り教室、直営店、地ビール作り、米・麦・野菜の生産など、農業を六次産業ととらえるユニークな取り組みによって実現した。第一段階は通常の「手作りと、素朴・純粋・安心・無添加のハム作り」で商品イメージをつくり、第二段階はモクモククラブ・イベント、ソーセージ教室、〝服部ハム蔵〟キャラクターなどモクモク組織のイメージづくりを進め、第三段階は米作り、野菜作り、ビール麦作り等地域農業を巻き込んだ地域づくりに取り組み、第四段階は自然・農業・手作り・食べ物の在り方を共感しあえる場づくりを通じて、共生の生活スタイルをつくり上げようとしている。

この取り組みは、明確な事業理念と事業システムを構築堅持することはもちろん、加えて生活者の発想をベースに、消費者の潜在的ニーズを発見し、それを的確な商品構成に組み立て、子どもと女性、ミニコミ・口コミ、ワクワク感のあるネーミング・ストーリー（モノとしての商品に、作り手の思いや工夫、場所の個性などを付加し、語ることのできる商品にする）を重視して職員自身が楽しみ、ナショナルブランドはめざさないといったノウハウをつくり出すことを内容としており、地域の農・食・自然の固有性に立脚し、経済事業化する可能性と醍醐味を提示するものとして注目される。

### 都市農村交流拠点「パスカル清美」による過疎集落の再生

「道の駅」(13)一号は岐阜県清見村の「パスカル清美」である。この駅のある大原集落は村の中心地から三四キロメートル離れ、過疎化のもっとも激しい集落であった。一時期四〇〇人を超えた人口も一〇〇人を切るまでになり、小学校の存続が危ぶまれる中、集落の寄り合いが幾晩も開かれ、出てきたアイデアが、郡上八幡インターから三〇キロメートルの条件を活かし、一九八九年、農業農村活性化農業構造改善モデル事業に着手するというものであった。さっそく同年、地域食材供給施設及び地域資源総合管理施設を建設した。九一年、道の駅実験施設に手を挙げ、ホテル、レストラン、売店の他、体験農園やラベンダー園、植栽ルピナス、渓流などから構成される「ふるさと公園パスカル清美」が本格稼働を開始する。現在、年間五〇万人近い利用客と四億四〇〇〇万円の売り上げ、愛知県一宮市にあるアンテナショップも含め、八〇名余りの雇用機会の場を提供、一三家族のUターン、Iターンを実現している。

事業理念並びに事業システムは明確で、一〇〇％村出資の事業体ではあるが、営業係の配置、年俸制など民間経営手法を導入し、また、「智恵、地域、政治を活かす」「人のネットワークを活かす」など、いくつものノウハウを磨いてきている。清見村は人口よりも牛（肥育牛、繁殖牛、乳牛）の多い村であるが、レストランのメニューや売店の産品には、この特性を最大限活かした数々の商品開発が目白押しである。加えて、年間四〇回を超えるイベントを企画し、そこには川釣り名人や山菜取り名人、リース（花輪）づくり名人、豆腐づくり名人など、熟年の語り部名人を配置し、体験を通して地域の良さを伝える取り組みにも目を見張るものがある。

## 「農泊」を通じた安心院町の都市民との交流と村おこし

大分県宇佐市（旧宇佐郡）安心院《あじむ》町は、会員制農家民泊（農泊）という滞在型グリーンツーリズムを推進している町として知られはじめている。この町は近隣の別府市や湯布院町など従来型の観光地とは異なり、温泉資源に乏しく、ブドウ栽培など農業を基幹産業とする中山間地域である。一九九二年、農家など八名がアグリツーリズム研究会を発足させ、農産物に自分で値を付け、消費者との交流を図り、農業・農村を理解してもらうことを課題に勉強会を重ねた。その結果、九六年に幅広く会員を募り、三〇人でワイン祭りに協賛して、交流主体の「農泊」を開始した。

「農泊」とはあまり聞きなれない言葉であるが、農家はふだんの生活スタイルを変えることなく、都会からの訪問者が農家の生活スタイルを共有し楽しむ形のツーリズムである。現在、安心院町では一〇戸の農家が農泊客を常時受入れる「松」と、一定の期間受け入れる「竹」、そして大勢の受け入れ時のみ協力する「梅」の、三つのタイプに分かれて農泊活動に取り組んでいる。農泊は、農家の空いている部屋を宿泊部屋として利用し、食事、風呂、トイレなどすべて住人と同じものを使用する。会員制をとり、初年度は八〇名であった会員は、現在二〇〇〇名を超えるまでになっている。客は二～三人の家族、友人グループが中心で、シーズンを問わず週末を利用して一～二泊していく客が多いが、たいていはリピーターとなっている。受け入れ農家は、自分たちの生活の余裕のある部分で行うことを基本に、一日一組に限定し、忙しいときは断る等、農泊が生活に負担をかけないように約束事を設けている。

農泊活動を行う地元の人たちにとっては、農村女性の自己実現、高齢者の生きがい対策・健康増進、子どもへの教育効果、農村の生活文化の継承、環境や景観保全の意識向上など、従来無意識に行ってきた農村生活に価値を見出す効果があるという。農泊に関わることで農村の良さを発見し、伝えることができるのである。安心院町では一九九七年「グリーンツーリズム取り組み宣言」を行い、「安心の郷」の特徴ある「グリーンツーリズム」を町の重要施策として位置づけ、(1)地域経営の視点に立った取り組みの推進、(2)安心院らしい景観づくりの推進、(3)都市との交流基盤整備の推進、の三点を要項として定めている。

### 愛知県旭町筑羽地区にみる「ないない尽くし」の山村おこし

鉄道もなければ国道もない。工場もないので若者もいない。農地は北向き斜面で太陽も少ない。あるのはお年寄りと自然ばかり。知名度では県内ワースト2だった愛知県東加茂郡（現豊田市）旭町（岐阜県境）、その東北部にある筑羽地区は、しかし今、熟年パワーで燃えている。地域の大半は山林で、つい数年前までは「後継者がいない」「農業はわしで終わりだ」という声ばかりであった。それが、名古屋市農業文化園でおなじみの山の産品・味覚の提供者になり、ドライブインと提携して産直コーナーを開設。林間わさび、稲作オペレーターの育成を図るまでに生き生きしてきた。

現代が失った田舎の昔暮らし、地域資源を活かした「自給的農業」を地域の魅力として押し出し、都市に打って出る直売活動を本格化した。「山の熟年者でしか提供できないものを」と発想して取り組んだのが当たった。機能別に分けた生産部会、販売促進部会、資源活用部会がそれぞれテーマを明確にし、協調しあい、地域の他の組織とも連携しながら活動する。これらが目覚ましい実績に結びついている。

## 五　地域資源管理システム構築による地域おこし

地域にはいろんな知恵や能力を持った人、組織がある。これら専門の畑を持っている個人・組織を集めて、お互いが知恵と財とサービスを出しあい、地域が抱える環境問題を中心に解決し、ニーズに応える。それを地域の生活環境空間の管理能力として結集し、高め、具体的に発揮させ、地域社会を復活させる取り組みが日本でも広がっている。このような地域の環境改善の取り組みは、イギリスではグラウンドワークと呼ばれ（本書一六二頁参照）、その活動の日本版ということになるが、パートナーシップによる地域環境の再生と創造の取り組みがいくつもの地域で本格化し、地域個性発見による地域活性化の一つの流れを作っている。

日本におけるグラウンドワーク活動には、二類型がある。都市的グラウンドワークと農村的グラウンドワークである。概括すれば、都市的グラウンドワークは「任意個人・任意加入組織・任意企業の主動的参加による組織と活動」を特質とし、農村的グラウンドワークは「既存共同体組織を軸とし母体とする地域ぐるみ的組織と活動」を特徴とする。

事例を挙げて説明しよう。都市的グラウンドワークの事例として、三島市の「グラウンドワーク三島実行委員会」をみると、その活動は、失われたかつての「水の都・三島」の水辺自然環境を現代に取り戻すことを目標としている（第6章参照）。どぶ川化した源平衛川の再生、花と蛍の里づくり、絶滅した三島梅花藻の復活、古井戸や湧水池の再生、荒れ地・遊休地のミニ公園化、学校ビオトープの建設など、実に多様な内容をもって進められている。これらの活動は、三島市や企業との連携の下、市内の市民団体二〇が参画して、理事会・スタッフ会議を軸に、のべ四万人を超える市民が参加する文字通りのパートナーシップ型の市民活動として取り組まれ、全国から年間二〇〇〇人を超える視察者が訪れるほど、顕著な環境改善の実績を上げている。

グラウンドワーク三島の運営は、諸団体を横断的に連携させた組織だけに、理念や目標を共有することを基本に、実践の継続と成果の蓄積を重視し、市民、NPO、行政、企業との新たなパートナーシップを形成しながら、洗練された環境マネジメントに取り組む手法を定着させてきており、これらを通じてまちづくりの重要な一角を占めるに至った。

滋賀県犬上郡甲良《こうら》町の場合は農村型グラウンドワークの典型であるが、ここでは一九八一年から水田農業の合理化をめざして圃場整備が進められ、これにともない集落内の水路を含め、旧来のオープン水路から地下パイプラインに変更する計画が提示された。これに対し、住民の中から「集落内の生活水路に水がなくなっては潤いがなくなる」との声があがり、効率優先の農業基盤整備計画を考え直そうということになって、「せせらぎ遊園まちづくり」が始まった。

その取り組みは、住民参加のまちづくりを基本とし、一三ある集落ごとに「むらづくり委員会」を設置して、先進地視察や専門家から学びながら、住民自らが集落の土地利用、道、水系、生態系、生活系などの点検活動を行うことで進められてきた。そして、これに基づき、水環境整備、景観整備など特色ある集落づくり構想が作られた後、行政・専門家による検討を経て、事業実施設計が形づくられてきた。

たとえば、集落のひとつ、「尼子むらづくり委員会」の取り組みを組織図にしてみると、次頁の図のようになる。他の集落と同様、まちづくりの学習活動、せせらぎ農園育成活動（非農家住民と農園での交流）、景観整備活動（土塁公園の手作り整備、尼子川の修景整備、親水公園の手直し、ホタルの森整備など）、近隣景観協定の締結準備、道

尼子むらづくり委員会の組織図

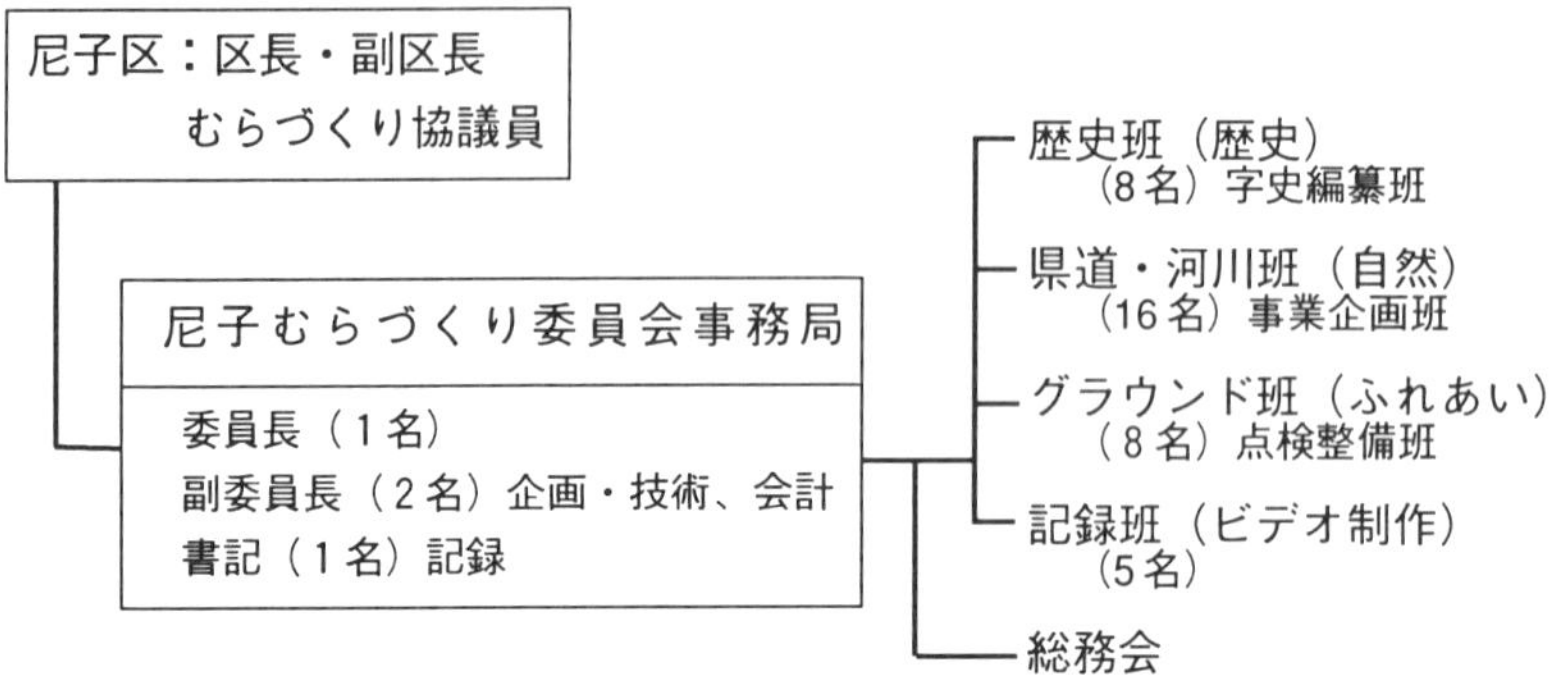


標の整備など、「住みたい、住んで良かったといえる心安らぐむら尼子」づくりの取り組みを集落を挙げて推進している。つまり、せせらぎの再生をまちづくりと結びつけ、水の恵みを大切にする伝統と卓越した水の利用技術を再生し、個性あるせせらぎ文化を創り出す取り組みにしているのであり、この取り組みが住民のものの見方・考え方を地域の暮らしをベースにしたものへと変化させたのである。

目標の立て方、組織・個人の結集方法、運動の進め方、リーダーの機能発揮には旧来の農村集落機能が最大限に活かされ、混住化・世代分化を踏まえて多世代参加や男女共同参画を加えることにより、持続的なまちづくりになっていることが注目される。甲良町もまた全国から視察者が相次ぎ、地域住民の自信となっていることは言うまでもない。

## おわりに――地域社会が活力を得る道

地域の固有性の発見とその活用は多様である。それは、グローバリズムの中でローカリズムを呼び起こし、主体性をもって活力ある地域づくりを進める可能性が大きいことに他ならない。グローバリズムの中で地域の固有性を発見し、その固有性を市場システムを活かしながら、パートナーシップ形成によって地域社会開発につなげる取り組み、あるいは、地域の固有性を主張しながら、その維持展開を図る取り組みは、地域社会が「活力」を得る道の豊かな可能性を提示するものである。

注

（1）農業生産指数——基準時を一〇〇とする生産水準を表す数量指数として、農業における生産量の動向をマクロ的、長期的に把握する指標。

（2）農業粗生産額——農業生産活動の成果を金額ベースで把握するため、農産物の一年間の品目別生産数量（種子・肥料等の中間生産物を除く）と当該品目別農家庭先価格を乗じて得た額を合計したもので、農業生産額が全国を推計単位とするのに対し、市町村を推計単位としている。

（3）プラザ合意——一九八五年九月、先進五カ国蔵相がニューヨークのプラザ・ホテルで会議を開き、ドル高是正の協調介入を行うことを合意した。協調介入の結果、声明当時一ドル二四〇円台の円相場は、一年半後には一四〇円台に到達し、日本の農産物の国際競争力は大幅に低下した。

（4）デファクト・スタンダード——ＪＩＳ規格のように政府が基準を決めたり、ＩＳＯ（国際標準化機構）やＷＴＯ（世界貿易機関）のように規格認証機関が標準規格を決める方式をデジュリス・スタンダードと言うのに対して、市場原理を用い勝ち残ったものを標準規格とする方式をデファクト・スタンダードと言う。

（5）ロジスチックス——情報システムとの組み合わせによって物流全体の最適化をめざすもので、原材料の調達から最終製品の販売、廃品回収までをトータルにコントロールする管理手法。

（6）サプライ・チェーン・マネージメント——ＳＣＭ、供給連鎖最適管理方式。アメリカ製造業の日本型経営研究から生まれた手法の一つで、メーカーと流通業者とが販売情報や需要予測といったデータを互いに共有し、企業間取引活動あるいは企業間関係を調整・連携しながら、ＩＴを活用して、生産から販売あるいは消費までのサプライ・チェーン（供給連鎖）全体を最適化し、企業収益を高めようとする管理手法。

（7）農地利用改善組合（団体）——集落など地縁的な結合に基づく農用地の地権者の集団が、効率的かつ安定的な農業経営を広範に育成するため、農業経営基盤強化促進法により認定を受け、農用地の自主管理を行う組織。

（8）営農組合や作物別部会——農協の下部組織として、水田農業等を集落やそれを越えた範囲で集団的に耕作するために組織される営農組合や、野菜作、花卉、畜産など作物ごとに関係農家を組織し相互連携による技術革新、加工・流通対応等を進める農家組合員の組織が広がっている。農業が個々の農家だけでは守れなくなっている現実が背景にある。

（9）利用権——一九八〇年の農用地利用増進法（現在の農業経営基盤強化促進法）で農地の貸借を容易にした。そこで設定されるのが農地の利用権である。

（10）日本デンマーク——昭和恐慌期の苦境を乗り切るため、旧安城町で編み出され全国に広まったデンマークを手本とする方策。デンマークがオランダとの戦争に敗れ、豊穣な土地を割譲した後、国を復興するために採った方策（①農業の多角化、②協同組合活動、③国民学校による人づくり）を模して取り組んだ三本柱の活動。昭和期の社会科の教科書には記載されていた。

（11）農事組合法人——農業協同組合法に基づき農業生産について協業を図ることにより共同の利益の増進を目的として設立される法人。

（12）部会——あいち知多かんきつ出荷組合の中で、ハウスミカンを栽培する生産者を部会に組織したもの。同出荷組合にはほかに美浜柑橘同志会がある（若手の技術研究会）。

（13）道の駅——建設省（現国土交通省）が管轄する国道に付設された休憩施設をいう。二〇〇五年に全国で八三〇カ所あり、道路利用者の休憩機能の他、地域の情報発信機能、地域の連携機能があるとされる。建設省は九一年、岐阜・山口・栃木の三地域で仮設の休憩施設を利用して「道の駅」の実験を行い、期待以上の効果のあることから第一一次道路整備事業五カ年計画の施策の一つとして「道の駅」制度を開始した。

市民社会の独創力から発展したローカル経済を、適切な制度枠組みを通して国際的に普及させると、
複数の自立的なローカル経済のグローバル・ネットワークの形成は実行可能な選択肢となる。
(理想的な共同体のイメージ。オーストリア人芸術家 Handertwasser 氏設計によるレジャー施設模型)

第5章

# イタリアの地場産業発展モデルによる「もうひとつのグローバル化」の可能性

ルイス・A・ディ・マルティノ

## はじめに

資本や労働が国境を越えて移動するグローバリゼーションの進展は、企業が生産拠点を外部に移すことにより、かつて地域経済を支えてきた産業都市の空洞化を招いている。同時に、外部企業による安価な製品の流入によって、中小企業からなる地場産業の衰退が進行している。日本と同様に中小企業を中心とした地場産業が一国経済の基盤を支えてきたイタリアでは、伝統的な地場産業がグローバリゼーションの中で新たな産業活性化の道を開いている。イタリア地場産業の先進例を紹介することで、地域に根づいた「もうひとつのグローバル化」の可能性を探ってみたい。

## 一　イタリア地場産業の「奇跡」

### フォーディズムの終焉

第二次世界大戦終戦から一九七〇年代にかけて、経済学の主流は、経済発展が次の特徴に基づいていると考えていた。(1)大企業の成長、(2)大都市における雇用と居住の集中、(3)機械化による労働生産性（労働者一人当たりの一定期間の生産高）の上昇、(4)伝統的生産部門から技術・資本の集約的な新部門への産業構造変化。

一九七〇年代に、先進諸国ではこの産業発展モデルが危機に直面した。それまで大企業の成長は大量生産と大量消費に基づいていた。この産業発展モデルの特徴は、(a)規模の経済（Economies of Scale, 生産規模の増大につれて効率性が上昇し平均費用が低下する状態）によるコスト削減、(b)ヒエラルキー型労働組織と生産現場によって徹底された分業に基づく単純労働、(c)生産性の上昇が直接・間接賃金に反映される結果としての大量消費の実現、などであ

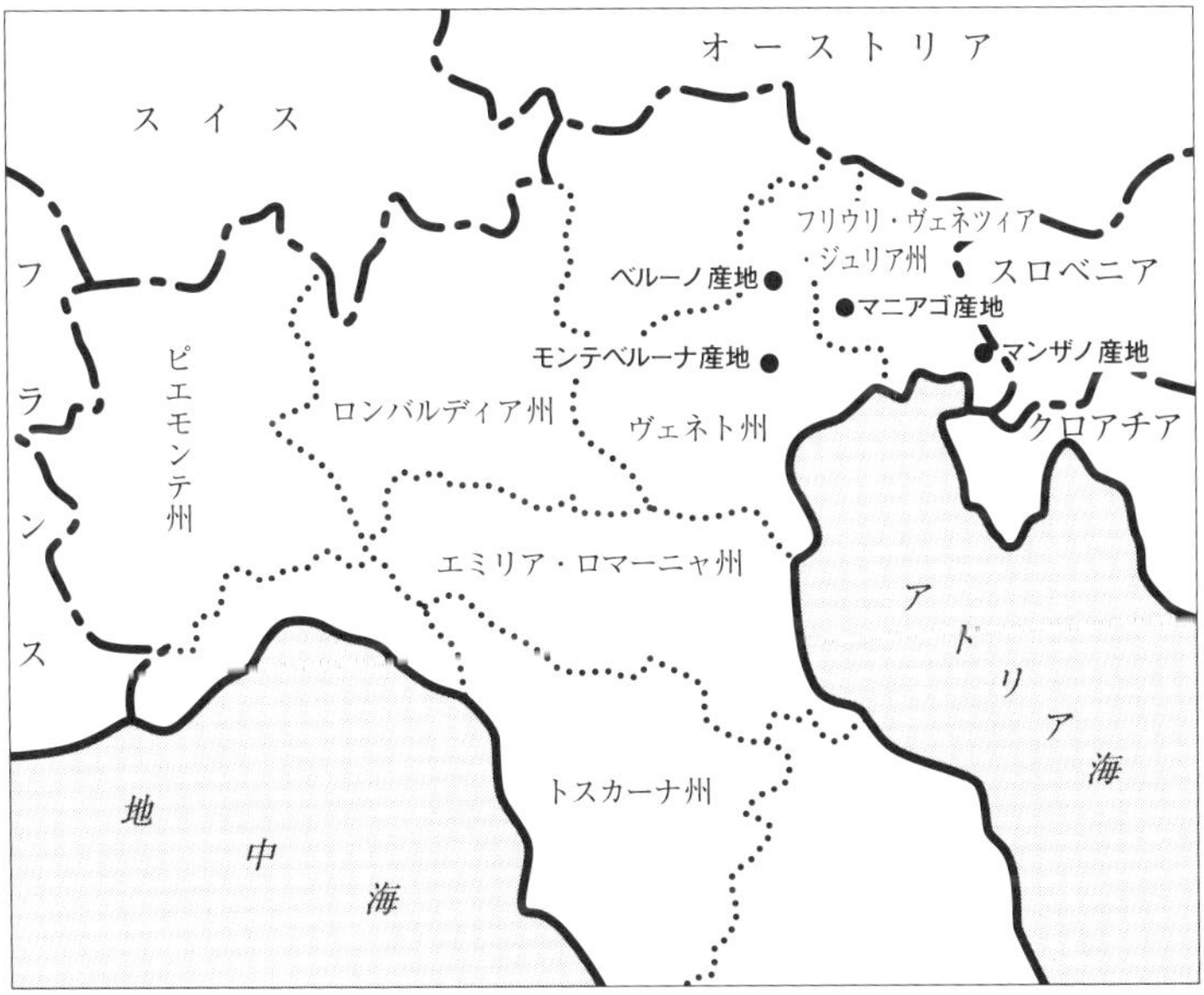


る。七〇年代初頭には、需要の多様化にともない、この生産システムの適用が困難になっていた。それと同時に、次第に教育水準が高くなった労働者には単純労働は刺激を与えなくなった。企業が持つ巨大組織の硬直性は生産性上昇の障害となり、賃金上昇へ悪影響を及ぼした。その結果、所得分配や労働編成に関する経営者と労働者間の対立が高まって、フォーディズム（Forcism）と呼ばれている大量生産産業発展モデルは安定成長から構造的な危機に直面することになった。

この時期、イタリアのマクロ経済も悪化し、二桁の物価上昇率と失業率を経験していた。イタリア自動車産業大手のフィアット社を中心としてイタリアの戦後経済発展のエンジンだった北西部のピエモンテ州は危機に陥っていた。それに対して、中小零細企業の産業集積が高い地方、すなわち、中部のエミリア・ロマーニャ州およびトスカーナ州、北東部のヴェネト州およびフリウリ・ヴェネツィア・ジュリア州は成長し続けていた。当時はまだ、このパラドックスを解釈するための理論的枠組みはなかった。一九八四年に出版されたピオリとセーブルの『第二の産業分水嶺』において、初めてこれら地域の成長が、中小企業のローカルなネットワークに基づいた地場産業の発展モデルとして英語で紹介された。

### イタリア地場産業の歴史的特色

従来の経済理論では、経済成長にとってはマイナス要素であるとされたイタリア地場産業だが、そのさまざまな特徴がピオリらによって肯定的に再考されるようになった。つまり、家族主義が強く、自営業の伝統が残り（雇用者が比較的に少ない）、中小零細企業の多い小さな町でも、経済成長を促す適当な社会的基盤の存在が次第に認められてきたのである。地方文化を基盤とした地場産業の発展モデルでは、農家や職人の存在が重要である。第二次世界大戦直後のイタリア中部や北東部では、まだ労働力として十分に認められてはいなかったが、「職人的な企業家」として新事業に挑戦したがっていた人は多かった。商品市場や技術に関する情報は、インフォーマルな人的ネットワーク（家族、友人、隣人など）を通じて濃密に流れていた。

イタリアの地場産業における特徴的な要素は、(1) 中小零細企業が集積立地していること、(2) 特定の業種に集中していること、(3) 細かな分業体制が存在していること、(4) 各企業の経営資源を総合的に利用できるシステムが存在していること、が挙げられる。その中心的な特徴は、分業集積群の柔軟性であるといえよう。イタリアの地場産業には徹底した分業化や専業化が形成され、外部市場と直接的な接触を持っている企業を通して需要が流れ込む。その需要に応じて、それぞれの生産工程を担当する企業の組み合わせが柔軟に決定されていく。このようなシステムは「柔軟な特化」（flexible specialization）と呼ばれている。柔軟性を確保するための条件としては、(a) 技術蓄積の深さ、(b) 分業間の調整費用の低さ、(c) 創業の容易さなどが挙げられる（伊丹、一九九八）。

## グローバル化に直面したイタリア地場産業

一九八〇年代後半に始まる世界経済のグローバル化にともなう市場環境の変化は、イタリア地場産業にも大きな影響を与えた。「柔軟な特化」を特徴とする中小企業のニッチ市場に大企業や途上国が参入すると、地元の中小零細企業が品質、コスト、納期などの面でどこまで消費者の要望に応えることができるか、疑問に思われるようになった。また、九〇年代前半にヨーロッパ統一市場が誕生し、その後ユーロが導入されると、それまで国内市場を保持し、輸出力を保つために行われてきた関税引き上げやリラ切り下げなどの政策は、効力を持たなくなった。そのため、イタリアの地場産業は自らの手でグローバル化を迫られ、(1)外国に生産拠点を設置すること、(2)技術革新のグローバル・ネットワークに連結すること、を通して伝統的な特徴がさまざまなかたちで変貌していった。

イタリア地場産業のグローバル化は、当初は雇用に悪影響を与えるのではないかと恐れられていた。しかし実際には、雇用への影響は薄かった。むしろ産地（産業地区）の技術革新と知識の蓄積を弱体化させる結果をもたらした。グローバル競争の下では、創造や革新といった生産工程が中心部門ではなくて、生産部門以外のサービスや情報など、さまざまな部門で断片化されていく傾向がみられたからである。以後、創造的・革新的活動には新たな調整方式が求められ、公的機関や民間組織によってコーディネートされた支援プログラムが重要になっていった。今後、公的機関は経営者に中長期的な視野を与えるとともに、生産工程自体だけでなく技術革新に関しても、中小企業が産地内にとどまらずグローバルなネットワークへ向けて整然と展開できるよう支援する必要がある。

イタリア中小企業の直接投資先である中欧・東欧諸国の地場産業においても、中長期的発展を展望して技術革新を促進する必要があるだろう。その際には、たんに安い労働力として搾取するのではなく、一九六〇～七〇年代にイタリアの地場産業が経験したような、大量生産方式とは異なる社会・経済の発展モデルを適応することで、中小企業集積型の新しいグローバル化モデルを推進していくことが考えられる。中欧・東欧諸国においてイタリアの地場産業のような内発的発展のメカニズムを促進するためには、それぞれの地域固有の社会・経済・文化的な伝統を踏まえた産業政策をすすめることが重要である。そのためには、イタリア地場産業の中小企業集積の成長を支えた制度的枠組みを、これら投資先地域の特徴に合わせたかたちで導入するべきである。

イタリアの地場産業は、公的機関と民間組織の協力を通して、地政学的な次元を優先しながら、短期的な資本蓄積に基づいた経済成長よりも、中長期的な発展モデルの普及に基づいた経済成長のほうを大切にする必要がある。この発展モデルに成功すれば、中欧・東欧をはじめとして、途上国のさまざまな地域の地場産業は、中小企業の集積を核としながら、国際経済の舞台で自立した役割を果たすことができるであろう。この観点から考えると、ＥＵの中欧・東欧への拡大は、イタリアの経済的・文化的な役割によって、この地域の移行経済（計画経済から自由主義経済へ移行過程の経済）が自立的に発展しながら「もうひとつのグローバル化」を成し遂げるという、歴史的な機会となるかもしれない。

本章の第二節では、四つの産地（産業地区）の具体例を見ていくことで、一九八〇年代から現在に至るグローバル化過程で起きたイタリア地場産業の発展モデルの変貌を三つに分類して分析する。また第三節では、直接投資先である途上国の市町村や地域に焦点を当て、地域文化や中小零細企業が持つローカルなネットワークに基づいて産業発展を遂げるための、あるいは、技術革新のグローバル・ネットワークや商品のグローバル市場において中小零細企業がその一つの交点になるための、適切な制度的枠組みを探る。

## 二　イタリア地場産業のグローバル化とその変貌＊

＊本節は、筆者が二〇〇二年九月と二〇〇三年九月にミラノ、ブレシア、ビチェンツァ、トレビーゾ、ウディネ、マンザノ、ゴリツィア各市で大学、商工会議所、コンサルティング会社、サービスセンターで行ったインタビューでの情報に基づいている。また、章末の参考文献、Albertini, S.

and Pilotti, L. (1996), Coro, G. and Grandinetti, R. (1999, 2001), Codara, L. and Moraio, E. (2002), Paniccia, I. (2002), Pilotti, L. (1999, 2000), http://www.clubdistretti.it　も参照。

## 産地のグローバル化を実現した四つの要素

イタリア地場産業の発展は、商品市場とローカルなネットワーク（技術革新に関する情報）に基づいている。一九七〇年代まで、これらの地場産業は閉鎖的で、産地内の業者が中間財市場に排他的なアクセスを確保していた。人的資源、財源、知的資源の各市場も、産地内のローカルな市場を越えることはほとんどなかった。しかし、グローバル市場の急速な展開は、地場産業の生産システムや情報ネットワークにも影響を与えた。八〇年代に始まったこのグローバル化過程は、前節で述べたイタリア地場産業の伝統的な特徴を変貌させた。しかし、その変化は均質的ではなく、それぞれの産地ごとに異なる方向をたどった。

産地のグローバル化は主に次のような四つの要素によって実現された。

**リーダー企業の成長**——産地内のいくつかの企業が成長しながらリーダー企業となり、多国籍化することで産地全体のグローバル化の道を切り開いた。

**多国籍企業との連携**——産地外の多国籍企業が産地の中小企業を買収、あるいは産地に支社を設置した。

**技術の高度化**——産地内の一部の中小企業が自前でグローバル化した。それらは主に、完成品を組み立てる企業や、生産工程で利用される工作機械や他の高度技術品を提供する企業であった。

**産地競争の強化**——民間組織や公的機関が、産地競争力の強化やグローバル化を促進する目的で、多様なプログラムを提供した。

各産地ではこれらのアクターはさまざまに交じりあっているが、必ずしも一つの産地にすべてのアクターが存在するわけではない。また、それぞれのアクター間の関係は産地によって異なる。言い換えれば、それぞれの産地の歴史的条件によって、そのグローバル化は多様な方向を歩んだのである。以下、四つの事例を見るなかで、グローバル化に直面した産地の変貌を三つに分類し、分析を試みることにする。

## (1)リーダー企業の急成長と中小企業の弱体化――ベルーノ産地

第一の方向は、それまで徹底した分業化や専業化によって形成されてきた地場産業全体の垂直的統合が、リーダー企業の急成長によって、じょじょにそのリーダー企業に包含されていく、という傾向である。事例として北イタリア・ヴェネト州のベルーノ産地（ファッション眼鏡）の歴史と現状を見てみよう。

二〇〇二年にベルーノ産地のファッション眼鏡関連企業数は九三〇社、雇用数は一万一二〇〇人、総売上高は一四億二〇〇〇万ユーロ、生産額の七五％は輸出された（産地のホームページによる）。ベルーノ産地の発展は、この地域に古くから従事していた職人が担ったわけではなかった。最初の眼鏡工場の設立は一八七八年にさかのぼるが、ようやく一九七〇年代に商品の外部市場と製品供給者の内部市場が結合することで、産地として急速に発展していったのである。七〇年代から産地は絶えず成長を続けてきた。企業数は一九五一年に八一社、六一年に八九社、七一年に一三七社、八一年に五〇三社、九一年に七三三社である。雇用数は五一年に一八五二人、六一年に二四二九人、七一年に二六〇〇人、八一年に四二六八人、九一年に八九〇三人である（Albertini and Pilotti, 1996）。

産地の発展は二つの時期に分けることができる。一九九〇年代前半までの時期と、九〇年代半ばから現在に至る時期である。第一時期では、産地の発展はルクソティカ社やマルコリン社などいくつかの企業グループや、それらに部品を提供する高い専門性を持った企業グループのサプライヤー（供給業者）の成長に依っていた。両者はファッション眼鏡市場が急速に世界市場を広げるという好条件に恵まれた。イタリア地場産業の特徴である細かな分業体制と柔軟な垂直的統合のもとで、受注生産の急速な需要拡大に応えることができたのである。こうしてベルーノ産地の企業はアルマーニ、グッチ、バレンティノ・ガラバーニ等の有名ブランド企業にとって理想的なパートナーとなった。

ところが一九九〇年代入ると、産地の発展モデルは大きな変化を経験することになる。リラの切り下げから得ていた利益が消滅することで、国内外ともに需要の減少を引き起こした。市場の急速な拡大の下で参入した企業は廃業に追いやられた。また、完成品市場と競合するリーダー企業は、下請けを厳しく選別するようになり、低技術の生産工程については安い労働力を求めて工に中欧・東欧などの外部に移し、いくつかのケースでは企業内の垂直的統合を進めた。垂直的統合は企業グループの流通戦略の変化と関連している。産地発展の第一時期では、世界の流通ネットワークは眼鏡専門商社によって管理され、商社は販売価格の平均五〇％強を獲得していた。しかし九〇年代には産地のリーダー企業が排他的な契約などを通して、流通経路を支配するようになった。その結果、市場が要求する柔軟性は産地ネットワークの垂直的統合を通してではなく、リーダー企業が管理するジャスト・イン・タイム生産システムの導入を通して遂げられる状態に、いわば、「大企業が支配する柔軟性」に変わってしまったのである。

この過程で産地内のリーダー企業と中小企業とのギャップは拡大した。前者は急成長を維持しながら、産地のもっとも優秀な人材を吸収した。後者は受注の減少だけでなく、産地内の企業ネットワークが形成してきた外部経済との結びつきもじょじょに低下させ、苦しむことになった。中小企業の発展に欠かせない企業間関係、人的資源、サービス、共有財などの存在は薄くなった。

リーダー企業は海外の大企業を買収できるまでに力をつけた。なかでも、ルクソティカ社によるレイバン社（世界的ブランド）の買収は目を惹くケースであった。それに加え、リーダー企業による生産工程の一部の海外移転が加速した。このような状況では、リーダー企業の優越自体が既存の地場産業への脅威とすらなる。中小企業と下請けの成長はリーダー企業に依存せざるをえなくなり、イノベーションや多様化への戦略を独自に展開することは困難となった。

以上述べた状況の下で、ベルーノ産地の振興は、それまで産地の企業や公的機関によって蓄積されてきた共有財産（ガバナンス・システム）に頼ることが難しくなっていった。たとえば、ベルーノでは一九九〇年代に「眼鏡の本拠地」（Citadella dell occhiale）という振興プロジェクトをスタートさせたが、部分的に成功したものの、あまりうまくはいかなかった。このプロジェクトの目標は、産地内に複数設置されたサービスセンター*のネットワークを形成することにあった。これらのサービスセンターの課題は、品質保証、職業訓練、知的財産の有効な利用等を促進することである。しかし、リーダー企業の側はこれらのサービスを自前で行える体制を持っていたし、中小企業の側は新技術や新市場の獲得を通して製品をできるだけ早く多様化することのほうに重要点を置いていたので、双方ともにプロジェクトへの関心は薄かった。また、サービスセンターの事業は主に産地内でとどまっていたが、中小企業の要求はすでにグローバルな次元でのサービス供給を求めていた。そのミスマッチの結果として、中小企業を活性化させるために投資された公的資金は十分な効果を生み出せなかったのである。

それ以降、リーダー企業の力に対して、ベルーノの公共機関やサービスセンターは弱い立場となった。リーダー企業は地元コミュニティに投資するよりも、自前の生産・流通ネットワークの構築と強化、およびグローバル市場におけるブランドの管理に集中するようになっていった。

＊イタリア地場産業の産地においては、サービスセンター（centro servizi）と呼ばれる産業振興組織が設置されている。企業、金融機関、業界団体、自治体などが協力体制をとり、技術開発、マーケティング、人材育成、情報化対応などさまざまな活動を行っている。その実体は産地によってさまざまであり、産地に複数のサービスセンターが存在することも多い。

### (2) グローバル化に対応できず産地が衰退──マニアゴ産地

世界経済のグローバル化に直面したイタリアの地場産業の変貌の第二の方向は、グローバル化の流れに対応できずに衰退の道をたどるという傾向である。既述の「産地のグローバル化を実現した四つの要素」（リーダー企業の成長、多国籍企業との連携、技術の高度化、産地競争力の強化）の不十分さ、あるいはそれらの活動を通しての産地のグローバル化の不十分さがその要因として挙げられる。フリウリ・ヴェネツィア・ジュリア州にあるマニアゴ産地（刃物）の事例を見てみよう。

マニアゴ産地の刃物関連企業数は、一九八〇年に二八五社、雇用数は約三二〇〇人であったが、九〇年には同一九三社、約一〇〇〇人（Albertini and Pilotti, 1996）、二〇〇二年には同約二〇〇社、約一〇〇〇人（マニアゴ産地のホームページによる）となり、八〇年と比べると産地の規模は小さくなった。

マニアゴ産地は、昔からマニアゴに暮らしていた鍛冶屋の技術から誕生した。長い間、刃物は手作りで生産されていた。一九五〇年代に刃物生産は根本的に再編された。機械化が進み生産性は上昇したが、雇用者数は減少した。その過程でマニアゴ産地ではピラミッド型産業構造が生み出された。ピラミッドの頂点には人企業、中間には小企業、底辺には職人という構造が定着し、これらの階層の間では産地の典型的なパートナーシップではなく、上下関係と、職人の上位企業への依存が普及した。

一九八〇年代に入ると、マニアゴの地場産業は競争の激化に適応できなくなり、生産高と雇用数をじょじょに減らしていった。そこで八五年には、産地の大企業が創立したサービスセンター「マニアゴ・システム」が創立された。その目的は、メンバー企業間の協力に基づいた技術革新とグローバル化の促進であった。しかし、このプロジェクトを実施中にメンバー企業間の競争と協調の微妙な均衡が崩れ、プロジェクトは失敗に終わった。八九年に「マニアゴ・システム」は解散となった。

一九九〇年代にも産地の弱点を乗り越えることはできなかった。産地企業の多くはマーケティング活動を行っていなかった。品質管理はもっぱら経験上の知識に基づいていたので、産地外部で認められていた基準での品質保証は困難だった。現在、競争環境はより複雑になり、適切な制度的枠組みを創造しない限り、刃物生産は衰弱する可能性が高い。

他方、マニアゴ産地は伝統的な刃物産地としての枠を越えて多様化しつつある。多角的な地場産業の形成は次の三つの過程により同時進行している。まず、外部の重要なエンジニアリング企業が産地で生産拠点を設置した、次に、刃物生産工程で操業するエンジニアリング下請企業が他の生産工程へ再編された、そして、出版業や印刷業で構成される「新産地の萌芽」が発生した。これによりマニアゴは刃物生産の国際分業において周辺的な位置に置かれるようになった。

こうして見てくると、産地の進化過程を描くには、特定の産業だけを分析するのは適当でないことがわかる。

以上挙げたグローバル化にともなう二つの方向は他にもいくつもの事例が存在する。一方、中小企業が持つ生産集積群のダイナミクスを保ちながらグローバル競争に適応できた産地も少なからず存在する。以下、二つの成功例紹介する。

### (3) 中小企業の集積を活かしながら産地がグローバル化に成功

### リーダー企業を結節点に多国籍企業と中小企業がネットワークを形成——モンテベルーナ産地

第一はスキー靴の生産で有名なヴェネト州のモンテベルーナ産地である。二〇〇二年にモンテベルーナ産地の関連企業数は四二八社、雇用数は八六〇〇人、総売上高は一五億四二〇〇万ユーロ、生産額の七〇％は輸出された（産地のホームページによる）。

モンテベルーナ産地の歴史はヴェネツァア共和国時代、数百年前にまでにさかのぼる。当時は、山で働いていたきこりのための靴を作っていた。それは一九世紀末まで続いた。二〇世紀に入るとアルプス登山が人気となり、モンテベルーナの靴屋の主な活動は登山者のための手作りブーツを作ることに移行した。第一次大戦中には、軍隊のブーツ需要が産地の生産量を増やした。第二次大戦後、ウィンタースポーツ人口の増加とともに産地の靴屋の生産はスキー靴に移り変わった。スキー靴生産の到来は産地を変貌させることになった。

スキー靴の生産による産地の拡大と技術革新は一九六〇〜七〇年代にもっとも著しかった。州内のコルチナ・ダンペッツォで一九六〇年に冬季オリンピックが開催されたこともあり、スキーはイタリアの人気スポーツとなった。七〇年代には、国内需要の急増に対応してスキー靴生産ブームが生じた。しかし、もっとも革命的な変化は、従来の革をプラスチックに取り替えるという技術面での変化であった。この重大な革新はアメリカの技術者によって開発されたもので、モンテベルーナ産地ではそれを応用しながら改善していった。積み上げ的技術革新は企業間協力のもとで行われた。競争と協調に基づいた産地企業の技術開発の効率性および革新性の速度は激しかった。

一九七〇年代前半まで、産地のほとんどの企業は家族経営で、事業主はローカル・コミュニティのメンバーであった。そして七五年、モンテベルーナに初めて多国籍企業が進出してきた。そのときから、ナイキ、アディダス、サロモンなど有名スポーツブランド企業がモンテベルーナに支社を設置するようになった。多国籍企業の進出は産地の中小企業のグローバル化を容易にした（国外を含めて他の地域に生産拠点を設置することが容易になった）。また、多国籍企業の進出は産地の中小企業との共同作用を及ぼし、技術革新や人材育成に貢献した。この過程で、産地資本の中小企業の間でＭ＆Ａ（吸収合併）が急速に増加し、産地資本による企業グループが誕生した。これらのリーダー企業（グループ）は海外への直接投資への道を切り開いた。九〇年代には多国籍企業、リーダー企業、中小零細企業の三者による相乗効果によって、たとえば、プラスチックの製造や鋳造を担う下請け企業も、独立的にそれぞれのグローバル市場で競争力を持つようになった。こうしてモンテベルーナは産地内の閉鎖的な技術革新という枠を打ち破り、グローバル・ネットワークを形成するスポーツ・システム技術の重要な拠点に変わったのである。

直接投資による国外進出は一九八〇年代に始まった。産地のホームページの二〇〇二年のデータによると、国外で生産活動を行っている企業は二七二社にのぼる（いずれも産地に本社がある）。そのうち、靴全体の製造工程を行う企業は八六社、中間生成物製造を行う企業は一八二社であり、残る四社は設計と企画に携わる。進出先はルーマニア西部ティミショアラ市とその周辺（一一六社）、中国（三三社）、クロアチア（二〇社）、スロバキア（一九社）、チェコ（一八社）である。

一方、このような国外進出にもかかわらず、産地の内部においても、中小零細企業の激しい開廃業、技術革新および品質への貢献は継続している。地域のリーダー企業（グループ）は、産地のグローバル化や多様化したネットワークを通じて、既存の中小零細企業網のなかから育ってきたものである。リーダー企業と中小零細企業との相互交流は活発に行われており、それを弱める要素はみられない。この両者に多国籍企業が加わる三者間の相互交流は、研究、新製品開発、マーケティング、流通、品質管理、分権的な生産ネットワークのガバナンス（協治）、といった領域で進行し、世界的なスキー靴産地としての知的財産をじょじょに増加させている。

モンテベルーナの「知的産地」としての発展は、サービスセンターなどの産地全体のプロモート活動にも助けられている。モンテベルーナで特徴的なのは一九八四年に設立された「ブーツ博物館」である。運営にあたっているブーツ博物館財団（Fondazione Museo dello Scarpone）は、産地企業間の情報交換の場として発展してきたもので、二〇〇三年一二月現在、リーダー企業や多国籍企業を含む七二社がメンバー企業となっている。同博物館は靴製造の歴史を展示するだけでなく、経営者や技術者のための教育・訓練を行って研究プロジェクトの組み立てを支えるなど、地場産業をプロモートする組織でもある。博物館を支援するのは、モンテベルーナの地方自治体《コムーネ》、隣接するトレビーゾ市の商工会議所、ヴェネト州政府、CNA（全国職人連合会）トレビーゾ市支部などが中心である。

なかでも、トレビーゾ市の商工会議所は、モンテベルーナ産地の振興において重要な役割を果たしている。生産技術と製品設計の連結を強化するためにモンテベルーナに事務所を開設し、マーケティングの領域ではさまざまなプロジェクトを作成した。また、地方自治体《コムーネ》、経営団体、地元金融機関も、地場産業の発展のために協力しながら複数の投資プロジェクトを作り出した。これらの民間組織や公共機関は、ローカル・ネットワークとグローバル・ネットワークとを結ぶことに成功している。もっと重要なのは、この制度的枠組みが持つ柔軟性である。つまり、中小企業の多くは地場産業政策を通してグローバル市場にアクセスしようとしているのであり、その努力によって成功していることである。民間組織や公共機関の補完性はこれからも産地の発展を支えるものとして期待されている。

## 自治体、地元金融機関、地元経営団体の支援策によって競争力を強化――マンザノ産地

二つ目の事例はフリウリ・ヴェネツィア・ジュリア州内にあるマンザノ産地である。マンザノは椅子やテーブルなどの家具を生産する産地で、スロベニアとの国境の近くに位置する小都市である。二〇〇一年にマンザノ産地の企業数は約一二〇〇社、雇用数は約一万五〇〇〇人にのぼる。中世から椅子を作っていた職人が一八六〇年代に現在のスロベニアからマンザノに移動した。第一次大戦が勃発したときは産地で年間一二〇万の椅子が作られていた。第二次大戦後、マンザノはじょじょに地場産業としての典型的な特徴を持つようになった。つまり、原材料の購入と完成品の販売以外は、閉鎖的なローカル・ネットワークとして存在するようになったのである。

一九八〇年代前半の強大な経済危機の後、産地の変化は始まった。そしてグローバル競争が拡大していくなか、その変化は加速した。いくつかの企業は新たな戦略とそれに適応する組織を導入した。これらの企業が共有する新たな

特徴は、バリューチェーンのグローバル化である。バリューチェーンとは、企業のさまざまな活動が最終的な付加価値にどのように貢献しているのかを示す価値連鎖のことである。その過程で成功した企業はリーダー企業になった。リーダー企業は以前よりも広い範囲を支配し、マーケティング能力を強化し、国外市場を多様化した。また、技術革新、IT技術、市場調査、製品の企画・設計、経営コンサルティングといったサービスをアウトソーシング（外部委託）するようになった。リーダー企業は頻繁にこれらのサービス提供企業を産地外部で探索し、生産工程の上流を中欧・東欧に移動させた。賃金コストの低さ、原材料の近接、低価格は、リーダー企業の国際競争力を高める要因となった。

しかし、マンザノ産地の発展はリーダー企業にのみ依存するものではなかった。完成品を生産し、市場と接触する中小企業のなかでは次のような変化が現れた。ある中小企業は、高品質な原材料の利用、新製品の開発、先端的なデザイ等を通して、市場の先端で競争力を強化した。また、ある中小企業は、特別仕様の製品開発に基づいた持続可能ニッチ（すき間）戦略を採用した。さらに別の中小企業は、輸出先国にあわせた製品多様化戦略を採用した。そしてこれら中小企業間には積極的な協力関係が生み出された（たとえば、セディア［Sedia］グループは自ら生産した製品のマーケティング・販売経路を自ら管理するため、三つの小企業によって創立された組織である）。

多くの下請けも、これらの変化に適応した。生産工程の細かい分業化や専業化のなかで長年蓄積してきた知識、多様な受注への適応力を利用しながら、産地外部で顧客を見つけ出し、最終的には国際企業に変貌したケースも少なくない。リーダー企業との関係から学ぶこと、あるいはリーダー企業の直接投資が切り開いたグローバルな経済関係から学ぶこと、これらは下請けのグローバル化過程のなかで重要な要素となった。

産地のグローバル化は企業の力だけで実現されたものではない。とくに、一九九〇年代にはさまざまな組織が地場産業の発展を支えた。マンザノの地方自治体《コムーネ》は産業政策に関する広範囲な論議を促進した。地方自治体《コムーネ》は、フリウリ・ヴェネツィア・ジュリア州政府が九九年に通過させた産地発展に関する重要法案の推進に決定的な役割を果たした。地元金融機関（Banca di Credito Cooperativo di Manzano）といくつかのリーダー企業は、レテディスという企業を設立した。レテディスの目標はＩＴ技術を通して、企業間ネットワークを作ることである。また、隣接するウディネ市の商工会議所や多数の企業が参加するサービスセンター「プロモセディア」（Promosedia）は、毎年開催されるマンザノの見本市や他の共同マーケティング活動を準備している。

産地の発展を支えた組織のなかでは、一九六九年にウディネ市商工会議所によって設立された「カタス」（Catas）が特筆される。木工家具を生産する企業のための技術サービスセンターであるカタスは、品質の重要性に関する地元企業の意識強化の推進を通して、産地の競争力を向上させ、グローバル化過程を容易にした。「カタス」の研究所では、椅子などの家具、家具の部品・パネル、プラスチック材料などの品質管理が行われている。「カタス」は完成品の品質を保証し、研究開発と教育訓練サービスも提供する。同時に、家具研究所ヨーロッパ連合会（European Association of Research Institutes for Furniture）のメンバーであることから、その交流や協力を通して専門知識の創造、移転、応用をグローバル・ネットワークのなかで活用するようにもなった。さらに、チリとブラジルにも研究所を創設するなど、グローバルな展開を通してグローバル知識とローカル知識との接点にもなっている。グローバル市場に直面する中小零細企業にとっては欠かせない競争力源である。

## イタリアモデルを途上国へ適応することは可能か？

以上見てきたイタリア地場産業の変貌は、三つの傾向が純粋なかたちで存在するわけではない。どこの産地でも、その三つの傾向が何らかのかたちで入り混じって現れる。たとえば、モンテベルーナのブーツ博物館財団のメンバー企業は、実際にはリーダー企業と多国籍企業が多数を占めているため、中長期的には、モンテベルーナにおいてもベルーノで進行したような大企業内の垂直的統合の可能性を完全に否定することはできない。また、マニアゴ産地では二〇〇四年現在、ウディネ大学経済学部の参加も得て、産地で生産される刃物のブランド化や国際マーケティング戦略に関するプロジェクトが実地されている（Grandinetti, 2003）。将来的には、産地のグローバル化とともに刃物生産の競争力の復活の可能性も否定できない。どこの地場産業も、人間の発想や人間関係をからめる制度的枠組み（多様な民間組織と公的機関を含む）を中心とした動的なものであり、潜在的にさまざまな可能性を含んでいる。

ところで、イタリア産地の将来は、投資先の地場産業の行方にも大きな影響を与えるであろう。イタリアの地場産業政策の一つの重大な課題は、産地内の分業ネットワークをグローバルな規模で再構築することである。国内では設計や販売、あるいは資本や技術の集約的な生産工程を行い、国外では労働集約的な生産工程を行う、といった分業方式は避けるべきである。むしろ、イタリアで成功した発展モデルを投資先の現地に普及させることで、それぞれの投資先地域がグローバルなネットワークの結節点になるよう適切な産業政策が求められるべきである。そうすれば投資先の各産地は、中長期的には製品開発、生産工程の革新などを通して、ローカル・ネットワークとグローバル・ネットワークの双方に付加価値をもたらすとともに、自立的な経済発展を達成できるようになるだろう。

第三節では、そのためにふさわしい地域産業政策や制度設計を検討する。

## 三　「もうひとつのグローバル化」――地場産業同士のグローバル・ネットワーク形成

### 地域の伝統に根ざした企業家精神の育成――「繁殖による開発」の三つの段階

投資先である中欧・東欧の移行経済や中南米の途上国のローカル・コミュニティにおいて自立的な経済発展を促すための最初の主な課題は、その地域で新たな企業家精神を育成することである。この必要性を明らかにしたルッラニ

(Rullani, 2003) が提唱する「繁殖による開発」(development by propagation) の三つの段階を紹介してみよう。

第一の段階では、企業を創業するのに必要な多様な資源を節約するために分業を生み出す必要がある。そのためには、投資先の地域でばらばらに投資することを避け、産業集積や専業化の形成を促進すべきである。投資先のローカル・コミュニティでは、その伝統と文化を考慮しながら、ある業種に集中的に投資し、イタリアの伝統的な産地と同じように、その業種内で細かい分業化や専業化を進めていくための種を播く必要がある。ある段階から、このプロセスは投資先の地域で自立的に発展することが期待される。その自立性を獲得するには、投資先の企業家の「吸収能力」(absorption capacity) がもっとも重要である。「吸収能力」とは、国外から提供される新アイディアや新技術を利用しながら新事業を起こす能力である。この能力が不足しているのなら、これを育成すべきである。具体的には、前節で紹介したマンザノ産地の「カタス」のような組織を立ち上げて取り組むことが理想的である。

第二の段階では、播いた種から萌芽した業種内の分業化や専業化をより進めるために(そして、関連分野への多様化を進めるために)、「増殖能力」(multiplication capacity) を身につける必要がある。一般的に途上国のローカル・コミュニティには十分な労働力と空間が存在するので、この段階で必要されるのは、企業家精神、熟練労働の育成、インフラ(発電所、交通、通信、港湾、学校など)の整備である。

第三の段階では、ローカル企業が生み出す付加価値や労働生産性を自立的なかたちで高める必要がある。それには「探求能力」(exploration capacity) が求められる。積み上げ的技術革新や研究開発の成功度は、直接投資で設立された企業であれば、本社が子会社にどれぐらいの自由度を与え、それを子会社がいかに活用し「探求能力」を育てていくかにかかっている。また、この「探求能力」を、モンテベルーナの「ブーツ博物館」やマンザノの「カタス」のようなサービスセンターを通して育てることも、新しい地場産業の発展にとっては中心的な課題である。

## イタリアモデルから何を学ぶか――ローカル・ネットワークに基づいた「もうひとつのグローバル化」

前節ではグローバル化過程によるイタリア地場産業自体の変貌について論じた。では、そのグローバル化過程は投資先の地域にどんな影響を及ぼしたのか？　一九八〇～九〇年代のグローバル化過程は、主に安い労働力を利用することや原材料の産出地の近辺で子会社を設立することを目標としたものであり、投資先地域の中長期的な発展に対しては十分な考慮がなかった。そのため、これらの子会社は、イタリアの民間組織や公共機関を含む制度的な環境の不在に苦しんだ。この苦労の結果として、個人主義の傾向が強く、政府・地方自治体《コムーネ》に対する不信感が目立つイタリア北東部地域でも、多くの企業家がイタリア国内と投資先の双方において地場産業発展のための適切な産業政策を要求するようになった。

投資先の地場産業にはグローバル・ネットワークに参画するための技術革新能力があるのか否か、そこにイタリア中小企業の競争力の将来がかかっている、というのが企業家たちの共通認識である。とくに、投資先である中欧・東欧に対しては、ＥＵの拡大によってそうした認識が強い。投資先の地域は、国際分業のネットワークの一部として、イタリアの中小企業のライバルになると同時に、補完的なパートナーともなるであろう。このような「競争と協調」の共存は、もともとイタリア産地内における伝統的な特徴であったが、今日ではそれがグローバル・ネットワークとして再構築されているということである。

前節で述べた、リーダー企業の成長による地場産業の垂直的統合を実現するためには、イタリアの本社企業と投資先の地域企業との関係を強化する以前に、まず双方のローカル・コミュニティの間で共通認識をつくること、そして地場産業の発展にかかわる制度間の関係を構築していくことが求められる。こうした必要条件を満たすことによって、双方の地場産業ネットワークの国境を越えた統合化が可能になるであろう。中欧・東欧、中南米、アジアの多くのローカル・コミュニティの側が、中小企業ローカル・ネットワークに基づいた発展様式を求めていることは、地場産業の垂直的統合を実現するための恵まれた条件であると思われる。

## イタリアモデルを途上国に再構築するための五つの要素

イタリアの地場産業の活力やそれを可能にした制度的枠組みを途上国において再構築するためには、次の五つの要素が不可欠である。

第一は、モンテベルーナの「ブーツ博物館」のような「中間制度」（intermediate institutions）を、各地域の文化に適合したかたちで、投資先の地域に導入することである（Arrighetti and Seravalli (eds.), 1999; Provasi (ed.), 2002）。イタリアの場合は、これらの制度が企業だけでなく、主に企業家精神の育成を通して市民社会全体にも望ましい影響を及ぼした。各投資先でこれを実践するためには、できる限り、あらかじめその地域に存在する類似の制度を活かすことが好ましいであろう。すでに地場産業間の「経済双子化」（economic twinning）が実験的に実行されている。「経済双子化」とは、イタリアの地場産業を支える主な組織が投資先の地域にも事務所を開き、イタリアの地場産業の再生産を促進する動きを言う。今後は、これらの実験をより多くの地場産業においてより体系的に行うべきである。

第二は、イタリア産地において典型的に見られる地元金融機関の存在である。地元金融機関の役割は、中小企業に対する資金調達だけでなく、実行可能性調査、国際市場やリーダー企業に関する情報サービスの提供等にある。イタリアの地元金融機関と、投資先の地元金融機関との多様で平等なかたちでの結びつきは、「繁殖による開発」に重要な貢献を与えてくれるものと思われる。

第三は、インフラ設備の建設のための協力である。中小零細企業にとって自立的な建設が困難なITネットワークや道路などは、民間組織や公共機関間の協力を通して行われるべきである。中欧・東欧におけるインフラ整備は、国境を越えた地域間の共同プロジェクトの場合にはＥＵの構造基金が出るので、それを通して行われている。イタリア中小企業の進出が多いルーマニア西部では、イタリア物流連合会（Associazione Italiana di Logistica）とルーマニアの地方政府との間で協定を結び、両者が共同でインフラ整備とサービス提供に貢献している。

第四は、技能者の育成である。イタリアの多くの産地に存在する地域工業学校の伝統から学んで、途上国においても同様の育成機関を地場産業形成の初期の段階から設置する必要があろう。その目的は、技能者の育成だけでなく、特定の業種に関する技術用語の共用や技術革新の体系化も含む。教育機関のグローバル化は、文化的な共通認識の形成にも貢献するであろう。

第五は、イタリア産地のサービスセンターが蓄積してきたノウハウを、支部の設置を通して投資先の地域に伝えることである。これは、マンザノ産地の「カタス」のように、技術革新に関するローカル・ネットワークとグローバル・ネットワークの結節点となるもので、イタリア地場産業モデルの普及においては中心な役割を果たす制度となる。

## 「もうひとつのグローバル化」をめざして

これまで見てきた地場産業発展のためのグローバルな協力モデルは、自立的な発展能力の移転を促進して、国境を越える新たな地域間関係を発展させたところに特徴がある。この点が、ＯＤＡ（政府開発援助）とは大きく異なる。この協力モデルを通して、地域の市民社会は経済発展の主人公になることができるだろう。そのための中心的な課題は、前述の五つの要素を通して企業家精神を育成することである。そしてこの発展モデルは、公的機関の支援を受けながらも、地域経済、地域市民社会、さまざまなＮＧＯ／ＮＰＯが中心となって実現されるものである。この国際協力政策の基本的な考え方の根底には、公債を移転して「援助する」だけでは途上国の自立的な発展は不可能であるという認識がある。

地域コミュニティ間関係に基づいたこの発展モデルは、投資元、投資先の相互利益のために連帯を大切にする方式でもある。グローバル化が中長期的にイタリアの産地に利益をもたらすためには、投資先の地域で産地と調和する制度的枠組みを発展させるべきである。その制度的枠組みは、投資先の地域経済の自立的な発展のための基盤でもある。両者間の関係は上下関係ではなく、パートナー間の関係になる。イタリアに限らず、草の根から発展した地域経済が、これまで見てきたような発展モデルを通してグローバル化していくなら、自立したローカル経済のグローバル・ネットワークの形成は可能に違いない。これこそが「もうひとつのグローバル化」であり、「もうひとつの地球村」への道である。

## 参考文献


Albertini, S. and Pilotti, L., *Reti di Reti — Apprendimento, Comunicazione e Cooperazione nel Nordest*. CEDAM, Padova. 1996.

Arrighetti, A. and Seravalli, G. Eds., *Istituzioni Intermedie e Sviluppo Locale*, Donzelli, Roma, 1999.

Arrighetti, A. and Seravalli, G., "Sviluppo economico, convergenza e istituzioni intermedie," Arrighetti, A. and Seravalli G. Eds., *Istituzioni Intermedie e Sviluppo Locale*, Donzelli, Roma, 1999.

Codara, L. and Morato, E., "Il distretto di Montebelluna tra locale e globale," Provasi, G. Ed., *Le Istituzioni dello Sviluppo — I Distretti Industriali tra Storia, Sociologia ed Economia*, Donzelli, Roma, 2002.

Coro, G. and Grandinetti, R., "Evolutionary patterns of Italian industrial districts," *Human Systems Management*, Vol. 13 (2), IOS Press, Amsterdam, 1999.

Coro, G. and Grandinetti, R., Industrial Districts responses to the network economy: vertical integration versus pluralist global exploration, *Human Systems Management*, Vol. 20 (3), IOS Press, Amsterdam, 2001.

Coro, G. and Micelli, S., "Le politiche per l'internazionalizzazione dei sistemi produttivi locali," Formez Ed., *Internazionalizzazione dei sistemi locali di sviluppo — dalle analisi alle politiche*, Formez, Roma, 2003.

Coro, G. and Volpe, M., "Frammentazione produttiva e apertura internazionale nei sistemi di piccola e media impresa," *Economia e Societa Regionale*, Vol. 19 (1), Franco Angeli, Milano, 2003.

Grandinetti, R., "Marketing dei servizi e dei progetti pubblici in ambito locale: riflessioni e proposte da alcuni casi di studio," Grandinetti, R. and Massarutto, A. Eds., *Servizi Pubblici e Politiche Territoriali*, Franco Angeli, Milano, 2003.

馬場康雄、岡沢憲芙編『イタリアの経済――「メイド・イン・イタリー」を生み出すもの』早稲田大学出版部、一九九九年。

伊丹敬之、松島茂、橘川武郎編『産業集積の本質――柔軟な分業・集積の条件』有斐閣、一九九八年。

鎌倉健『産業集積の地域経済論——中小企業ネットワークと都市再生』勁草書房、二〇〇二年。
ピオリ、マイケル&セーブル、チャールズ『第二の産業分水嶺』筑摩書房、一九九三年。
Marini, D. Ed., *Nord Est 2003, Raporto sulla societa e l'economia*, Fondazione Nord Est, Venezia, 2003.
Mistri, M., "Industrial districts and local governance in the Italian experience," *Human Systems Management*, Vol. 18 (2), IOS Press, Amsterdam, 1999.
Paniccia, I., *Industrial Districts— evolution and competitiveness in Italian firms-*, Edward Elgar: Cheltenham, 2002.
Parri, L., "Le istituzioni nello sviluppo economico: i distretti italiani a confronto con il modello tedesco e il sistema giapponese," Provasi, G. Ed., *Le Istituzioni dello Sviluppo— I Distretti Industriali tra Storia, Sociologia ed Economia*, Donzelli: Roma, 2002.
Pilotti, L., "Evolutionary and adaptive local systems in North East Italy: Strategies of localized learning, open leadership and cooperation: Towards imperfect— communitarian capitalism," *Human Systems Management*, Vol. 18 (2), IOS Press, Amsterdam, 1999.
Pillotti, L., "Networking, strategic positioning and creative knowledge in industrial districts," *Human Systems Management*, Vol. 19 (2), IOS Press, Amsterdam, 2000.
Provasi, G. Ed., *Le Istituzioni dello Sviluppo— I Distretti Industriali tra Storia, Sociologia ed Economia*, Donzelli, Roma, 2002.
Provasi, G., "Coordinamento e varieta nello sviluppo locale. Modelli istituzionali a confronto," Provasi, G. Ed., *Le Istituzioni dello Sviluppo— I Distretti Industriali tra Storia, Sociologia ed Economia*, Donzelli, Roma, 2002.
Rullani, E., "Il ruolo dei distretti industriali in Europa: la lezione italiana," Formez Ed., *Internazionalizzazione dei sistemi locali di sviluppo— dalle analisi alle politiche*, Formez, Roma.(2003).
Varaldo, R. and Ferrucci, L., "Cambiamenti istituzionali nell impresa distrettuale: meccanismi inerziali e logiche di evoluzione," Brioschi, F. and Cainelli, G. Eds., *Diffusione e caratteristiche dei gruppi di piccole e medie imprese nelle aree distrettuali*, Giuffre, Milano, 2001.

「水の都・三島」でのグランドワーク活動は、市民・企業・行政が協働する地域づくりのモデル。
(静岡県三島市の源平川と、地域から環境マネジメントを学ぶ学生たち)

第6章

# 地域づくりにおける住民参加と「もうひとつの地球村」への展開

## 環境マネジメントから持続的な発展へ

金谷尚知

## はじめに

筆者は一九九一年から九六年の間、インドネシア南東スラウェシ州における農村総合開発プロジェクトを、国内および現地において支援する機会を得た。この支援はＪＩＣＡ（国際協力事業団、現国際協力機構）によるもので、これまでの中央政府における政策提言型の専門家派遣に代えて、派遣された専門家が農村に密着して具体的事業をサポートするものであった。このプロジェクトは、「住民参加」を軸とする「海外村づくり協力」と呼ばれる新しいタイプの支援活動であった。そこでは、地方政府職員と農民に対し、ハード面（生産・生活基盤の整備）からソフト面（営農、施設の維持管理、農民組織の育成等）まで、そして各々の計画から実施・管理の段階まで、一連の技術移転を含めて、同時平行的に協力活動が行われた。

この「海外村づくり協力」では、これまで行われてきた農村開発のあり方に大きな変化が生まれた。それは地方行政、住民、専門家がワークショップを開催しながら、調査、計画づくりを行い、むらの住民を主体とした開発計画が策定されはじめたことである。また、専門家たちにとっても、むらがあらゆる社会的、文化的要因を包括する空間であることを配慮し、その多様性に対応しうる農村空間の構築が意図された。途上国の地域を支援する際、支援する側が農村の自立的発展に向けての基礎調査をその計画から実施まで事前に十分に行うことの必要性は、これまでの国際協力の経験からも認められていたが、「海外村づくり協力」ではとくに水資源や土地の維持管理における「組織」と「意識」と「研修」の重要性が指摘され、次のラオスでのプロジェクトに引き継がれていった。

こうしたＪＩＣＡにおける農村開発協力の変遷は、戦後の日本が歩んできた地域づくりの経験を反映したものである。そこでは、住民の意思を十分に踏まえて地域開発を計画・維持管理するために、地域との間にどのような合意形成を図るべきかが、試行錯誤を繰り返しながら蓄積されてきた。そして今、地域づくりは、人びとのいのちと生活を守る視点から、住民参加型の環境マネジメントをどこまで実現するかという段階にきている。地域づくりは、市民、企業、そして行政の協働によってもたらされる運動として大きな期待が寄せられている。

本章では、地球的規模で生じている大きな課題に取り組むことを上位目標（Overall Goal）として、日本の一地方都市、静岡県三島市の中で取り組まれてきたグラウンドワークの活動を取り上げる。この地域での活動が、他の国内外の現場において得られたこれまでの経験とその蓄積に連動することで、今後の「もうひとつの地球村」構築へ向けた有効な手だての提言となることを願い、その可能性を模索するものである。

## 一　地域づくりと住民参加

静岡県東部に位置する三島市は、面積六二・一七平方キロメートル、人口一一万人で、江戸時代に日本の東西を結ぶ東海道の宿場町として三島大社とともに栄えた「まち」である。三島市では、一九六七年に市民参加による「三島市総合開発計画」が策定され、その後「水と緑と文化のまち・三島」の実現に向けて、「新三島市総合計画」を八五年に策定している。二〇〇一年には、二〇一〇年までを二期に分けた具体的な将来都市像、まちづくり行動を「第三次三島市総合計画」として策定している。第三次の計画策定にあたっては、九九年六月～七月の間に三万七六九四の全世帯に対し市民アンケートを行い、六〇％から回答を得、一般市民で構成された市民まちづくりスタッフが機動力を発揮している。

計画と同時に結成されたのが、市民まちづくりスタッフ会議である。この会議は、ボランティア六六人が社会（健康・福祉・文化・生涯学習）、都市（生活環境・都市基盤）、産業（産業・経済）の三分野ごとに二グループずつに分

表1　ボランティアEXPO2001参加団体・活動

| | 団　体　名 | | 団　体　名 |
|---|---|---|---|
| 1 | 沼津茜会 | 19 | NPO法人グラウンドワーク三島 |
| 2 | CASA DE AMIGOS | 20 | エコマネー・ネットワーク |
| 3 | 青年海外協力隊 | 21 | 三島市ボランティア連絡協議会 |
| 4 | ふじやまママ | 22 | NVN日本・沼津災害救援ボランティアの会 |
| 5 | 読みきかせ．お話．文庫 | 23 | エコ・ユニバーサルデザイン研究会 |
| 6 | 視覚障害を持つ子（者）の将来を考える会・ティンクル | 24 | 三島ライオンズクラブ |
| 7 | アイナビ泉 | 25 | NPO法人車椅子社交ダンス普及会（静岡東部支部） |
| 8 | NPO法人エコハウス御殿場 | 26 | NPO法人静岡パソコンサポートアクティビティ |
| 9 | 静岡県余暇プランナー協会東部ブロック | 27 | 災害ボランティアコーディネーター東部連絡会 |
| 10 | JIA・地域貢献インストラクターチーム | 28 | グローバル文化交流協会 |
| 11 | NPO法人ながいずみまちづくり21 | 29 | ふじのくにプレパークねっと |
| 12 | 三島まちづくりカレッジ | 30 | NPO法人福祉活動芸能人協会 |
| 13 | NPO法人夢アーティスト協会 | 31 | 三島消費者友の会 |
| 14 | 北上くらしのサロン | 32 | 三島市消費者モニター会 |
| 15 | 長泉ふおーらむ | 33 | NPO法人ウォーター・ビジョン |
| 16 | 人と地球にやさしいくらしの会 | 34 | ベトナムの子ども達を援助する会 |
| 17 | グループカレッタ | 35 | 静岡県推進協議会 |
| 18 | 駿河湾守り隊 | 36 | 障害を持つ子の地域での学校生活を応援する会 |

かれ、総合計画の策定にあたっている。彼らボランティア、NPOの人びとがもつ潜在的な能力は、行政と協働することの時の経験をきっかけに、いっそう磨かれることになったと考えられる。ちなみにこの時のアンケートでは、三島を住みやすいと肯定した人は七二・〇％で、その理由に自然・環境と答えた人は六八・五％にのぼっている。

ボランティア、NPO活動は、地域に介在する「ひと」と密接に結びついており、地域づくりには切り離せない重要な因子である。二〇〇一年のボランティア国際年はこれらの活動を大きく躍進させる一つのきっかけとなった。これは、二一世紀の最初の年をボランティア国際年に定めることで、(1)ボランティアに対する認識の向上、(2)ボランティア活動環境の整備、(3)ボランティア活動のネットワーク化、(4)ボランティア活動の促進など、四項目の目標を達成しようというものであった。

静岡県では、一八のNGO／NPO団体が中心となって推進協議会を設立し、設立趣旨である上述の四つの目標を実現するために、県内の各地で啓蒙活動が計画された。県内は東部・中部・西部の三つのブロックに分けられ、三島市が属する東部ブロックでは日本大学国際関係学部（三島市）を会場として学園祭との連携をとる新たな試みが行われた。これは、ボランティア、NPOの活動団体が、若い学生や市民たちにそれぞれの活動を知ってもらおうという試みである。同時に学生を含めたボランティアEXPO二〇〇一実行委員会（委員長は筆者）が結成され、**表1**に示す三六団体が大学の建物の一つをいっぱいにし、それぞれの活動をアピールした。ここでは、学生、市民へのアピールだけでなく、団体間の交流とネットワーク化という二次的な効果も得ることができた。

## 二　地域づくりとNPO活動

三島市は、昭和三〇年代（一九六〇年前後）まで富士山からの湧水がまち中に溢れ、「水の都」として、美しい水辺空間と自然環境を保っていた。正確には三島の湧水群の水は、富士山地域から約三分の二、箱根地域から約三分の一が供給されており、どちらも富士山から流れ出た三島溶岩流の末端で豊かに湧き出ていた。かつて、これらの湧水は、子どもたちに川遊びの場を、大人たちには洗濯や夕涼みの場を与えることで、人と人とが集い、交流し、人と自然の共生の場となっていた。

しかし、近年、観光開発の進行により、上流地域での地下水のくみ上げや農地・林地の放棄などが増加し、水源涵養力の減退にともなって湧水が極端に減少した。冬場には湧水池や湧水河川が枯渇するなど、環境の悪化が進行して、豊かで美しい水辺自然環境が消滅の危機にさらされることとなった。年中豊かな湧水をたたえていた水源地「楽寿園・小浜池」も、現在は枯渇し、乾燥した地底の溶岩をさらすようになった。また、市内を流れる湧水河川も水量が減少してしまった。停滞した水面にはゴミが捨てられ、河川は下水路と化してしまった。

この危機的な状況に置かれた三島の環境に正面から向き合ったのが市民を中心としたボランティア、NPO活動である。これらの活動は、つねに活動の意義をとらえながら、市民であることを意識して行っている点が重要である。昨今、自発性のもとに参加し、使命感によって支えられた市民組織が公共性の高い活動を行うなど、その活躍はめざましい。

ここ三島では、市民、企業、行政の三者が協働するグラウンドワーク活動が始まっている。グラウンドワークとは、一九八〇年代にイギリスの近郊都市において、市民、企業、行政の三者が協力して専門組織（グラウンドワーク・トラスト）を作り、パートナーシップによる地域の環境改善活動を始めたことに起源を発する。グラウンドワークには、自然環境や地域社会における「よりよい明日に向けての環境改善活動」と、市民の生活における「現場での創造活動」という二つの意味が込められている。

イギリスでは、地域の専門組織の設立を認定し、それらの活動を支援するグラウンドワーク事業団（Groundwork National Office）が、国の予算補助、企業等からの寄付、非営利事業による収入などを活動資金に運営されている。その活動プロジェクトは、次の六項目を柱に実施されている。

(1)強い近隣社会の形成（コミュニティ）
(2)人と環境のつながりの再生（土地資源）
(3)雇用研修と企業活動の促進（雇用）
(4)市民教育と持続型社会を学ぶ（教育）
(5)経済活動と環境の調和（企業）
(6)若者の可能性の開発（青少年）

グラウンドワーク活動が日本の中でも先駆けて三島で実施されたのは、かつての「水の都・三島」の水辺自然環境の再生と改善をめざした大きな課題にイギリスの調査団が注目し、推奨したことに始まる。しかし、この活動を具体的に進めるには、「三島ゆうすい会」を含む一五団体の計画的な協働行動が必要であった。

「三島ゆうすい会」は、湧水の復活と水を活かしたまちづくりをめざし、故郷の水を愛する市民が集まって一九九一年九月にできた組織である。また、この会を中心に既存の市民団体が結集し、九三年九月には「グラウンドワーク三島実行委員会」が設立された。これにより、各市民団体の活動計画など、それぞれの団体が持っている情報が頻繁にやりとりされるようになり、整合性のとれた環境改善活動の推進体制が整備された。現在はさらに新たな団体が加わり、表2（次頁）のように二〇団体が「NPO法人グラウンドワーク三島」（以下、GW三島と呼ぶ）に結集し、活動している。GW三島には三島市から補助金が支出されており、連絡調整の担当者が市の運営によるスタッフ会議に参加している。資金収入は会費、補助金、助成金、寄付金、協賛金、そして委託事業によって成り立っており、二〇〇四年度は一四〇〇〇万円程度の予算で活動している。

三島市では、このGW三島以外にも、地域づくりに関わるボランティア、NPOが増加している。これらの活動は三島市NPOボランティア情報センターによって、会議室の無料貸し出しや資料づくりの支援を受け、GW三島を含む大きなネットワークを形成しつつある。

## 三　地域づくりと学生の参加

学生が市民活動を行うことは、地域住民の実情や現場のニーズを直接知るために経験を積み上げるという点で、彼ら、彼女ら自身の感性を磨く良い機会になっている。学生が大学から地域社会に出てボランティア活動を行うことは、

## 表2　NPO法人グラウンドワーク三島参加団体

| 参加団体 | 活動内容 |
|---|---|
| 三島ゆうすい会 | 「水の都・三島」の市民を中心に、富士山からの湧水の復活と水を活かしたまちづくりをめざす |
| 三島ホタルの会 | ホタルを育て、美しい水辺でホタルを観察できる場を提供する |
| (社) 三島青年会議所 | 三島市と周辺地域の豊かで明るい地域社会の発展のために、お祭りやイベントなどを通して地域に貢献する |
| 中郷用水土地改良区 | 農業用水の確保と農村地区の保全を行っている。「水の都・三島」復活の活動を影で支える |
| グローバル文化交流協会 | 国際交流を通して環境問題にも目を向けるようになり、「バイリンガル環境かるた」を発行。スローガンは "残そう　きれいな自然を　子供たちに　Let's leave the gift of nature to the children." |
| 建築文化研究会 | 建築家の立場から歴史建築、町並みという財産を活かしたまちづくりを提案する。静岡県建築士会三島支部 |
| 21世紀塾 | 地域や地元の企業の活性化のために勉強会を持ち、研究、提言を行っている |
| 宮さんの川を守る会 | 宮さん（小松宮彰仁親王）ゆかりの川を定期的な清掃、花を植えて散策が楽しむことのできる憩いの場所づくりに協力している |
| 三島ワイズメンズクラブ | YMCAと地域社会への奉仕を第一とし青少年と会員相互の友好関係を、イベント、ホームスティなどを通じて実現する |
| 三島大通り商店街活性化協議会 | 市民に愛される大通り商店街をめざし、まちづくりのイベントなどに参加している |
| 源兵衛川を愛する会 | 三島を代表する親水公園、源兵衛川の掃除、ホタルなど水辺の動植物の保護をしている |
| 桜川を愛する会 | 「水の都・三島」を代表する桜川の水辺周辺の定期的な清掃と、水辺環境の保全に取り組んでいる |
| 三島建設業協力会 | 建築業事業者の技術向上、会員相互の親睦、地域社会への貢献を、研究会、道路、河川の清掃奉仕などを通じて行っている |
| 三島商工会議所 | 「街中がせせらぎ」、「TMO」（タウンマネジメント機関）といったまちづくり事業の推進と地域産業の支援事業を中心に地域社会へ貢献する |
| 日本大学国際関係学部金谷ゼミ＆国際協力研究会 | 国際協力、国際交流の調査研究をしているテーマの一つ、地域開発（まちづくり・むらづくり）の一環として、三島のまちづくりに参加している |
| 三島まちづくり21 | 21世紀の三島を「美しい三島・愛する三島」へと導くために、まちづくりに関する研究・提言・実行・啓発をする |
| NPOふじのくにまちづくり支援隊 | 建設会社を母体とする団体の、建築関連のネットワーク、知識を生かして「まちづくり支援」を行う |
| 境川・清住緑地愛護会 | 貴重な水辺自然環境、ビオトープ「境川・清住緑地」を住民が中心となり維持管理。トンボやホタルが飛び交い、ミシマバイカモが育つ環境をめざす |
| 遊水匠の会 | 水車、水時計などを手作りして、水辺の環境整備を行っている。木工ボランティアグループによる取り組み |
| 三島指定上下水道工事店協同組合　青年部 | 組合員の後継者17名による交流の場づくりと、高度情報化への対応、次世代の若手後継者の育成をめざす |

地域住民から「ひと」のふれあいを学ぶことにつながっている。それは、学生の自主性、創造性、社会との連帯性が芽生える契機となり、自らの行動によって得たこれらの価値観は何物にも代えがたい気高さと充実感を与えるものとなっている。しかも、これらの醸成された感性は、彼、彼女たちの確かな国際感覚へとつながっていく可能性を秘めている。一方、市民活動を行う人びとにとっては、地域に根ざした文化、伝統を学生に語る場となり、閉ざされることなく継承されていく機会となっている。

現在、三島市では、筆者が在籍する日本大学国際関係学部の学生たちがゼミやサークルレベルで地域づくりに参加している。その内容は、地域環境問題のみならず、在日外国人への支援などに取り組むNPO活動との協働も多くなっている。市民活動に参加するうえで学生たちが留意すべきは、自主的、主体的に活動することはもとより、目標の達成を地域住民とともに感じながら持続性を保つ成果を残すことである。自己満足に陶酔してしまうことのないよう、学生同士で評価し合う訓練も必要となる。

二〇〇一年の七月一四、一五日にかけて、筆者は学生たちとともに富士山山頂に杉チップ（おがくず）を担いで登った。富士山が世界遺産にならない理由のひとつは、汚れた山として位置づけられてしまっているところにある。そこで、三島にも事務所を持つ「NPO法人富士山クラブ」が、富士山を世界遺産にすることを目標に、富士山頂上にバイオトイレを作る計画を立て、ボランティア参加を呼びかけた。学生たちの登山参加はこれに呼応したものである。延べ四〇〇名の市民とボランティア団体が水と嫌気性菌の入ったおがくずを頂上に運んだ。

**表3**（次頁）は学生が現在取り組んでいるNPO活動である。これらの活動は「Kanaya-seminarたんぽぽ」と名付けられた。学生たちが各地域でそれぞれの社会的役割を担いながら、自分たちのメッセージが地域の人たちのもとへと「たんぽぽの綿毛」のごとく飛び散って咲くことを期待してのネーミングである。実行に際し学生たちは、個々の役割を分担したうえで事前の企画・計画打ち合わせを主催組織と十分協議し、実施へと展開していく。現在では、行

表3　日本大学国際関係学部（三島市）の学生たちが取り組むＮＰＯ活動

| | 参加目的 | 活動内容 | 主催組織 |
|---|---|---|---|
| 1 | グローバルに地域環境を考える | 富士山バイオトイレ設置への参加 | NPO法人富士山クラブ |
| 2 | 地域とのコラボレーション | 「たんぽぽ式」地域参加イベントの実施 | 三島市 |
| 3 | 参加型地域環境を考える | 花壇のプランター入れ替えと修復作業 | NPO法人グラウンドワーク三島 |
| | | 長泉町桃沢川の芦刈作業 | NPO法人シナジーネットふじ |
| | | 街中がせせらぎ事業ワークショップ | 三島市 |
| 4 | 在日外国人の子どもたちの教育 | ペルーからの子どもたちと学ぶ | NPOカサデ・アミーゴス |
| 5 | 国際ボランティアへの準備 | タイでの山岳民族への支援 | Kanaya-seminar |
| | | カンボジアでの日本語教育支援 | Kanaya-seminar |

政もＮＰＯも学生の行動力に期待しており、企画段階から参加の依頼がある。行政は計画のスタート段階から学生に信頼を抱いているということである。

ただし、学生によるこれらの活動を継続していくためには、毎年学生が入れ替わることから、事務上の処理や役割などを円滑に継承するうえでの難儀が存在しているのも確かだ。各年度末には、それぞれの活動の中で下級生への引き継ぎが行われている。

## 四　住民参加による環境マネジメント

近年、「自然環境の再生」は、地域づくりにおいては住民からの要求の上位に掲げられている。なかでも課題となっているのが、地域の文化、社会を育む自然環境の維持管理である。つまり、誰がどのようにして維持管理していくのかという問題である。こうした問題が浮上するのは、行政が維持管理を全面的に行える時代ではなくなってきたことを表している。三島においてもＧＷ三島が行政と地域住民の仲介役として自然の再生を手がけている。たとえば、さまざまな形態の住民参加に基づき組織的に計画されたビオトープ整備もその一つである。本節では、現地調査をもとに、GW三島がすすめるビオトープ整備を通じて、住民主体の地域環境マネジメントの形成過程を考察したい。

ところで「ビオトープ」とは、ドイツ語の「生命」を意味するビオ（Bio）、「場所」を意味するトープ（Top）の合成語「Biotop」で、「野生生物が住むところ」「野生生物の生息空間」という意味である。ドイツの生物学者ヘッケルによって提唱された「ビオトープ」は、元来その地域にあった生態系、景観を保全・復元することによって成立し、その主要な機能は、(1)生態系の保全、(2)生態系のシステムの維持、(3)野生動物の生息場所の確保、(4)生態系の回廊の形成とされている。このビオトープから、都市開発による自然環境と生態系の変化およびその復元方法を学ぶことで、自然環境への理解をより深めることができると考えられている。

## 河川敷を利用した水辺ビオトープの再生

静岡県の三島市と駿東郡清水町との境界を流れる境川において、県営事業としての河川改修事業が実施された。三島市側境川の河川敷にある清住緑地では、GW三島の仲介役によって二〇〇一年一〇月、住民の手で水辺ビオトープの維持管理を行う「境川・清住緑地愛護会」が設立された。境川・清住緑地は約〇・八五ヘクタールの面積を有する長辺約二〇〇メートル、短辺約五〇メートルの平坦地で南北に細長い瓜型をしている。境川は、南に流れて狩野川に合流する、流域面積四・二平方キロメートル、全長約六・一キロメートルの一級河川である。国道一号線から上流一キロメートルで表流水は清水町の農業用水路に流入し、下流域で本遊水池の豊富な四カ所の湧水口からの水が加わり、約三キロメートル下流で狩野川に合流している。

「境川・清住緑地愛護会」は、市民の手で境川・清住緑地の自然環境を守り、育てていくことを目的に、多種多様な生物が棲む水辺の自然空間の再生活動を行っている。会則に示されている具体的な活動内容は次の通りである。

(1)良好な生態系を守り、原風景を復元するための植生管理
(2)公共の緑地として快適な環境維持を図るための清掃
(3)水辺緑地の自然状況の観察、環境調査
(4)自然観察会、環境教室の開催、環境情報の発信
(5)小中学校を対象とした環境教育の企画運営と支援活動
(6)環境インストラクター養成講座の開催、および人材育成
(7)イベントやワンデイチャレンジの開催などの広報活動
(8)会報の発行
(9)グラウンドワーク三島の参加団体としての諸活動

これら愛護会の活動には、住民が河川敷を維持管理していくための各種専門的知識が必要となる。つまり、生息する生物の観察方法をはじめ、生態系の復元を行う知識を持ち、維持管理ができる指導者が要請されるが、これらはＧＷ三島と共催するインストラクター養成講座によって育成されている。ＧＷ三島では、今後はこうした人材育成支援のほか、学校ビオトープ（後述）の再生も活動計画の柱に盛り込んでいる。

近年、環境教育への関心の高まりとともに、学校での総合学

住民参加の環境マネージメント（境川・清住緑地）

習の一環としてビオトープづくりを積極的に採り入れる試行事例が目立っているが、その方法は、ビオトープ整備の計画から実施に至る各ステージで細かな体験学習を行う形式をとっている。

このビオトープづくりにおいても、地域住民、企業、行政を結びつける調整役として、NPOが活動実績をあげている。つまり、NPOは専門家など必要な人材を地域から掘り起こし、トレーニングによってリーダーを育てていくという、新しい組織づくりの中核を担っているのである。これらは、地域のもつ自然、風土、文化などを認識し、これを受け継ぐことで、より豊かな地域づくりを創造していくためのプロセスと考えられている。

## 学校ビオトープの再生

GW三島は、行政と三島市立長伏小学校、およびその児童と親たちとの調整役を担い、GW三島が持っている技術力と専門性をベースとした調整能力を活用して、学校ビオトープ（学校内に環境教育を目的としてビオトープをつくる取り組み）の計画から実施まで一貫して関わってきた。三島市における学校ビオトープ整備の二番目の事例となった中郷小学校では、のべ二〇〇名の父母と児童が学校ビオトープづくりに関わってきた。当初は教師も父母もビオトープが環境教育とどのように関わっているのか理解できず、十数回のワークショップを行うに至ったが、実際に始まってからは、父母の中に大工、土木技術者など専門技術を持つ人がいて、親子で楽しみながら実施することができた。これにより、児童らは大人たちから道具の使い方を学び、手づくりのおもしろさ、共同作業のおもしろさを学ぶことができた。長伏小学校のビオトープは、「夢トープ」と名付けられ、現在は野生の花とトンボやメダカなど二〇種類以上の生きものが再生されている。

## 地域環境とマネジメント

ここに記述したビオトープ整備の事例は、計画の段階からワークショップを開いてきた点で共通しており、いずれも自分たちの創造した計画づくりを、参加者の共通認識を深めながら積み上げている。自然環境の復元として実施されるこうしたビオトープ整備のプロセスの中で、かつて地域に棲んでいた生物の存在や、ひとと共存してきた生物と土地利用との関係が明確になるにつれ、地域の現状の再認識がなされ、将来に向けた地域づくりの基礎がもたらされることとなった。また、その計画段階では、地域住民と行政との間に共通認識が生まれ、双方ともに地域の環境マネジメントについての認識を深めていった。その持続性を考える中から、必要な専門性を錬磨する講習会や維持管理のための組織づくりの不可欠さが認識され、実行に移されていった。とくに行政サイドでは、地域保全から、住民主体の環境マネジメントへと移っていく時代の到来を住民との取り組みの中で感じるようになっていった。

地域環境が形成、復元される個々のプロセスは、地域住民と行政とのパートナーシップによって一層促進される。そしてそのマネジメントに専門家、企業が加われば、より効果的な地域づくりが実現できる。学校ビオトープに取り組む地域の住民たちは、こうした実感の下で自然の資源を活用しながら自然と共存する方法を行政に提言しつつ、それらを子どもたちとともに実践し、身近な環境教育の場を創造してきた。

地域環境のマネジメントにおいて留意すべきことは次の三つである。第一に、まず何よりも水源の確保が重要であるが、そのためには地域の自然環境の特性をよく理解し、その特性を効果的に活用しながら、歴史、風土を活かした親水効果（用水路などの水辺に親しむ機能による効用）を得、ビオトープづくりにおける低コスト化をすすめていくこと。第二に、ビオトープの再生には、環境施設としてのビオトープ整備とともに、人材育成の教育プログラムを計画段階から検討する持続的な活動が必要であること。第三に、この教育プログラムを実行するためには、有効な環境施設を活用するとともに、その維持管理については、詳細な実施計画が立てられる計画者と実施者を組織化しなければならないということである。

## おわりに

現在、海外での地域づくり協力は、人道的配慮を核として途上国の自立的発展を支援するという立場で行われており、科学技術や経済的支援のもとに成果を上げてきている。しかし、未だ地球環境破壊、貧困、ジェンダー（社会・文化的性差）などの課題は噴出している。この状況の中で、世界が国家や多国籍企業レベルで結ばれているだけでなく、NGO／NPOや地域同士の相互依存によっても結ばれているといった考え方が波及し、それらのネットワーク化が政府を巻き込んで問題解決を図るというコンセンサスは次第に形成されつつある。とはいえ、途上国を含んだ国際的なネットワーク化への道はまだ遠い。

本章では、ボランティア団体、NPO、学生が介在する住民参加による地域づくりを三島市を例に取り上げた。そこでは、使命と情熱を共有する連帯感から生まれた新たな価値観に基づく組織づくりや地域に介在する組織のネットワークが緩やかに広がっていることを市民の目線で確認することができた。この地域づくりの経験が、多くの課題を抱える途上国で、パートナーシップとして活かされる道も見えてきた。そして、これに参加する学生たちにとっては、これまで育った環境と異なる地域の文化・社会の中でコミュニケーションをとることが、「もひとつの地球村」へ踏み出す登竜門となっている。

また、地域環境を媒体としたビオトープづくりの事例からは、地域における生態系の空間がどのような取り組みによって作り出されているのか、その様子を知ることができた。いまだ試行錯誤を繰り返してはいるが、住民、行政、企業による協働のプロセスの中で、地域のコミュニティ活動が強化されていくといった波及効果も見られている。

一つひとつ積み上げられてきたこれらの行動の結果を、参加者たちは地域が持続的な発展へと向かいつつある証であると感じている。国内外で生物多様性の維持が叫ばれる中、環境マネジメントの重要性を説き、それを普及していくには、NGO／NPOが培った草の根的なネットワーキングの技術が有効な結果を導くだろう。

地域づくりを持続させるためには、人材育成や技術の普及という外からのアプローチと、地域の文化・社会を知るという内からのアプローチとが結びついて進行していくことが重要である。持続的な地域づくりは、これまでの単一方向の協力から、今後は国際交流を含めて双方向の協力によって実現していくものと考える。これまでの地域づくりは、行政主導のもとに、自然環境を失いながら利便さを追求することでその時代の選択としてきた。それらは見方を変えれば、壮大な実証・実験であった。われわれは今日に至る技術史と社会史を振り返りながら、「もうひとつの地球村」の創設に向けて、芽生えはじめた小さな動きを束ねる技術力と人びとのエンパワーメント（力づけ）の醸成を図りつつ若い世代を育て、変化していく彼らの価値観を活かした新たな設計図を構築していかねばならないのではないか。

## 引用および参考文献

萱野信義・金谷尚知「インドネシアを事例とした農民参加型の農業農村開発計画」『農業土木学会誌』一九九七年第65巻第4号。

山田辰美編『ビオトープ教育入門』農文協、一九九九年。

金谷尚知「環境と海外村づくり」『開発学研究』Vol.11 No.1.二〇〇〇年。

『第3次三島市総合計画――水と緑と人が輝く夢あるまち・三島』三島市、二〇〇一年。

金谷尚知ほか『市民参加のまちづくり』創成社、二〇〇一年。

『パッションで前進』グラウンドワーク三島、二〇〇二年。

『共に生きる都市と農村』日本農業土木総合研究所、二〇〇三年。

金谷尚知『地球型社会への挑戦』大空社、二〇〇四年。

# 第二部　「もうひとつの地球村」版文化・文明論

かつては信仰に生きる人びとの山中の僧院として知られていたモンセラット。
現在は世界宗教会議を開催するなど、異なった文化・文明をもつ人びとの間の対話を押し進め、
Sustainability, Sociability, Spirituality という三つのＳで代表される「もうひとつの地球村」の生き方を実践している。

## ◆総 論◆

# 「もうひとつの地球村」から見た戦略的文化・文明論

## 幸泉哲紀

# はじめに

人類の歴史には、農業革命、都市革命、精神革命、産業革命、そして情報革命と、それぞれの画期ごとにそれまでに支配的だった生活の仕方にとって代わる新しい生活の仕方を生み出すような、まさに革命的な社会変化がいくつかあった。そしてこうした歴史の節目となるような大きな社会変化が起きるたびに、異なった生活の仕方とそれを支える社会制度、つまり「文化・文明」をもつ多様な社会集団が登場することになった。とくに産業革命以降の近代化と呼ばれている社会変化は、こうした異なる「文化・文明」をもつ社会集団間の接触の機会を飛躍的に増加させ、それとともに、異なる「文化・文明」をもつ社会集団間の対立の可能性も増加することになった。こうした対立の最たるものは、二〇世紀における二つの世界大戦であった。

そして二一世紀に入るとともに発生したのが、二〇〇一年九月一一日の「同時多発テロ」事件である。この事件は、産業革命から情報革命へとつながる経済生活での技術進歩を背景に欧米諸国が推進してきたグローバリゼーションが生み出した「地球村」と呼ばれる世界での、こうした異なる「文化・文明」をもつ社会集団間の対立を浮き彫りにした悲劇的な事件であり、その後の世界の動きを見る限り、異なる「文化・文明」をもつ社会集団間の悲劇的な摩擦や衝突が減少する気配は一向に見られない。「地球村」の住民である異なる「文化・文明」をもつ数多くの社会集団が、こうした悲劇を避け、お互いの違いを認めつつも、「宇宙船地球号」（Spaceship Earth）の乗組員としての連帯意識をもって平和裏に共存していく、「もうひとつの地球村」を構築していくためには、そもそも、「文化・文明」とは何であるのか、それはわれわれの生活にどのような意味をもつのか、をあらためて問い直す必要があるように思われる。そして何よりも、われわれが構想する「もうひとつの地球村」にふさわしい「文化・文明」を描き出すことは、「もうひとつの地球村」の構築をめざすわれわれに課された緊急の課題である。本章では、「もうひとつの地球村」にふさわしい「文化・文明」とはどのようなものであるべきなのか、これまで論じられてきた「文化・文明」の意味を振り返りながら考えてみたい。

## 一　「文化」という語の意味

人間は社会的な動物だと言われ、ロビンソン・クルーソーのような例外的な場合を除いては、何らかの社会集団のなかで生活を行っている。家族であれ、地域共同体であれ、ある社会集団に属する人びとの日常生活における言動の指針となるのが、「文化」である。しかし、社会集団に属する人びとが共有している「生活の仕方」を指す、「文化」という語のこの使用法は、実は比較的新しいものである。

辞書を紐解いてみるとすぐに分かることであるが、英語の culture という語も、日本語の「文化」という語も、実に多くの意味がある。そしてこれはどの語についても一般的に言えることであるが、「文化」という語についても、具体的なものを指す語から、抽象的なものを指す語へと変わってきた経緯がある。

Culture という語は、ラテン語の kultura から派生した語であり、もともと「耕作」、つまり「土地を耕す」という具体的な作業を指す語であった。この culture という語の本来の意味は、現在でも「栽培」とか「養殖」といった使用法に残っている。ところが、とくに一八世紀後半から西洋世界を中心に始まった、近代化と呼ばれている急激な社会変化のなかで、culture という語は、少なくとも三つの抽象的な意味をもつ語に転化してきた経緯がある。

最初に culture という語を具体的な作業を指す語から抽象的な事象を指す語への転化を行ったのは、他ならぬマルクス（Karl Marx, 1818-83）である。彼は、財貨の生産や生産手段の所有をめぐる人間関係など、物質的な要因が社会の基底、つまり「下部構造」（infrastructure）であり、これに対して人間の精神的な活動とその成果である法律、宗教、哲学などといったcultureは、この「下部構造」のうわべ、つまり「上部構造」（superstructure）に過ぎないという、いわゆる唯物論的な思想に基づき、これまで土地を耕すという具体的な行為を指すものとして用いられていたcultureという語を、「地に足の着かない」抽象的なものを指す語に転化して使用したのである。

マルクスと言えば、資本を持たない者に自らの労働を切り売りする生活を余儀なくさせ、人間疎外を推進する体制だとして資本主義を厳しく批判し、それに代わる共産主義を説いたことで知られている。もちろん、彼以外にも資本主義の非人間性を批判した人物は多くいる。とくに産業革命のお膝元であるイギリスでは、小説家のディケンズ（Charles Dickens, 1812-70）、美術評論家のラスキン（John Ruskin, 1819-1900）、思想家のカーライル（Thomas Carlyle, 1795-1881）などが挙げられる。さらにもう一人、詩人で評論家のアーノルド（Matthew Arnold, 1822-88）の名も挙げておきたい。というのは、アーノルドはcultureという語をさらに抽象的なものを指す語に転化して使用したからである。

アーノルドは、一八六九年に出版された『文化と混迷 *Culture and Anarchy*』のなかで、cultureを「完全性の追求」（the pursuit of perfection）とか、「甘美と光明の追求」（the pursuit of sweetness and light）と定義している。この定義の背景にあるのは、産業革命以降のイギリス社会の荒廃ぶりであり、アーノルドがとくに批判したのは、人間を機械のように扱う資本主義の非人間性であった。そこでアーノルドが主張したのが、人間性を取り戻す「洗練された活動」としてのcultureであった。アーノルドが唱えた文学や芸術など「洗練された活動」としてのcultureは、日本語では「文化財」とか「文化勲章」といった用法に残っている。また、「大衆文化」（mass or pop culture）というのは、アーノルドが考えていたようなエリートたちが作り上げた「高尚文化」（high culture）との対比で出てきた概念である。

このように「文化」という語は、西洋世界の近代化にともなう社会変化のなかでその意味が転化され、変容してきた経緯があるのであるが、その変容の最後に登場するのが、文化人類学という学問の対象としての「文化」という概念である。ここでのcultureという語の意味は、文化人類学という学問が一九世紀の後半から二〇世紀にかけて確立されていく過程で、次第に受け入れられるようになってきたものである。しかし、その意味を紹介する前に、往々にして「文化」という語の同義語として使用されている「文明」という語についても、西洋世界の近代化にともなう社会変化のなかで、その意味がどう展開してきたのかを見てみることにしたい。

## 二　概念としての「文明」の発見と「文化」との出会い

「文明」と言うと、われわれはよくエジプトやメソポタミアで発祥した古代文明のことを思い浮かべるが、「文明」という語が「エジプト文明」や「メソポタミア文明」という風に使用されるようになるのは、実は近代になってからのことである。正確に言えば、概念としての「文明」の発見は、一八世紀フランスにおいてである。一七五〇年代になり、たとえば、ルイ一五世、一六世の執政に参加し、経済学者としても知られているチュルゴー（Anne Robert Turgot, 1727-81）やミラボー公爵であり、「人口論」の作者でもあったリクェティー（Victor Riquet, 1715-89）などが、フランス語のcivilisationという語を、現在われわれが「文明」という語で理解しているような意味で初めて使用している。彼らをして、civilisationという語を「文明」という意味で使用するきっかけとなったのは、当時パリを中心に登場しつつあった上流階級の生活であり、それはdouceur de vivre、つまり「生活の優雅さ」であった。この頃から英語のcivilizedという語も「洗練された」、つまり「文明化された」という意味で用いられるようになる。

ひとたびcivilizationという語が「文明」という意味をもつようになると、啓蒙運動の推進者や啓蒙運動の副産物として誕生する社会科学の推進者たちは、世界を、「洗練された文化」に支配された生活を送っている人びとの住むcivilizedな世界と、「洗練されていない文化」に支配された生活を送っている人びとの住むuncivilizedな世界とに分けるようになる。ここでuncivilizedというのはuncultivatedとかprimitiveということであり、「未開の」とか「原始的な」という意味で使用されたのである。ちなみに、一八七一年にcultureという語の学問的な定義を最初に与え、オックスフォード大学初の文化人類学の教授となったタイラー（Edward Tylor, 1832-1917）の代表作は、Primitive Cultureである。

ここに「文明」という語と「文化」という語の奇妙な出会いがある。「文明」という語で表される都市における洗練された「生活の仕方」とは対照的に、洗練されていない生活を送っている人びとの、未開で、あるいは原始的な「生活の仕方」を指すものとして「文化」という語が使用されるようになったのである。この背景としては、都市における生活を指す「文明」に対する田舎における生活を指す「文化」、工業という経済活動が生み出す「文明」に対する農業という経済活動に根ざした「文化」、といった対比がある。「私は人びとがどのような過程で野蛮から文明に到達するのかが知りたい[1]」という啓蒙思想家ヴォルテール（Voltaire, 1694-1778）の一七六九年のことばが象徴するように、これは西洋世界が優れた「文明」をもった世界だとする一種の優越感に発する「文化」のとらえ方であり、ある意味で非西洋世界を蔑視した見方だったのである。

しかしながら、文化人類学が展開するにつれ、未開であり、原始的であると見られていた世界の人びとの「生活の仕方」にも、それなりの論理と意味があることが次第に認識されるようになる。ボアズ（Franz Boas, 1858-1942）とかウォーフ（Benjamin Lee Whorf, 1897-1941）といった、とくに言語を中心に「文化」を研究した文化人類学者たちの研究成果が知られるようになるとともに、「文化の相対性」（cultural relativity）ということが次第に認識されるようになる。それとともに、cultureという語が、「ある社会集団に属する人々の生活の仕方」（the way of life of a people belonging to a specific social group）を指すものとして、「未開の」とか「原始的な」といった形容詞とは独立して使用されるようになる。ということで、cultureという語が、この語のもとの意味である「耕作」が意味する農業を含む経済活動、マルクスの言う「上部構造」が意味する法律や制度、アーノルドの言う「洗練された活動」が意味する芸術活動、これらすべてのものを包含するものとして、簡単に言えば、「生活の仕方」(the way of life) そのものを指す語として使用されるようになるのである。

## 三　「グローバリゼーション」と「第三の超文明」の登場

一九八〇年代には、「グローバリゼーション」(globalization) という語を、社会批評とか、学術的な論文で見ることはほとんどなかったと言える。それが九〇年代になると、この語がいたるところで、まさに「はちがブンブンうなる」ように buzzword として使用されるようになる。「グローバリゼーション」という現象を学術的に分析する先駆的な役割を果たしたイギリスの社会学者で、「第三の道」(The Third Way) というブレア英首相の社会政策の立案者としても知られているギデンズ (Anthony Giddens, 1938〜) は、九〇年に出版された『近代とはいかなる時代か *The Consequences of Modernity*』という書のなかで、「グローバリゼーションとは身近に起こっていることが遠く離れたところで起こっている出来事により影響されるような世界的な規模での遠い地域との社会関係の緊密化である、と定義できよう」と述べている。(2)

ギデンズの言う「世界的な規模での遠い地域との社会関係の緊密化」のきっかけを作ったのは、一九八九年のベルリンの壁の崩壊に象徴される米ソ対立の冷戦体制の終焉である。というのは、共産主義が資本主義に敗北するとともに、経済活動についてはグローバル・キャピタリズムの名のもとに世界のすべての地域が市場資本主義という一つの枠組みのなかに組み込まれることになったからである。もちろんそれ以前にも、多国籍企業といわれる資本力をもった企業による国境を越えた経済の「グローバル化」は進展していたが、「グローバリゼーション」は、ある意味で「グローバル化」を超えた社会変化と言える。それは、巨大な多国籍企業による投資・生産・販売活動やコンピュータを駆使したマネーゲームなどに代表されるような「国境のない世界」（borderless world）の出現である。

「国境のない世界」の出現を可能にしたのは、「情報化」と呼ばれている社会変化である。「情報化」という語は、二〇世紀の後半になり、コンピュータ、ファクシミリ、携帯電話などといった情報技術（いわゆるＩＴ、すなわちInformation Technologies）の発達による情報ネットワークの拡大とともに、世界中を流れる情報量の飛躍的な増加が見られるようになったという認識に基づいて使用されるようになった語である。もちろん、途上国においては依然としてこうした情報技術に無縁な人々が多数いることは事実であるけれども、「グローバリゼーション」という語が出回るようになった一九九〇年前後からは、世界で起こっている社会変化が、一八世紀後半に起こった「産業革命」（Industrial Revolution）が引き起こした社会変化に勝るとも劣らない大きな変化であるということで、「情報革命」（Information Revolution）という語が使用されるようになったのである。

前述したコンピュータ、ファクシミリ、携帯電話などといった情報技術は、国境を越えた即時的なコミュニケーションを可能にし、人びとの日常生活のあらゆる面で、空間と時間という制約を超えた「世界的な規模での遠い地域との社会関係の緊密化」をもたらすことになったわけで、ここにカナダの社会学者マクルーハン（Marshall McLuhan, 1911-80）が一九六二年に予言した「地球村」（global village）が現実のものとして出現したのである。[3] この「地球村」がどのような世界であるかは、「われわれの住む世界では、どの個人も、どの国も隔離して存在できない。われわれすべてが、地域社会の住民であると同時に大きな世界の住民でもある。そして、ベルリンからバンガロアにいたるまで、われわれすべてが映画のスクリーンやコンピュータのスクリーンに映し出される同じ画像を認識できるのである」[4]という、国連事務総長アナン氏のことばがもっともよく表現している。

情報革命により出現した「地球村」を支配する「文明」は、地理的な、また時間的な制約を超えた「文明」であり、それはアメリカの未来学者トフラー（Alvin Toffler, 1950-）が「第三の超文明」（The Third Supercivilization）と呼んだものである。(5) ここでトフラーが「超文明」と呼ぶのは、「文化の違い、言語の違い、宗教の違い、人種の違い、国家の違いを超えて広く共有されている生活の仕方」を指しているが、農業に基づく「第一の超文明」、工業に基づく「第二の超文明」に代わり、欧米諸国を中心にそこでの生活の仕方として拡がりつつあるのが、情報産業に基づく「第三の超文明」なのである。

「第三の超文明」は、「地球村」を一つに包み込む「文明」である。それは、個別の社会集団がもっている伝統的な法律や社会制度とか、その集団が活動する地域に存する資源を利用し、そこで育まれた伝統技術の特性を活かした経済活動などを超えて、世界のすべての地域に一つのスタンダードを押し付ける「標準化された文明」(standardized civilization)である。それはまた、ファーストフードやブルージーンズなどに代表されるように、特定の地域に住む人びとの「生活の仕方」を表す「文化」を超越した「根無しの文化」(rootless culture)である。

## 四　「もうひとつの地球村」における「文化」と「文明」

「標準化された文明」と「根無しの文化」が支配する「地球村」に対して、われわれが構想している「もうひとつの地球村」における「文明」や「文化」とはどういうものなのであろうか。あるいは、どういうものであるべきなのであろうか。

これまで述べたように、西洋近代化の過程で「文明」は「文化」よりも社会発展のより高度の段階を示す語として使用された経緯があるので、ここではそうした使用法とは異なる中立的な使用法を採用したい。具体的には、「文化」とは、「人と自然環境・社会環境・精神環境との関わりについて、ある社会集団に属する人びとがもっている考えの総体」であり、「文明」とは、「ある社会集団に属する人びとがその『文化』を具現化し、したがってその『文化』を反映して作り上げた法律、社会制度、技術、建造物、芸術作品などの総体」である。別の表現をすれば、「文化」は社会生活を行う人びとを動かすソフトウェア・プログラムであり、「文明」は人びとがそのプログラムに基づき作り上げたハードウェア・プロダクトであると言えよう。

ここでの「文化」の定義は、さまざまな考え、さまざまな習慣をもつ数多くの社会集団が共存していく「もうひとつの地球村」を念頭においての定義である。「もうひとつの地球村」においては、異なった社会集団がもつ「文化」間に優劣の関係は存在しない。いずれの社会集団も特定の生活環境のなかで独自の伝統文化を形成してきたのであり、それはその集団が生活する環境においてそれなりの論理と意味をもつものである。

一方、われわれの周りには「グローバリゼーション」が作り出した「地球村」が広がっていることも現実であり、そこにはありとあらゆる社会集団が混在している。こうした社会集団には、血のつながりによる家族、親族や民族、職場としての会社、官庁や組織、居住地としての市町村などの地域社会、さらには市民権を有する国家などが含まれる。「地球村」というのは、国家という社会集団が主導する近代化と呼ばれる社会変化のなかで出現した世界であるが、皮肉にも、その「地球村」が生み出した情報技術という「文明」は、人びとにとって意味のある社会生活を国家以外の社会集団において送ることを可能にしているのである。つまり、どの社会集団も自分たち独自の「文化」をもち、自分たち独自の「文明」を築いていく可能性をもっているのである。それが「もうひとつの地球村」がもつ可能性である。

このように、「もうひとつの地球村」は多様な「文化」と「文明」の共存を可能にする世界であるが、その一方で、人びとは「宇宙船地球号」という運命共同体の成員としての「生活の仕方」である基本的な「文化」を共有しなければならないであろう。その基本的な「文化」は、Sustainability, Sociability, Spiritualityという「三つのS」に要約できよう。

Sustainabilityというのは、人間と自然環境との関わりについての基本的な考えであり、どの社会集団も自然環境との関わりで営まれる経済活動が「持続的」（sustainable）なものでなければならないということである。Sociabilityというのは、人間と社会環境との関わりについての基本的な考えであり、どの社会集団も異なった「文化」をもった他の社会集団との関わりにおいて、「社会的、あるいは友好的」（sociable）でなければならないということであり、具体的には対話と協調の態度でもって接する必要があるということである。またspiritualityというのは、人間と精神環境との関わりについての基本的な考えであり、人間としての豊かな生活というものが、たんに「物質的な」（material）豊かさだけで測られるのではなく、「精神的な」（spiritual）豊かさを含むものでなければならないということである。

「もうひとつの地球村」の「生活の仕方」を指す「文化」は、このように「三つのS」という基本的な考えを含む「文化」である。ということは、その「文化」を具現化する「もうひとつの地球村」の「文明」も、この「三つのS」を反映したものでなければならないことを意味する。したがって、われわれの住居や生活環境の設計についてはsustainabilityが反映されたものでなければならず、法律や社会制度の運営についてはsociability、つまり「連帯意識」が反映されたものでなければならず、われわれの活動はそれがいかなる分野のものであるにせよspirituality、つまり「内面の充実」が反映されたものでなければならない。

## 五　自己啓発の場としての「もうひとつの地球村」

個人にとって地域社会が従来もっていた意味は、慣れ親しんだ生活環境の中での慣れ親しんだ人びととの触れあいという親密感と安心感、つまり、心の拠り所としての「ふるさと」（home）である。しかし「グローバリゼーション」が作り出した「地球村」は、「ローカル」と「グローバル」の境界を取り除くことにより、その「ふるさと」を奪ってきた。しかし人は誰しも心の拠り所が必要であり、その意味で言動の指針としての「文化」は人にその拠り所を与えるものである。地域に密着した社会集団での生活が中心になるという限りにおいて、「もうひとつの地球村」の「文化」は土地に「根を下ろした文化」（rooted culture）であり、「地球村」の「文化」のように「根無しの文化」（rootless culture）ではない。ということは、「もうひとつの地球村」は、人間の成長と発展にとって大切な役割を果たす地理的な環境としての、また精神的な環境としての「ふるさと」（home）を取り戻す可能性をもった世界なのである。

しかし、そもそも人間というのは、その生活環境に存する多くのものが複雑に関わりあった空間にその存在が定義される関係体である。個人が自己を意識するのは、通常、他者の存在を意識することを通してである。われわれの言動の指針としての「文化」も、もともとは人間発展の過程で心とその環境との関わりのなかで生まれたものである。そしてスイスの心理学者ユング（Carl Gustav Jung, 1875-1961）が「集合的無意識」（collective unconscious）と呼ぶところのわれわれの心に内在する深層空間こそ、われわれ人類が共有するすべての文化の源泉なのである。地域社会に住むひとりひとりの住民が、この心と文化との関わりについての意識に目覚め、異文化をもった他の社会集団との接触は、実は自己啓発の過程だとして自らの成長と発展の糧とするようになるとき、そのときはじめて「地球村」は、異文化をもつ人びとが「宇宙船地球号」の乗組員としての連帯意識をもって平和裏に共存する「もうひとつの地球村」となり、真の意味でのわれわれの「ふるさと」となることができるであろう。

## 引用および参考文献

（1）*Essai sur les Moeurs et. l'Esprit des Nations*, 1769.
（2）Giddens, A. *The Consequences of Modernity*, Polity Press, 1990, p.64（松尾精文・小幡正敏訳『近代とはいかなる時代か』而立書房、一九九三年）。
（3）"The new electronic interdependence recreates the world in the image of a global village", *Gutenberg Galaxy*, 1962, p.31.
（4）"A Shared Vision of a Better World", *Newsweek*, Issues 2000, p.11.
（5）Toffler, Alvin and Heidi, "Supercivilization and Its Discontents", *Civilization*, February/March 2000.

ナイジェリアの第２の都市イバダンの町並み。イバダンでは、近代的制定法、イスラーム法、伝統的慣習法の三つの異なる法に基づいて、多元的な裁判制度が実践されている。(写真提供:室井義雄氏)

第７章

# 「もうひとつの地球村」をめざす法文化

## ナイジェリアの多元的裁判制度

松本祥志

## はじめに

世界は西洋近代のグローバリゼーションによって同一化されつつあるが、法制度や裁判制度もその例外ではない。一方で、同一化に抵抗する地球村の法文化は差異にあふれるものでなければならず、その司法制度は多元的でなければならない。なぜなら、そもそも完全な制度というものはありえないからである。しかも、西洋近代の根底には、非西洋の差異を忌まわしいものとする自己中心主義――つまり西洋中心主義――が流れており、それがグローバル化されようとしているからでもある。そのような法文化によってつくられる人間関係は、ひきこもり、擦り寄り、同化または支配である。本章では、自己中心主義を抑制するという視角から、他者の権利が尊重され、法が自発的に遵守される「もうひとつの地球村」の構築に向けて、司法の多元化について追求してみたい。

日本では、司法制度が西洋的なものに一元化されてきたので、多元的な司法とはどんなものなのか想像できない。そこで本章では、その実例を非西洋のナイジェリア、とくに南西部オヨ州の州都イバダンに求めることにする。この地でヨルバ族は自己的なるものを発展させながら、西洋近代という他者と融合してきた（ここでの融合とは、自己的なるもの〔アフリカの伝統的慣習法〕を発展させながら、他者的なるもの〔西洋近代法〕をその内側に刻み込んで異種混交〔法の多元化〕することを意味する）。彼らはまた、移民であるハウサ族やイボ族の司法制度とも共存してきた。彼らヨルバ族は、日本の「文明開化」のように自己的なるものを否定して西洋に擦り寄った同化とは異なり、植民地宗主国による西洋の押しつけに内面から抵抗し、心の奥底でアフリカ的なるものを育んできたのである。

アフリカの伝統的な紛争解決の目的は、人間関係の修復、構築とされ、そのため、贈与や歓待を理念とする自発的行為による法の遵守がめざされてきた。贈与とは、見返りを求めない行為であり、「贈与した」と意識された瞬間、それは見返りを求める交換になってしまう。そこで、意識しなくてすむようそれは儀式化されてきた。同時に、その儀式が形骸化し、贈与という理念から逸脱することのないよう、ヨルバ族は、「掘っている人だけが遺体を葬っているのであり、泣いている人は雑音を出しているだけだ」と人びとの心に宿る非自発性を戒めてきた。よって、贈与されるのはモノではなく心だとされ、「贈与は心の問題であり、お金がないと言ってはならぬ」とされてきた。贈与されるものが心なので、贈与と歓待はめざすところが同じである。つまり、歓待とは、内側深く他者を招き入れ、自己のすべてを危険にさらしながらも「歓待してやっている」と少しも意識しない行為とされてきた。ウガンダのルグバラ族は、「客人のお陰で、家族皆がご馳走にありつける」と言って他者を歓待する。だが、理念は人間の手に届かないところにあり、贈与や歓待を純粋に実践することはむずかしい。イボ族はそれを「一つしかないものは与えないものだ」と表現する。しかし、それらの理念をめざし、それらに近づこうとする贈与的・歓待的行為は行いうる。それはまず、等価な見返りを求める交換的取引は制度の柱にしないという形で現れてくる。

実際、アフリカの伝統的慣習法においては、原則として損害賠償はない。それは、事後救済による「原状回復」をめざす西洋の司法とは根本的に異なるものだ。そもそも、過ぎ去った「原状」は、損害と等価な賠償という交換によっては「回復」できない。「原状」は「回復」されるべきものではなく、むしろ、他者とともに構築・再構築されるべきものなのである。

法が事後救済の保障の下で嫌々守られるのではなく、自発的に遵守されるようにならなければ、義務はつねに他者にしか適用されず、権利はもっぱら自己中心主義的な欲求を満たすためのものとされてしまい、法の遵守は「絵に描いた餅」と化す。そこに貫かれているのは、「法の支配」の名を借りた「力の支配」である。法はむなしくたわむれ、権利や義務という言葉がとげとげしい冷たさを放つ。法が自発的に守られるようになるには、非西洋が備えもつ司法によって自己変革する以外ない。それはまた、文化・文明の視角から司法を問い直すことによって明らかになるものである。

## 一　裁判制度と文化・文明

### グローバリゼーションと裁判制度

西洋近代の裁判制度は事後救済という点で優れているが、それだけは紛争の発生を減少させる人間関係を構築することはできない。むしろ西洋近代の裁判制度は、紛争の発生の方は放置し、発生してしまった被害の事後救済だけを試みているようにもみえる。事後救済の試みは、民事裁判においては富の再配分により自己中心主義を循環させ、紛争の根本原因である自己と他者との関係の修復、構築にはつながらない。また刑事裁判でも、犯人に自己中心主義を克服させることができず、本人にも他の人びとにも、ほとんど犯罪の露見や犯行の採算性を後悔させるばかりで、なかなか犯罪行為の根絶につながらない。

もちろん、完全な裁判制度などというものはありえない。それゆえつねに、ベターな裁判制度をめざさなければならない。そのためには、異文化社会の制度の参照も不可欠となる。だがそこで参照される異文化は、西洋近代だけではなくアジアやアフリカの文化でもありうるだろう。また、西洋文明にしろ、歴史的には非西洋の文化・文明との融合によって形成されたものである。

アテネのアクロポリスのふもとにアゴラと呼ばれる広場がある。そこには西洋裁判制度の起源とも言うべき前六世紀の裁判所の遺跡があり、陪審員による評決のための投票箱跡も残っている。アゴラのはずれには、プラトンがアリストテレスと対話していたという建物があり、現在そこは博物館になっている。この博物館には、陪審員の無作為選出用として前三世紀に使用されていた部族ごとのくじ引台や、陪審員の評決票が展示されている。このギリシャ文明にしても、その地で自生したものではなく、フェニキアやエジプトの文明によって誕生したものである。たとえばプラトンもアリストテレスも、アフリカ哲学から多くを学んでいた。

日本の裁判制度をよりよいものにするには、現行制度の直接の産みの親である西洋近代だけではなく、産みの親の親である非西洋も参照すべきである。しかも、この非西洋の文化・文明だけが、西洋中心主義の日本にとって真の他者となりうる。そうした他者を「参照する」のは、同化のためではなく、それを理解することによる融合、つまり自己変革のためである。他者を理解することは、それまで気づかなかった自文化の潜在能力を知ることであり、それを知ることによって自文化の隙間やヒビをあぶりだすことである。その隙間やヒビは内部からは見えず、外部からしか見えない。しかも、その隙間やヒビそのものが自己変革につながる融合のための他者との接点なのであり、それが見えないと接点も開けなくなる。

もちろん、西洋各国の裁判制度にも差異はある。だが、その差異は民事裁判の目的を「原状回復」とし、刑事裁判の目的を「社会秩序維持」とする同一枠組み内の差異である。その差異は「程度の差異」にすぎない。それだけでは、方向転換はできない。「方向性の差異」（有と無、生と死、西洋と非西洋のような正反対の差異）と異種混交しなければ、方向転換して法の自発的遵守に向かうことはできない。アフリカの伝統的な裁判の目的は人間関係の修復や構築とされており、そこには「方向性の差異」がある。

アフリカの法体系には近代的制定法、イスラーム法、伝統的慣習法があり、伝統的慣習法は民族によって異なる。一九九九年ナイジェリア連邦共和国憲法（以下、「ナイジェリア憲法」）は、国民の約五〇％がイスラーム教徒、約四〇％がキリスト教徒、約一〇％が伝統的宗教を信仰しているという実態をもとに、近代的制定法裁判制度、シャリーア（イスラーム法）裁判制度、慣習法裁判制度という多元的な司法制度を採用している。慣習法裁判所に付託されるまでの紛争解決手続は、ヨルバ族、ハウサ族、イボ族でそれぞれ異なる。それに対して、日本の司法制度は一元的な三審制であり、それが「文明的」なことであるとされてきた。実際には、アイヌ民族のような先住民族や定住外国人などの少数者もいるのに、その差異を司法制度に反映させるなどというのはまったくありえないこととされてきた。ところが、「非文明的」と思われてきたアフリカのナイジェリアは多元的である。ここで、そもそも「文明的」とはいったいどういう意味なのかが問われる。

## 文化と文明

文明にはさまざまな側面があるが、物質的・精神的な豊かさをもたらす創造性もその側面のひとつである。文明のもとでは多種多様な異文化との融合により新しい理念や技術が絶えず創造される。それでは、「文明」の語源についてはどうか。西インド諸島生まれで、アフリカ大陸でその人生のほとんどを過ごし、アフリカに対する西洋人の偏見を正すことに一生を捧げたエドワード・ブライデン（教育者、言語学者、一八三二～一九一二）によれば、古代ローマ人がつくった civitas（文明、共同体）という言葉は、「ともに来る」とか「ともに行く」という意味のラテン語、cum と eo に由来するという(1)。そうみれば、異文化の差異を受け入れない一元性は文明的ではない。ローマ文明の擁護者であった皇帝マルクス・アウレリウス（ストア学派哲学者、一二一～一八〇）は『自省録』（京都大学出版会、一九九八年）のなかで、「蜂の巣全体のためにならないものは、一匹の蜂のためにもならない」と述べた(2)。そこでは、共同性が前提にされている。この共同性こそ、文明のもうひとつの側面といえる。文明とは多種多様な異文化とともに現れ、つねに異文化に向けて開かれているものなのだ。それでは、文化とは何なのであろうか。

文化にも社会的、心理的、教育的などの側面があり、その見方も多様である。司法との関係で文化とは何かを考える際、紛争をどうみるかが問われなければならない。紛争は忌まわしい病理現象とみられ、文化の概念から排除されがちだが、アフリカの共同体においては社会を維持するための生理現象とされ、文化を構成するものとされている。

エヴァンズ＝プリチャード（イギリスの社会人類学者、一九〇二～七三）によれば、政府をつくらないスーダンのヌアー族社会においては、「葛藤」（conflict）が社会秩序を維持する役割を果たしている。またグラックマン（南アフリカ生まれのイギリスの社会人類学者、一九一一～七五）は、アフリカにおいては体制を変革する「革命」ではなく「叛乱」による支配者交代が、社会体制を維持する役割を果たしてきたとみる。そこで、紛争という観点から文化とは何かを考えると、どうなるのであろうか。

紛争の原因であり、また人間の無限な発展可能性と無尽蔵なエネルギーの源でもある「欲求」というものを基点にして、自己と他者との関係、つまり社会を見てみると、「文化とは、その社会における人間の欲求の充足の仕方である」となる。衣服の作り方や着方、食事の作り方や食べ方、住居の建て方や住み方がそれぞれの文化とされる。それらに関する紛争の調整の仕方も文化である。それは制度、慣習、神話などとして伝えられ、受け継がれる。

そのような文化がつねに異文化と融合し、混交する運動こそが文明だと言える。したがって、ギリシャ文明がギリシャ文化とも呼ばれるように、文明は同時に文化でもありうる。しかし、その逆はかならずしも真ではない。なぜなら、文化であるためにはひとつの欲求充足の仕方（箸で食べる）だけで十分であるが、文明であるためには複数の仕方（箸、ナイフ・フォーク、手で食べる）、つまり複数の文化が必要とされるからである。実際、ひとつの欲求充足の仕方しかない文化をあえて文明と呼ぶべき必然性はない。たとえばフランスについては、フランス文化とは呼ばれるが、その文明はフランス文明とは呼ばれず、西洋文明と呼ばれるのが一般的である。

ところで日本は明治以降、西洋文明に擦り寄って「文明開化」したが、かつては中国や朝鮮半島などの文化・文明と混交していた。同じように古代ギリシャ文明も、フェニキアやエジプトの文化・文明によって形成され、ローマを経て各地の文化と混交し、今日の西洋文明につながっていったと考えられている。したがって、西洋文明との混交が文明化であるように、アジアやアフリカの文化・文明との混交も等しく文明化である。ところが日本では、西洋近代の法体系が一元的な司法制度において画一的に適用されるのが理想のように考えられてきた。こうした司法における一元性の枠組を超え、差異があふれる「もうひとつの地球村」という世界文明をめざす司法制度をデザインするには、われわれはアフリカの多元的な司法制度から多くを学びとる必要がある。

## 二　アフリカの伝統的慣習法

### アフリカの伝統的共同体と法

植民地化される以前のアフリカでは、人びとは祖先のように、口承で伝えられた格言などからなる慣習法に従って生活していた。慣習法は、西洋近代法におけるような強制によってではなく、自然ないし超自然の諸力や集団の意見に対する畏敬から生まれる、自発的な贈与的・歓待的行為によって遵守されていた。このことは、現在でもアフリカの共同体において妥当している。自然に対する畏敬からの教訓の一例として、「怠け者はアリの生き方をよく見て学べ」というアリ塚についての格言がある。アフリカでは何千年も前からアリ塚が神聖視されていて、その形も内部構造もピラミッドのモデルといわれている。

アフリカの慣習法における紛争解決の目的は、人間関係の修復や構築であるとされ、それは贈与や歓待を理念とする自発的行為によって達成できるものとされている。たとえば、ケニアのキクユ族における伝統的な債権回収手続は、債権者が、壺に入れたビールを贈り物として持参し、長老一人とともに債務者の家を訪問することで始まる。それは、「紛争を友好的に解決したい」という債権者の意志表示である。それでも弁済されなければ、またビールが贈られるが、今度は二人の長老がついて行き、分割払いや代物弁済など支払方法が話し合われる。それでも進展がみられなかった場合には再々訪問されるが、今度は三人の長老が同行する。三人の長老は、債務者に友好的解決の意思がないことを確認する「証人」として同行するのだという。この手続きを踏まなければ、慣習法裁判所への提訴は許されない。また第三者による紛争解決においては、人間関係の修復、構築という視点から、中立的な第三者ではなく、紛争当事者の「人と成り」をよく知る者が選ばれる。要するに、アフリカの慣習法は、紛争解決の目的だけではなく、権利・義務の概念から原告・被告、賠償・制裁の概念に至るまで、西洋近代法のものとは異なっているのである。

だが一九世紀に西洋によって植民地化されると、そのような法体系は植民地支配には適さないとされ、西洋近代法の導入によって、それを解釈・適用するための制定法裁判所が次々と新設されていった。以降、西洋人同士および西洋人と現地アフリカ人との紛争は制定法裁判所が管轄するものとされてきた。また、とくに刑法と行政法の分野での慣習法はほとんど廃止されたが、家族や土地に関するものは残された。慣習法は相当そぎとられたが、すべてのことが分かちがたく結びつけられている共同体では、家族に関する法が影響を与える範囲は、西洋近代法の場合とは比較にならないほど広い。それは社会構造全体にも絡んでおり、その絡み合いのなかで共同体が維持されてきたのである。

近代社会は、迷信やしきたりなど、非合理的な絆から人間を「解放」し、共同体を解体し、あらゆるものを分節化するなかで法と道徳も峻別してきたが、アフリカの伝統的共同体にあっては、伝説や神話、迷信、しきたりなどによって人間が神、精霊、英雄、祖先に結びつけられており、法を宗教や道徳と峻別することはできない。そこにおいては人間同士も結びつけられ、「我々（＝共同体）あり、故に我あり」とされ、自己中心主義は厳しくいさめられる。

アフリカには、「片手では、ひょうたんを頭にのせられない」というガーナのアカン族の格言のように、共同性を強調するものがたくさんある。だからといって、個人の差異性、特異性が否定されているわけではない。それは、多種多様な英雄伝説の存在、つまり理想的とされる人間の多種多様性によって証明される。またアカン族が、「一本の木では森はつくれない」というように、彼らは、人間（一本の木）以前に共同体（森）があるのではなく、共同体の前に人間がおり、多種多様な人間が共同体をつくるとみている。個人の自律性についてコルバ族は、「『これを食べろ、あれを飲め』という他人のすすめでは、熱は下がらないものだ」と言う。ただ人間は、完全なものではないと考えられており、それをアカン族は、「人は椰子の木のように完結的ではない」と言う。自己が完結的でないということは、恐怖、不安、憂鬱などのように、隙間やヒビとして現れる非完結性を埋めようとして、他者を求めざるをえないということである。実際、自己の体内には、他者との出会いを源としないものは何もなく、他者がいなければ、自己は誕生も生存もできない。つまり、共同体が人間以前に存在するわけではないが、自己以前に他者が存在する、と考えられているのである。かくして、共同体の危機に際しては、大人は私欲を犠牲にして共同体を、つまり構成員の生活を守るため、自らすすんで生命や財産を捧げるべきとされている。そうした慣習法が新たな伝説を一つひとつ作り上げ、また、そうした伝説が慣習法を伝統的なものとしてきたのである。

このように、アフリカにおける法の実態は、制定法だけでは把握できない。もちろん制定法化された慣習法もあるが、それらは近代的裁判制度の下で交換的取引によって左右されるものであるから、共同体を維持しうるものにはなっていない。したがって、伝統的司法制度の役割はますます根源的になってきている。アフリカでは、慣習法が適用される紛争は伝統的な紛争解決機関によって解決が試みられた後、慣習法裁判所に提訴されるのが一般的である。こうした慣習法裁判所は、根本的に西洋の近代的裁判所とは異なるが、それが「原始的である」という根拠はどこにもない。現に彼らは、自ら作り上げたその法によって、いくつもの困難な紛争を見事に解決してきたのである。

## 比較と理解

西洋近代法をアフリカの何らかの法と比較するのであれば、本来それはアフリカ近代法であろう。同様に、アフリカ慣習法を西洋の何らかの法と比較するのであれば、本来それは西洋慣習法であろう。エドワード・ブライデンは、ほぼ一〇〇年後やっと評価されるようになった『アフリカの生活と慣習』（一九〇八年）において次のように指摘している。

表面しかみないでアフリカの慣習を非難する者は、歴史を振り返ってみるべきだ。文明世界に法をもたらした偉大なローマには、ウェルギリウス〔詩人、前七〇～前一九〕やキケロ〔作家、政治家、弁論家、前一〇六～前四三〕、ホラティウス〔詩人、前六五～前八〕がすでに現れ、しかも帝政のもとであまねく平和が行きわたっていたその最盛期に、きわめて残忍な慣習があったことに気づくであろう。すなわち高度に文明的な何百人もの人びとが常連として、コロシアムの観客席で、何の敵意もいだいていない人間同士の戦いや、人間と野獣との戦いを眺めていたことを知ることになる。ローマ人観客は、迷信のようなそれなりの理由からなどではなく、流血を見たいというだけの病的な娯楽癖から、男たちが虐殺しあうのを励ましていたのであった(3)。

ブライデンは何と何とが比較されるべきかの判断において公正である。ブライデンが批判したように、何の連続性もないとされたアフリカ慣習法と西洋近代法とを、旧来の硬直した枠組によって全体論的に比較すると、アフリカの後進性がレッテル張りされる結果にしかならず、そこから西洋自身が何かを学びとったり、自己変革したりするという貴重な機会は失われることになる。比較が豊かな成果をもたらすためには、何のために何と何とを比較するかが大事である。理論的には、まったく独自性のない二つの比較は無意味で、まったく非独自性のない二つの比較は不可能である。しかし実際に見られる独自性とは、非独自性と独自性とがじっくり熟成されたなかから、「新たな独自性」として蒸留されたものである。西洋文明はローマ文明により、ローマ文明はギリシャ文明により、ギリシャ文明はアフリカの文明により熟成され、新たな独自性として蒸留されたのである。それゆえ、比較は既存の枠組を超えた新たな独自性に向けてなされなければならない。それゆえ本章では、「もうひとつの地球村」という新たな独自性の構築に向けてそれらが比較されるわけである。しかし、アフリカ慣習法は、比較される前にまず理解されなければならない。

アフリカ慣習法には、近代的人権を超えるものもある。共同体における相互扶助がその例で、近代的な社会保障制度よりもはるかに確実な社会保障となっている。たとえば、ナイジェリアのヨルバ族共同体では、「子どもはたった一人のところに生まれつくが、その育成はすべての者の責任である」とされ、子育てに必要な物は、共同体のどの家からでも無断で借りることができ、どの女性にも子守を頼むことができる。また、そこにおいて産みの親は母乳を与えるとき以外自分の赤ちゃんに触れることができないが、共同体の他の女性はいつでも新生児に触れてよいとされている。こうした決まり事は、産みの親が特別な位置にあることを社会的に中和するためであるという。

子どもの社会教育も、権利でも義務でもない方法でなされる。ケニアのルオ族の場合、お腹をすかせている子どもがいると、女性は誰でも「仕事を手伝ってほしい」などと頼む。頼みを聞く子どもが現れるまで声をかけ続け、それを聞く子どもが現れると、自分の家に招いて食事で歓待する。実は最初から、頼む仕事など何もない。仕事を頼むふりをするのは、子どもを教育するための口実なのである。たらふく食事をいただいた子どもがさっきまで一緒に遊んでいた友達のところに戻ってそのことを話すと、頼みを断った子どもたちは後悔する。これはルオ族の伝統的な教育のシナリオである。大人の頼みごとを聞くとよいことがあるという体験をさせることが、大人の言うことを聞くようにさせる効果的な方法とされているのである。

だが、アフリカ慣習法には女子割礼（大人になるため女性器の一部を切除する通過儀礼）や夫による妻殴打（後述）のように、女性差別と非難されているものもある。たしかに西洋近代法から見ると、それらには「逸脱」と映るところがある。ところが、それらの「逸脱」を西洋近代法と対等平等な位置に置いて見るならば、直ちに明らかになることは、両者には差異があるということだけである。実際、西洋近代法に基づく「市民的及び政治的権利に関する国際規約」（「国際人権B規約」と通称。一九六六年採択、七八年日本批准。一五四カ国批准）は、性差別だけではなく宗教による差別も禁止しているが、アフリカにおける伝統的慣習法の場合は宗教とも分かちがたく結びついている。したがって、国際人権B規約の性差別禁止原則に基づいて女子割礼や妻殴打を性差別と非難する行為は、この原則とともに同規約に定められている宗教差別禁止原則に違反する宗教差別であると批判されうる。これら二つの差別禁止原則の抵触を調整するうえでも、アフリカ慣習法は異文化だということが自覚されなければならない。

異文化は、排斥、同化されるまえに、まず理解されるべきである。すべてのことが分かちがたく結びつけられている共同体における慣習法を理解するには、女子割礼や妻殴打のような個々の制度が、何とどのように分かちがたく結びついているかを確かめなければならない。そうした検証のなかから、通過儀礼を廃止してしまった近代社会の隙間やヒビが見えてくるのである。

アフリカでは、子どもは大人にかわいがられるのに対して、大人は私欲を犠牲にすべきとされ、子どもか大人かによって共同体との関係が一八〇度違う。ところが近代社会においては、大人は子どもを大人と同じように交換的取引（子どもにも商品が定価で売られ、課税される）の相手にし、かわいがるのは親ぐらいである。そして親は、息子や娘が成人しても世話をし続ける。はたして日本などの近代社会における成人式は、子どもに大人としての自覚をもたせうる何かを備えているのだろうか。女子割礼を理解することによってはじめて、近代社会には子どもと大人に理念的な違いがないことに気づかされる。このような視角から、アフリカ慣習法を理解したうえで比較を行うことにより、「新たな独自性」に向けて自己変革がめざされるべきである。アフリカ慣習法も長い歴史のなかで自己変革し、たとえば生け贄の習慣を断ち切ってきた。そもそも伝統というものは、時代の主要な課題に対応できなければ存続しえないので、慣習法も西洋近代法と融合し、自己変革せざるをえないのである。ヨルバ族も、「遺産をあてにすると落ちぶれる」と、変革の必然性を言い伝えてきた。

女子割礼のような、「逸脱」との関係でいま求められているのは、西洋近代の一方的な押しつけではなく、対話によってそれぞれの隙間やヒビから相互浸透を発生させ、お互いに自己変革することである。それは、それぞれの法文化の特異性を差異として迎え入れることから始まる。

## 三　ナイジェリアの司法制度

### ナイジェリア・イバダンの伝統的紛争解決機関

イバダンにはハウサ族やイボ族などもいるが、多くはヨルバ族である。ヨルバ族における最小の社会単位はイディレ（核家族）であり、その長はバーアレ（後述）と呼ばれる。イディレはエビ（拡大家族）のもとにあり、エビの長はモガジ（後述）と呼ばれる。

ナイジェリアでは、モガジは正式な公職である。判例においても、「モガジの同意を得たか」などが判断基準にされている。たとえば、イバダンのオモソウォン家の共有地の第三者への譲渡に関する証書について、その効力の有無を問う一九八九年のナイジェリア最高裁判決は、モガジの同意を得ないで締結された契約は取り消しうると判示した。モガジになるのはたいがい、エビで最高齢の者や最も影響力をもつ者であり、女性がなることもある。ちなみに、この裁判において争点とされたモガジも女性である。

ヨルバ族の最高の伝統的機関は、オルバダン評議会（後述）である。イバダンの政治・行政機構は、一九世紀中葉から文民職と軍事職とで構成されている。文民職にはオルバダン系列（一般行政職）と女性の利益を代表するイヤロデ系列（女性問題職）のポストがあり、軍事職にはバログン系列（上級職）とセリキ系列（下級職）のポストがある。ただし、評議会の裁判長であるオルバダン職には、オルバダン系列とバログン系列のそれぞれのモガジが任期満了ごとに代わる代わる就任するものとされている。

それでは、ハウサ族やイボ族の場合はどうなっているのであろうか。ハウサ族とは、ハウサ語（現在では西アフリカの共通語になっている）を話す人びとの総称である。ハウサ族には、かつてニジェール南部からナイジェリア北西部にかけて七つの中央集権的な王国（ビラム、ダウラ、カノ、カッチナ、ゴビール、ラノ、ザリア）があったが、一九世紀初頭にフラニ族によって征服された。追放された王族らは、ナイジェリア南東部などに移住した。彼らハウサ族は、移住先でサルキと通称されるサルキン・ハウサワという指導者を任命するようになった。現在、イバダンでは市当局によってそれが正式に認証されている。サルキは、他民族との紛争およびハウサ族同士の紛争を管轄する。その補佐官としてマイ・ウングワ（区長）がおり、移民の多くが生活するニュータウン内の紛争を解決する。マイ・ウングワが解決できなかった紛争はサルキに付託され、サルキはウバン・ガリ（長老委員会）を招集し、イスラーム法に基づいて紛争を解決する。サルキは宗教指導者でもあるので、その判決は神聖なものとされる。またイバダンのサルキは、社会的弱者の指導者を任命する。視覚障碍者の指導者はサルキン・マカフィ、身体障碍者の指導者はサルキン・グルグと呼ばれ、軽微な紛争を解決する。

次に、一九六七年にナイジェリア南東部（イボランドと呼ばれる）で「ビアフラ共和国」の独立を宣言（七〇年に内戦が終結し、消滅）した以外には統一国家をもったことのないイボ族の場合はどうか。彼らはナイジェリア南部各地に住んでいるものの、昔から「汎イボ主義」と呼ばれる強力な同族意識に基づく相互扶助で結びついてきた。たとえば、優秀な青年がいると皆が学費を出しあってナイジェリア内外で高等教育を受けさせるなどの支援を行ってきた。一方、核家族内の紛争は主権的権限をもつ父親により慣習法に基づいて解決され、父親はウムンネ（拡大家族）やウムンナ（血縁集団）において家族の利益を守る責任を負うとされている。父親がこれを果たせないと長男がこれに代わり、そこで解決できない紛争はウムンナなどにも付託される。判決は、イボ族の「心の故郷」とされるイボランドのオビ（王）、エゼ（血縁集団の長）などが下し、イボランドの長老たちがそこから遠く離れたイバダンにも司法権を行使してきた。イボ族には国家はないが、イボランドに権威を集中させ、国家的なネットワークを機能させているのである。したがって、その判決は、同族意識の象徴として尊重され、制定法裁判所に提訴されることはほとんどないという。

### バーアレ

ヨルバ族にとってイディレ（核家族）の長であるバーアレは、家族の絆の象徴であり、イディレ内の紛争の調停者として、その解決案は尊重されるべきものとされている。一夫多妻制のもとでの妻たちや家族間の紛争、子どもの登校拒否や喧嘩、および他のイディレとの紛争は、このバーアレが管轄する。イディレ内の誰かが他のイディレの誰かに不当に被害を与えたときには、それが解決されたあと、加害者側のバーアレは正式な謝罪のため被害者側のイディレを訪問し、解決を受け入れてくれたことに感謝する。そのあと直ちに自分のイディレに戻り、家族を集め、これ以上面倒を起こさないようにと警告する。

子どもの育成は各イディレ内に委ねられているが、子どもの喧嘩を傍観する者は「よき人」ではないとされているので、喧嘩を目撃した近隣者が間に入って解決することもある。しかし、親の介入なしには解決できないと判断したときは、親に報告される。報告を受けたバーアレは、直ちにこれに対処する。事が重大な場合には、すべての家族が帰宅する夕食の時間のあとまで裁定がもちこされる。家族全員がバーアレの前に呼ばれ、その罪について説明を受け、裁定は家族全員への抑止になるよう皆の前で言い渡される。

また、一夫多妻制は妻たちの間に紛争を頻発させる。妻たちは罵倒しあったり、叩きあったりすることもある。それに対して夫は、往々にして一方の側に味方することになる。ヨルバ族の宗教は祖先信仰なので、紛争が妻の実家を巻き込むときには、その妻によって（信仰上は祖先によって）黒魔術が行われ、毒が使われることもある。ところが、妻たちの間の紛争において、夫はつねに公平な立場を守れないので、事件はエビ（拡大家族）の長であるモガジに持ち込まれる。

### モガジ

妻たちと夫がモガジの部屋に呼ばれると、そこには、エビ内のすべての長老や有力者が陪審員として待ちうけている。モガジの影響力は、今日では近代的な制定法裁判所や行政機関に奪われてしまったので、多くのモガジはその裁定に実効性をもたせるため、エビ内の有力者に協力を要請しているのである。当事者は「ひざまずいて述べるように」とモガジに勧められ、若い方の妻が最初に発言する。続いて年長の妻が発言する。そして、すべての妻たちの意見陳述のあと夫が発言する。これらの手続きには、アラリナ（仲人）や妻たちの両親も参加できる。紛争の原因を調べ、その解決方法を見つけるため、地域内の他の女性たちの意見も求められる。モガジは長老の意見を求め、討論ののち裁定が言い渡される。

妻たちが陳述する際、長老たちは「人前で家族の恥をさらすことのないように」と忠告する。当事者であれ、アラリナや妻たちの親、近隣の女性たちであれ、証言は事件に直接関連する内容に限られ、関連性のない家族の秘密は証言できない。審理の結果、紛争の原因について夫の方に非があると裁定されれば、妻たちは慰められる。しかし、納得できない妻たちは、「二度結婚しないと本当の結婚はわからない」という格言を実行に移すかもしれない。妻たちに非があるとされた場合には、夫は妻たちを許すよう求められ、また妻たちの親は、娘に同じ過ちを繰り返さないよう注意すべきだと要請される。このように、紛争が妻たちの間で始まったとしても、往々にしてそれは、夫婦の問題に発展する。

ヨルバ族は、結婚生活を維持するための奥の手として、夫による妻殴打を認めている。妻を殴打することは婚姻継続の意思表示だとされ、男女間の微妙で複雑な問題を「憑き物を落とす」ように解決し、離婚の危機を克服するための切り札だとみなされているのである（これに対し、離婚の意志表示は、妻を殴打するのではなく、妻の持ち物すべてを外に放り投げ、妻がそれらを拾って立ち去るのを待つことによって表される）。

もちろん、妻殴打はけっして望ましいことではない。しかし、一方の近代社会に、男女間の微妙で複雑な問題を解決するための決め手があるわけではない。われわれはむしろ、アフリカの妻殴打を「野蛮だ」と決めつけるのではなく、近代社会にも通じる問題として、この微妙で複雑な問題を考えるべきではないだろうか。

## オルバダン評議会

ヨルバ族の間では、モガジが解決できなかった紛争はオルバダン評議会に付託される。先に触れたように、同評議会の裁判長はオルバダンと呼ばれている。また、他の評議員はバログン系列（軍事上級職）とオルバダン系列（一般行政職）の長老や有力者からなり、おもに陪審員の役割を果たしている。同評議会は、植民地化以前には死刑を宣告する権限もあったが、今日では土地、相続、モガジ任命などをめぐる紛争の仲裁役にすぎない。ただし、長期にわたる政治的対立については、任期が限られている地方政治家の手には負えないので、長いあいだ尊敬されながら住民と関ってきた同評議会にその解決が委ねられる。最も多いのはモガジ任命に関する紛争だが、それはモガジになることがオルバダン職への第一歩となっているからである。一九八二年にイバダンのソダン拡大家族《エビ》内で、オグンソラ家とバカレ家のどちらからモガジを任命するかで紛争が発生した。エビ内で解決できず、同評議会に付託されたが、評議会も手に負えず、結局どちらもモガジになれるようエビ内に二つのモガジ・ポストがつくられた。解決が困難な紛争では、オルバダンが身銭を切ることもあるという。

オルバダン評議会の審理は一般的に次のように行われる。審理当日、当事者は建物の入り口で座って待つ。評議員が着席し、「神のご意志に従って正義を行うことができるよう、神が評議員に知恵を授けられますように」という開会の祈りが建物内にこだまするると、当事者が招き入れられる。上申書がある場合は、書記官がそれを読みあげることで審理が始まる。上申書がなく、当事者が口頭で証言する場合には、その前に、女性であれば、跪いて伝統的な口上を述べる。男性であれば、ひれ伏して「カビィェシ」（誰も判決を疑いません）と三回言う。それは、「オルバダンの権威を認め、どのような裁定が下されようとも受け入れます」という意味だという。当事者が証言している間、相手方当事者は起立している。当事者は、証言する際、相手に暴言を吐いてはならない。また、当事者が格言を援用する際には、評議員の長老たちに敬意を表して「長老たちの言葉に従えば……」と言い添える。格言は長老が語り継ぐものなので、若い者が長老の前でこの一言を怠ると「無礼である」とされる。格言の援用を間違えれば、直ちに問題にされる。

当事者による証言がすべて終わると、評議員が尋問する。ヨルバ族の格言では、「一人の証言だけで判断を下すのは、よこしまな長老だけである」とされている。評議員たちは地域の有力者を知り尽くしているので、尋問で当事者から真実を引き出すことは困難ではないという。正しい格言の使用と、偽証を見破る情報網とによって当事者間の認識のズレが狭められ、最終的に人間関係が修復、構築されるのだという。

ヨルバ族の伝統的な司法制度では、損害賠償が裁定されることはない。その制度目的が、人間関係の修復・構築にあるからである。たしかに、反社会的行為の再発抑止策として地酒などが「罰金」として科されることもあるが、それは神々や祖先への貢物であり、仲直りの証として皆にふるまわれる。それでも解決されない紛争は、制定法上の裁判所に提訴される。

## 制定法上の司法制度

ナイジェリア憲法第一章第七条二項は、伝統的共同体の尊重を次のような内容で定めている。地方自治体の境界線を画定する際は「地域共同体の共通利益」および「共同体の伝統的な結びつき」を配慮すべきである、と。慣習法などの多元的な司法制度については「第七章 司法」において規定されている。

連邦レベルの頂点にある最高裁判所の構成について、同憲法第二八九条（第七章）は、大統領が最高裁判事を選任する際、イスラーム法と慣習法の双方の専門家を入れるよう義務づけている。同憲法第二八八条（第七章）では、「イスラーム法の専門家」とは、「一五年以上、ナイジェリアにおいて法曹経験があり、その資格を有してきた者」で、かつ「全国司法協議会が認める機関からイスラーム法の公認資格を得た者」とされ、「慣習法の専門家」とは、法曹実務経験と有資格期間はイスラーム法の専門家の場合と同様に一五年以上で、かつ「全国司法協議会によって慣習法の相当な知識と実務経験を有するとみなされた者」とされている。

最高裁のもとに連邦高等裁判所と連邦控訴裁判所がある。ナイジェリア憲法は、連邦高等裁判所の構成については具体的に定めていないが、連邦控訴裁判所については裁判官は四九名以上とし、そのうちイスラーム法と慣習法の専門家がそれぞれ三名以上と規定されている。ここでの「イスラーム法の専門家」「慣習法の専門家」の要件は、有資格者であった期間と法曹実務経験の期間とが一二年以上とされている以外は、最高裁判事の場合と同様である。連邦政府の直轄とされている首都アブジャには、近代的制定法を適用するアブジャ連邦首都高等裁判所、イスラーム法を適用するシャリーア首都高等裁判所、伝統的慣習法を適用する慣習法首都高等裁判所がある。シャリーア首都高等裁判所の裁判長と裁判官はイスラーム法の専門家で、慣習法首都高等裁判所の裁判長と裁判官は慣習法の専門家とされている。

各州には、上級審として、近代的制定法の州高等裁判所、イスラーム法の州シャリーア控訴裁判所、慣習法の州慣習法控訴裁判所がある。州シャリーア控訴裁判所は、イスラーム法上の民事事件を管轄するほか、州法により付与された管轄権も持つ。一方、州慣習法控訴裁判所は、慣習法上の民事事件を管轄する。ナイジェリア憲法「第三付属書」第三部第六条(c)では、これらの州控訴裁判所に控訴できるのは、州の下級審である地方裁判所、治安判事裁判所、地区慣習法裁判所のいずれかで判決を下された事案のみとされている。地区慣習法裁判所は、慣習法、州法、条例を適用する。これら下級審から州控訴裁判所に控訴することができ、州控訴裁判所からだけ、連邦控訴裁判所を経て、最高裁に上告できる。だが、一般の人びとが州控訴裁判所に訴えるのは稀だという。

## おわりに

イバダンにおける司法制度の多元主義は、一元的な西洋中心主義を「文明的」と思い込み、これとは異なる文化・文明を忌まわしいものと蔑視、排除してきた者に多くの示唆を与え、新たな認識枠組の創造を促す。とりわけグローバル化の現代においては、自己中心主義のグローバル化に対抗するため、他者の差異を迎え入れる枠組の創造が緊要であり、司法もその例外ではない。

日本はまだ、他者性の承認そのものが問われている段階にとどまっている。日本の司法が他者の差異を迎え入れようとしない原因はどこにあるのだろう。それは、近代以降の日本が、自己の独自性を育みながら西洋をその内側に刻み込んできたのではなく、自己を全体論的に否定しながら西洋近代に同化してきたせいかもしれない。自己の独自性の喪失は、倫理を消滅させ、他者の独自性を認められなくし、ひきこもりと擦り寄りを循環させる。

ある寒い日、二匹のヤマアラシが身体を温めあおうと身体を擦り寄せると、お互いに針が刺さって痛い。痛いから離れてひきこもると寒い。寒いのでまた擦り寄るが、針の禍が繰り返され、苦悩する。人間も文化・文明も「ヤマアラシのジレンマ」に陥る。ヨルバ族いわく、「近さは軽蔑を生み、距離が尊敬をもたらす」。針は刺さらないが温もりを感じる位置を見つけるには、他者と「分離かつ結合」するしかない。

日本にとって真の他者は、アフリカなどの非西洋にしかない。そして、他者である非西洋の司法を迎え入れることを可能にするのが国際人権の三層構造（「絶対的人権」「普遍的人権」「相対的人権」）である。それらは、国際人権B規約において合意されたものであり、自己と他者とを「分離かつ結合」させうるものである。

自己と他者とを「結合」するもの、それは、「絶対的人権」（生命・身体の自由と、差別されない権利）や「普遍的人権」（先住権や少数者の権利など）の保障によって現れる。それらが他者の迎え入れを可能にし、自己中心主義に歯止めをかけるのである。それと同時に、国際人権B規約は「相対的人権」（表現・結社・信仰の自由など）を、各国がその独自な文化に適合させうる多元的なものとして規定しており（国内人権）、それによって「分離」が可能にされている。これは世界の全体主義化を妨げうる人権である。

国際人権としての「絶対的人権」と「普遍的人権」は、国内裁判所においても適用さなければならないものであるが、日本の裁判所においては必ずしも適用されていない。それらが「適用」される場合でも、「間接適用説」（国際人権を法としては不適用とし、参考資料として考慮すべきとする説）がとられ、法であることを否定され、国内法規定を解釈する際のたんなる参考資料とされている。それらを不適用とすることは、「国際法規は、これを誠実に遵守することを必要とする」と定めた日本国憲法第九八条に違反するだけでなく、他者を迎え入れる「結合」も不可能にしている。その一方で日本の司法は、「相対的人権」において認められている差異を迎え入れようとはせず、国内人権だけが普遍的だと決めつけている。

しかし、人権保障の普遍性と人権内容の普遍性とが混同されてはならない。つまり、人権とされている諸権利は普遍的に守られるべきだが、「相対的人権」については、その内容が多様でよいとされているのである。もし日本の国内人権の内容が普遍的であったとしたなら、アフリカを含むすべての国々においてもそれが採用されているはずであるが、実際にはアフリカ慣習法はそれと同一ではない。日本や西洋の国内人権の内容が普遍的であるとする見方は、他者を迎え入れない全体主義である。他者が迎え入れられず、「分離」が不可能にされているところでは、他者の権利の自発的な尊重は望めない。そして、法の自発的遵守を促進できない司法制度は、いずれ自滅する。

法が自発的に遵守されるためには、他者の差異性、特異性が歓待的に迎え入れられる多元的な司法制度を構築しなければならない。それこそが文明的なのであり、「もうひとつの地球村」をめざす司法のあり方なのである。

## 注

（1）Blyden, Edward W., *African Life & Customs*, The Sierra Leone Weekly News, 1908, pp.30-31.
（2）Marcus Aurelius, *Mediations*, vi, 167, para.54.
（3）Blyden, Edward W., 前掲書、p.59.

## 参考文献

片岡幸彦編『地球村の行方』新評論、一九九九年。
片岡幸彦編『地球村の思想』新評論、二〇〇一年。
Albert, I. O. et al., *Informal Channels for Conflict Resolution in Ibadan, Nigeria*, *IFRA*, University of Ibadan, 1995.
Bernal, Martin, *Black Athena*, Vol. 1, Vintage, 1991.
Coetzee, P. H. & A. P. Roux (eds.), *The African Philosophy Reader*, Routledge, 1998.
Dallmayr, Fred. *Alternative Visions: Paths in the Global Village*, Rowman & Littlefield, 1998.
Eze, E.C. (ed.), *African Philosophy: An Anthology*, Blackwell, 1998.
Killa, A. A., *Òwe - Yoruba Proberbs*, Akada Press, 2003.
松本祥志「異文化としてのアフリカ慣習法」『地域文化研究』第五号、二〇〇一年。
松本祥志「アフリカ諸国」『インターネット法情報ガイド』日本評論社、二〇〇四年。

毎年三月のカーニバルには、トリニダード・トバゴの首都ポート・オブ・スペインの路上は揃いのコスチュームを着飾った人びとであふれかえる。

第8章

# カリブ世界に見る「もうひとつの地球村」

## 「揺れ」の美学を基盤として

山本　伸

## はじめに――「揺れ」の美学

精神の「異化」と「回帰」――これは、人が社会に生きるうえで私がもっとも重要だと考えるキーワードである。それは日常と非日常の間の「揺れ」と言い換えることもできる。日常を異化、すなわち非日常化し、ふたたび日常に回帰することによって、それまでの日常はより客観化され、「その場にいながら少し距離を置いたような感覚」が生まれる。その感覚は、自らが属する独自世界に対する客観的位置付けをより明確にし、そのことで再確認された自文化への自信と信頼は強化され、個人の実存的充足度は高くなる、というのが私の考えである。くしくも同じようなことを、エドワード・サイード（一九三五～二〇〇三）が『ペンと剣』のなかで、イスラムの巡礼を例にとって次のように述べている。

巡礼という行為において、国外に移住し、やがて戻って来るということが非常に重要なのです。人はこの両方を行う必要があります。帰還と異郷放浪《エグザイル》。どちらか一方だけではだめなのです。(1)

ここでサイードの言う「いって、もどる」という行為と、カリブの文学作品において私がつねづね感じてきた「揺れる」という概念は、きわめて似た本質を持ち合わせているように思われる。一つところに留まれないことを否定的にとらえる見方――たとえば、「根無し草」であるとか、「猿まね師」であるといった――は、カリブの文化や社会を語るうえで再三繰り返されてきた言説であるし、カリブの歴史がもたらした人工的な移住によって生み出されたアイデンティティの揺れは、「アメリカ黒人文学の父」と呼ばれる作家のリチャード・ライト（一九〇八～六〇）によって「揺れる梯子」（shaky ladder）と、困難の象徴にたとえられた。(2)しかし、逆にその「揺れ」がカリブにもたらしたものが少なくないことは、その文学を見れば一目瞭然である。ヨーロッパによる植民地支配によって、同化と異化そして融合を繰り返してきたこの地域は、いわば、現在のグローバリゼーション現象の本質を先進的に経験したといってよい。つまり、グローバリゼーションという一方向への過度の動きが現代世界を定まった枠組みに押し込めようとしているなかで、このカリブ的「揺れ」には、それに抗する何らかの新しい方向性を示す、むしろ、肯定的な本質が含まれているのではないかと思われるのである。

そこで本章では、植民地支配や奴隷制、異人種混交が引き起こした「葛藤」の余波であるさまざまな「揺れ」が、ひいてはカリビアン・ダイナミズムを生み出す原動力となってきたことを文学的に明らかにしながら、今後、それが現代世界を凌駕しつつあるグローバリズムに対抗するための大きな哲学的オルタナティヴとなり得るのではないかという提言を導き出すことで、カリブ発の新たなる「地球村」のあり方を考えていくことにしたい。

## 一　「揺れ」て「揺られ」たカリブの歴史

この地域の歴史が最初に大きく動いたのは、かのクリストファー・コロンブスが一四九二年に大西洋への冒険航海に成功したことによる。マルコ・ポーロの『東方見聞録』を愛読していたコロンブスが、当時不況にあえいでいたスペインの女王イサベルから資金援助を取り付け、めざしたのが日本だったというのはあまりにも有名な話だ。『見聞録』に記された「黄金の国」の金が目当てであったことはいうまでもない。ところが、当時のイタリアの天文学者トスカネリが作成した地図には、大西洋を隔ててヨーロッパと日本が向かい合って描かれていた。すなわち、南北アメリカ大陸の存在が欠落していたのである。かくしてコロンブスは、日本ではなくカリブ海のサン・サルバドル島を経てエスパニョーラ島へとたどり着くわけであるが、さすがに、『見聞録』から描いていた日本人のイメージとは程遠いその地の人びとを見て、彼はそこをインドだと思い込む。今日、カリブ海地域から北米およびラテンアメリカの先住民をインディオと呼んだり、インディアンと言ったりするのは、その名残である。

日本に到達するという当初の目的は果たせなかったものの、コロンブスは大西洋航路を開拓することに成功した。増田義郎によれば、エスパニョーラ島到着当初は、実際に金の発見に成功し、採掘は一五一五年頃までは順調に続いていたことが確かめられており、カリブの島には金が出なかったためにコロンブスの面目は丸潰れになったという俗説は誤りとのことだ。(3) しかし、まもなく金の産出高は減少の一途をたどり、その代わりとして登場したのがサトウキビ栽培による砂糖産業だった。先住民は強制的に使役に駆り出され、生産された砂糖はヨーロッパに巨万の富をもたらした。こうしてコロンブスは、スペイン側からすれば真の英雄となり、カリブ側からしてみれば、略奪と搾取のきっかけを作った大悪党となった。いずれにせよ、彼の航海のもっとも重要な意味は、そのことによってヨーロッパ世界が初めて非ヨーロッパ世界に接触したという点にある。彼の航海を口火に、その後何世紀にもわたってカリブはヨーロッパ世界に代わる代わる植民地支配され、その運命を翻弄されることになる。

カリブの気候・風土を利用した大規模農作物栽培、つまりサトウキビプランテーション農業は、カリブの島々の生態系を完全に変えてしまうまでに島を開墾し尽くしただけでなく、(4) 幾万という数の先住民の命と自由を奪った。虐殺と強制労働以上に、先住民はヨーロッパ人が運び込んだ伝染病によって壊滅的な打撃を受け、その数を一挙に減らす。こうしたあとを補う労働力として運び込まれたのが、アフリカ系黒人であった。いまやカリブの顔であるアフリカ系の人びとは、先住民労働力補充の目的で強制的に移入されたのだった。すなわち当初の先住民も、のちのアフリカ系人も、ともにヨーロッパの経済活動に欠かせぬ存在として使役されていたのである。エリック・ウィリアムズが主著『資本主義と奴隷制』において、奴隷制の隆盛と衰退は近代資本主義経済が最大の要因であると主張したように、(5) 植民地支配の軸にすえられていたのは、ヨーロッパ中心の経済活動に他ならなかった。

一八三四年、奴隷制が廃止されても、この軸は揺るがなかった。アフリカ系人の代替労働力としてインド人*が数多く移住したが、契約労働者とは名ばかりで、実際には奴隷に等しい生活を強いられた。その労働がいかに過酷で、彼らがいかに絶望的な精神性に打ちひしがれていたかは、たとえば美化された農薬自殺**に象徴されるように、インド系作家による文学作品の主要なテーマとなった。労働力を搾取され続けたという点では、アフリカ系奴隷同様、さらにはその後一八六一年以降に移住してきた中国系人と並んで、彼らもまたヨーロッパによる資本主義経済の犠牲者であったと言って間違いない。

＊カリブの人びとの総称である「西インド人」（West Indians）と区別するために、彼らは「東インド」（East Indians）と呼ばれる。
＊＊これはとくにインド系人女性の間でしばしば起きたもので、多くは連日の重労働によるストレスから夫が引き起こす家庭内暴力に耐えかね、夫以外の男性への想いを秘めつつ、死を選ぶというものだった。

しかしその一方で、このようなさまざまな人種・民族の流入が、結果的にカリブ独自の複合多民族的特質を生み出したこともまた確かである。たとえば今日のトリニダード・トバゴ共和国（以下、トリニダード）の場合、アフリカ系人とインド系人が約四割ずつに均衡し、中国系人はわずか数パーセントに過ぎないが、中国系人は経済的には優位な立場にあることから、この三者はそれぞれ主要な構成人種となっている。アフリカ系人とインド系人の人種摩擦はよく知られるところであるが、片やその混血女性である「ダグラ」がミスユニバースに選ばれ、人気を博すという側面があることも事実である。

この例に見られるように、歴史的に見てカリブ社会は、片や支配者としてのヨーロッパとの関係、片や互いに異文化に暮らす同じ被支配者同士の関係という、いわば縦と横の社会的、人種的、文化的な離反と融合を繰り返してきた地域であり、その意味では、それぞれの民族や文化が自らのスタンスを「立体的」に身につけてきた地域であるとみなすことができる。このことをして、今日、現代世界において深刻な問題となっている文化的摩擦や民族対立への解決策を探るうえで重要な視点になると見る考え方は、すなわちきわめて妥当だといえるのではないだろうか。

## 二　「カーニバル」に「揺れ」る

カリブの文化と社会を語るうえで、カーニバルは重要な位置を占めてきた。かつてはフランス人植民者によるキリスト教の儀式のための祭りだったものが、反乱を抑えるための「ガス抜き策」として黒人奴隷へと開放され、奴隷たちは白人をまねつつも、音楽や踊りや衣装など、自らの独自性によってさまざまな趣向を凝らした形にカーニバルそのものを作り変えてきた。奴隷制廃止後は、新たに流入したインド系や中国系といった現代カリブ社会を支えるさまざまな人種が参入し、それぞれの民族性を加味することで、カーニバルはさらに複雑な様相を呈するようになった。そして、そのような移り変わりとともに、カーニバルには新たな意味付けも加わってきている。

トリニダードの代表的作家の一人、アール・ラブレイス（一九三五〜）の短篇集『ちょっとした変化』[6]のなかの一篇「真夜中の大泥棒」は、変わらないカーニバルの意味を的確に代弁した作品である。カーニバルが終わった翌日、主人公の大工ジョウブの周りは一段と騒がしくなる。離婚した妻への慰謝料の支払い命令が裁判所から出ているにもかかわらず、ずっと未払いのまま姿を隠していたからだ。作業場の表では警察が見張り、大工仲間たちは彼の話で持ちきりである。仲間の意見は大きく二つに割れる。彼を批判する側は、法律上正式な夫だったのだから元妻の生活費を払って当然だとし、擁護する側は、カーニバルが済むまでは持ち金のすべてをマスカレード*につぎ込むから払えるわけがないと同情した。ここで意見を真っ二つに分かつものは、カーニバルへの価値観である。批判する側は近代法という杓子定規な取り決めを善悪の基準としているのに対し、擁護する側は必ずしもそうではない。むしろ、そのような近代法では計りきれなかったり、決めきれなかったりする領域を重視しようとする。かといって法をまったく無視するわけではなく、実際、作品はジョウブが「カーニバルが済んだからもう法に従って捕まってもかまわない」と言って、自ら警官に申し出て逮捕される場面で終わる。つまりラブレイスは、カーニバルを「新たな秩序に基づく近代社会に生きつつも、本来の伝統的価値観を再確認し表現する機会」として描いているのである。彼は、文化伝統だけを絶対視することの非現実性を、批判派を描くことで同時に示しながらも、伝統が近代によって根こそぎ持っていかれることの危険性を主張しているのだ。

＊さまざまなテーマ性をもった仮装のこと。黒人奴隷が参加を許された当初は白人領主の格好を真似ることから始まったという。

カーニバルの三大要素の一つはカリプソ（トリニダード発祥の社会を風刺するポピュラー音楽）。その代表的歌手デヴィッド・ラダー（一九五三〜）は、もうひとつの側面からカーニバルをとらえようとする。彼はカーニバルを「国が一つになる瞬間」と考え、トリニダードじゅうの人びとが人種や文化の違いを超えて協調することのすばらしさと大切さを訴える。いうまでもなく、その背景にはトリニダードの複雑な人種関係があり、「異なる」者同士の理解と共存は彼の歌うカリプソの主要テーマの一つでもある。ラダーに限らず、歌詞が社会批判的であるという点はカリプソ音楽の大きな特徴であるが、その意味では、カリブの社会が抱える問題を感度鋭く察知し、批判なり主張なりを歌にし発信するカリプソは、いわば社会のモニターとしての批判的役割を担っているともいえる(7)。彼のアルバム『見知らぬ土地のお話(8)』に収められた「消え行くパンヤード」は、カーニバルには欠かせないスチールドラムの練習場所である通称パンヤードが、開発の波によってどんどん消えつつあることを批判する歌である。パンヤードは人種や世代を超えたさまざまな人びとが出入りする場であり、友情や連帯を育んできた場でもある。ラダーはカリプソを通して、人びとの絆や愛情といった、まったく利害に影響されないものを生み出すかけがえのない空間を、そして利害のみを目的とした開発の嵐が次々と押しつぶしていくのを目の当たりにする悲しみと怒りを、カリブ社会へとぶつける。その辛らつな歌詞とは裏腹に、そこにはただひたすら「人が人らしく平和に暮らしていけるように」というラダーの一途な願いが強く込められている。

これら二人の表現者が重要視するカーニバルは、いわば「揺れ」の集合体とみなすこともできよう。日常さほど接触することのない複数の異文化が互いに顔を出し、近代的なマスカレードと伝統的なマスカレードがぶつかり合う場所で、人びとの意識は「自文化と異文化」「近代と伝統」のはざまを激しく「揺れ」動く。そしてそのような「揺れ」を通して、より人間らしく生きるためには近代と伝統のバランスはどうあるべきか、異人種・異文化間の摩擦はどうすれば払拭できるのかを、意識的あるいは無意識的に考えるのである。

豊かな「過去」と切り離され、実りある「未来」も保障されないまま、ひたすら無機的な「現在」だけを刹那的に生きることを余儀なくされてきた人びとにとって、カーニバルはそれぞれの民族の過去を再生し、現在を有機化するだけでなく、明るい未来への希望を模索する象徴的一大文化行事なのである。

## 三　「記憶」と「現実」のはざまに「揺れ」る

ここで今一度、冒頭で述べた「異化」と「回帰」、あるいはサイードの言う「異郷放浪《エグザイル》」と「帰還」という概念に戻りたい。この重要な意味は、「いったん日常の生活圏を出て、ふたたび日常の生活圏に戻る」ことにあるが、たとえば、ハイチ出身の作家エドウィージ・ダンティカ（一九六九〜）の文学はその要素を多分に含んでいる。彼女は一二歳のときにアメリカに移住した、現在もっとも活躍しているアメリカ文学界の若手ホープの一人であるが、その創作の原動力がハイチとマイアミという二つの「ホーム」を行ったり来たりすることにあるのは明確である。移民として法的にはアメリカ人になれたことを喜びながらも、アメリカの政治や社会を批判することを忘れない姿勢や、ハイチを文学的素材として扱い続ける点などがその大きな理由だ。

そんな彼女の文学を大きく特徴づけるのが、精神世界と現実世界を往来する視点の移動であり、彼女は「死者の世界」と「生者の世界」の間をひっきりなしに往来する。彼女は、「目に見えないもの」「形にはならないもの」への信念と信頼が軸となって展開する世界を積極的に描くことで、その意味と価値を強烈に読者に印象付けようとする。作品に頻繁に登場する「死」や「墓」は、彼女の文学においては「生」や「現世」とまったく同じレベルで扱われるのである。

最近の著作に『アフター・ザ・ダンス』[9]がある。これはハイチのジャクメルという地域のカーニバルを取材した紀行文であるが、そこにもこのダンティカの精神世界への考え方が色濃くにじみ出ている。たとえば「死者のカーニバル」の章は、次のような書き出しから始まる。

私はいつも墓場に行くのを楽しみにしている。死者が眠り、生者が祈るその場所は、いわば入り口のようなものである。その土地の人びと——生きている人も死んだ人も——の暮らしぶりを知ろうとするならば、墓場こそが事始のもってこいの場所だと私は考えるのだ。

ダンティカは、「死」と「生」が絶えず交流する場として墓場をとらえている。墓場の前に立つ人びとは、死者の霊に祈りを捧げている間、しばし「過去」へと、そして「見えない精神世界」へと旅をすることになる。すなわち、「過去と現在」「記憶と現実」のはざまに「揺れ」るのである。

同種の「揺れ」は、彼女の代表作の一つで全米図書賞にノミネートされた短篇集『クリック？クラック！』[10]にもふんだんに描かれている。そのなかの「カロリンの結婚式」という作品の核になっているのは、もはやこの世にはいない父親の存在である。具体的にこの父親は「夢」という手段を通して頻繁に娘たちの前に現れては、彼らを未来へと導く役割を果たす。ダンティカが、夢のなかに出てくる父親の言動が現実に娘の行動を規定することを描くのは、過去と現在すなわち死者と生者をつなぐ「記憶」というデリダ的精神行動こそが、じつは「現実」を生きるうえでもっとも重要なのだという信念を強く抱いているからに他ならない。人間の意識が「記憶」と「現実」を往来することで、人の生というものが単純に寿命によってのみ計られるものではなく、また「見える現実」だけが生活の基盤であるとは限らないということを示唆するにとどまらず、むしろ、そのような「見えない記憶」こそがわれわれの生活を支えているのだという主張を、彼女はハイチの伝統文化を基盤にしながら、アメリカという近代社会のなかで積極的に繰り返すのである。

＊ジャック・デリダ（一九三〇～二〇〇四）は、たとえば「本質とみかけ」のような二項対立を前提とする西洋哲学の原理を不可能として「脱構築」した。

## 四　グローバリゼーションの波に「揺れ」る

ジャマイカ出身の作家オリーブ・シニア（一九四一～）の創作における特徴の一つは、グローバリゼーションに「揺れ」るローカルというモチーフを通してカリブの現在を描くことである。

短篇集『帰ってきたヘビ女』(11)に収録されている「鳥の木」の主人公ノリーンは、母親によって象徴的かつきわめて対照的に扱われる都会と田舎の生活的、文化的価値観のはざまで生きる少女であった。きわめて中央思考の強い母親は、娘の夏休み中、最初はジャマイカの田舎にある親戚の家に遊びに行かせていたが、そのうちマイアミにコンドミニアムを買って、アメリカに連れて行くようになる。話は成長したノリーンが母親に勧められるままに結婚し、

「子どもの教育のため」と大学講師の夫に勧められるままにマイアミへと別居した後、夫と秘書の女性との浮気が発覚する場面でクライマックスを迎える。夫と秘書に乗っ取られそうになっていたジャマイカの家を、彼女は母親の助けさえも借りることなく、生まれて初めて独力で取り戻そうと決意してキングストンへと乗り込んでいくのである。それまでは母親の近代主義的でアメリカ中心主義的な思考に対してとくにこれといった抵抗もせずに静かに身を置きつづけてきたノリーンが、初めて自主的自発的に自分の意思を表に出す決意をしたという意味で、この場面はきわめて重要な意味を持っている。

この凛とした眼差しは、さまざまな問題を抱えながらもたくましく生き抜くカリブの人びとの明るい未来を予見させる。

主人公のこの変化のきっかけとなる象徴的な存在が、タイトルにもあるように家の庭に生えていた鳥の木である。夫が仕事に出たあと、彼女は暇に任せてその木に出入りする鳥たちの縄張り争いを見るうちに、たとえ力のない小さな鳥であっても雛を守るためには大きな敵にさえ立ち向かっていく姿に鮮烈な印象を受ける。この時点で想起するのは、彼女が一本の鳥の木を通して見た自然の営みに触発されるような形で自我に目覚め、弱者としての自己を意識しながら、強者に立ち向かっていくことを恐れない精神性を構築するといった成長の形である。しかし、その重要かつ決定的な伏線として、夏休みごとに訪れた田舎での体験がふんだんに描写されていることから考えれば、シニアがこの作品を通して語ろうとしたことが、「自然の摂理に学ぶ」といった単純な思考ではないことが見えてくる。むしろ、何十種類もの薬草の知識から迷信や伝承遊びまで、たとえジャマイカであってもキングストンのような都会的生活のなかではけっして学べない「ペザント（農民）の知恵」と呼ぶべきジャマイカの農村的英知や哲学がノリーンの自己実現を果たす重要な鍵となっている点こそ、重要なのである。

このようにシニアの基本的理念は、グローバルな現実的生活環境とローカルな価値観との間での「揺れ」、つまり「グローバルとローカルの意識の双方向性」こそが近代を生きる人間の実存的核となり、またそれが大いにポジティブに働くということに深く根ざしているのである。

## 五　人種のはざまで「揺れ」る

中国系作家ウィリー・チェン（一九三四〜）の視点はきわめて特徴的である。たしかに人口比的にはわずか数％に過ぎないとはいえ、その経済的優位さゆえにカリブ社会にしっかりと根をおろしている中国系に作家が極端に少ないのはどうしてなのか。それには、カリブ社会の主要構成民族であるアフリカ系とインド系の存在が大きく関わっている。

奴隷として連行されてきたアフリカ系人と契約労働者として後からやって来たインド系人の間には、「カースト的観念による黒人への差別意識と本国からの落人としてのインド系人への軽蔑[12]」という感情的な対立があり、このことについてはカリブの文学は少なからず扱ってきた。そんななかで中国系人の描かれ方はというと、だいたいは雑貨屋の店主やバーテンダーのように、レジやカウンターを隔てた場所に一歩下がって身を置く消極的な存在でしかない。言い換えれば、自己主張をしない中国系人というイメージが定着しているのだ。このことは文学活動という自己表現の場においても反映され、作家の数の少なさは必然の理となる。しかし、これは中国系人が自己主張能力に乏しいということを意味するわけではない。一つの移民的戦略として、彼らは自己主張することから敢えて一歩引き下がったのである。

先にも触れたように、カリブでアフリカ系人による奴隷制が廃止になったのは一八三四年である。その直後から「契約労働者」としてインド系人が流入した。これら二つの人種間における摩擦は、この流入の時期的なズレと文化的価値観の違いを基盤として相互的に起こったことであるが、さらに遅れて来た中国系（一八六一年以降）はこの二つの人種にはさまれる形でカリブ社会に入っていかねばならない宿命にあった。つまり、どちらか一方に付くのではなく、いわば「中間者」としての立場を貫く必要があったのだ。その意味では、カリブ文学に出てくるカウンター越しの店主は、まさにアフリカ系とインド系に距離を等しく置く中国系の立場そのものを象徴するのにもってこいの役柄であったし、事実そのことで彼らは商売にも成功したと言っていいだろう。

ウィリー・チェンの作品『カーニバルの王様』[13]では、この中国系のスタンスが見事に浮かび上がる。この作品は一六の短篇からなるが、いずれも中国系が主人公になることはない。主人公はインド系もしくはアフリカ系であり、テーマは特定の人種や宗教や伝統文化にスポットを当てつつも、それらを超越したところにこそ解決の方向性があるといった、きわめてカリブ的な色合いの濃い結末を演出しようとする。中国系であることを主張しないことが、逆に中国系としての独自性であるかのような、そんな印象をもたらしたということ、そしてチェンの短篇に数えきれないほど出てくるさまざまな種類の鳥によって象徴される俯瞰的、客観的、中間者的な中国系人の視点は、複合民族社会カリブにおいてきわめて重要かつ示唆に富んだ視点なのである。

## まとめ――カリブ世界にみる「もうひとつの地球村」の可能性

以上見てきたように、カリブにおけるさまざまな「揺れ」は、そのひっきりない視点の移動、価値観の交錯、民族や文化の交流として、カリブ社会の隅々にまで浸透してきた。帝国主義、植民地主義という、上からの抑圧によって引き起こされたアンビヴァレント（二律背反的）な精神状況を嫌というほど味わいつつも、そのアンビヴァレンスをカリビアン・ダイナミズムへと作り変えてきたのは、まさに自らの文化再生とアイデンティティ確立への執念、そして時間と空間をひとつにする他者との平和的共存への願望だったといえる。裏返せば、このことは他者との関係のなかで協調的かつ独自的に自己表現できる文化への希求が、人間には普遍的に内在していることを物語っている。その普遍性が、カリブ独自の歴史的、社会的背景——すなわち、ヨーロッパによる植民地化という過去とその現代的影響、加えて新たにカリブ海世界に押し寄せるアメリカの経済的、文化的影響——と相まって、よりいっそう明確な視点と価値観をカリブ社会は築き上げてきた。一九二〇年代、三〇年代のトリニダードでの石油労働者の大規模なストライキに象徴されるように、またカリブを代表するカリプソ歌手デヴィッド・ラダーが「ハリケーン」に喩えて憂いでいるように、ポストコロニアル以降のアメリカの経済的、文化的影響に対するカリブの態度は一貫して否定的だ。それは、「見えるもの」と「合理性」を最優先するアメリカ発のグローバリゼーションに対する否定でもある。

自己の民族的、宗教的、文化的価値観を核としながらも他者の文化を理解し尊重する必要性と、前近代的と言われてきたアフリカやアジアの文化的性質である「見えないもの」への帰依と信頼は、ときに「見えるもの」の近代的合理性を凌駕するという本質を、カリブは歴史的、社会的、そして文化的に「揺れる」ことで経験してきた。われわれは、このカリブの経験を人類の未来へと活かしていくことで、困難を抱える近代社会をより住みよい「もうひとつの地球村」へと変革させることができるかもしれない。一つの政治や一つの宗教、ましてや一つの文化が支配することのない、「もうひとつの地球村」実現に向けて、カリブ的「揺れ」の美学はわれわれ人類再生の重要な思想的基盤となり得るのではないだろうか。

## 参考文献をかねた注

（1）サイード、エドワード／中野真紀子訳『ペンと剣』クレイン、一九九八年、九二頁。
（2）Lamming, G., *In the Castle of My Skin*, Michael Joseph, 1953.
（3）増田義郎『略奪の島カリブ』岩波書店、一九九一年、二四〜五頁。
（4）石塚道子『カリブ海世界』世界思想社、一九九一年、七頁。
（5）ウィリアムズ、エリック／中山毅訳『資本主義と奴隷制』理論社、一九六八年。同／山本伸監訳『資本主義と奴隷制』明石書店、二〇〇四年。
（6）Lovelace, E., *A Brief Conversion and Other Stories*, Heinemann, 1988.
（7）片岡幸彦編『地球村の行方』新評論、一九九九年、二五五〜六〇頁。
（8）Rudder, D., *TALES FROM A STARANGE LAND* (CD), 1996.
（9）Danticat, E., *After the Dance*, Crown Journey, p.25.
（10）Danticat, E., *Krik? Krak!*, Soho Press, 1955.
（11）シニア、オリーブ／山本伸訳「鳥の木」『グリオ』第4号、平凡社、一九九二年。
（12）山本伸『カリブ文学研究入門』世界思想社、二〇〇四年、九五頁。
（13）Chen, W., *King of the Carnaval*, Hansib, 1988.

奈良県橿原市今井町の町並み。今も浄土真宗門徒共同体の強い結束力が残る。

第9章

# 中世における村落共同体・都市共同体の形成から学ぶもの

北島義信

## はじめに

酒井啓子氏が『イラク　戦争と占領』（岩波新書、二〇〇四年）で述べているように、「バグダッド陥落」（二〇〇三年四月）の二週間後に行われたシーア派最大の宗教行事、「アルバイーン」*行進には、一〇〇万人もの信者が聖地カルバラーに集まり、沿道を埋めつくした。この事実は、フセイン政権が崩壊しても、イラク社会は存続していることを示すものであった。一〇〇万人もの信者が集まり行進するためには、少なくとも食事や宿泊や場所の確保をするだけでも、巨大な資金や人的協力が必要であることは疑いない。それは、地域共同体の力がなければ不可能なことである。フセインは、共同体を排除して国民個人個人を「国家」に結びつけることによって、独裁体制を維持しようとしてきた。それゆえアメリカは、フセインの独裁体制を崩壊させれば「政治の空白」が一挙に生まれることになり、そこに「民主主義」を「確立」できると考えたのであろうが、現実はそうでなかった。フセイン体制崩壊から現れたのは、イスラームを紐帯とする共同体のもつ力の復興であった。「アルバイーン」がたんなる宗教行事ではなく、明確な政治的視点をもっていたことは、次のようなスローガンに見ることができる。「スンナ派も、シーア派もない、イスラームはひとつ——帝国主義にノー、イスラエルにノー、アメリカにノー、サダム・フセインにノー、イスラームにイエス！」（『イラク　戦争と占領』）。

*ムハンマドの娘の次男フサインは、カルバラーでウマイヤ朝の大軍に破れ、六八〇年に戦死した。このフサイン殉教後四〇日目の儀式。

世俗主義、アラブ民族主義、社会主義を掲げるサダム・フセインの「バース党」一党独裁は、イスラーム的共同体を認めずに、徹底した「中央集権化体制」をとってきた。ところが、「湾岸戦争以降、欧米を中心とした国際社会から孤立したフセイン政権は、孤立打破のために反米的スタンスをとるイランのイスラーム政権や、各国の反米イスラーム主義者と接近した」（同前書）が、それは政治理念の変更を意味するものではなかった。しかし、フセイン政権は「社会秩序の乱れ、地方社会における教育や人心慰撫の必要に対して、政府が十分なリービスや安寧感を供給できないことを補って、一九九三年以来イスラーム化政策を実施していった。そこでフセインは『全国信仰キャンペーン』を開始し、学校教育においてのみならず、党、政府幹部に対してもコーラン朗読学習を推奨したり、コーラン学習センターや宗教学校を各地に設立したりした」（同前書）。このことは、皮肉なことに、イスラーム地域共同体に頼らねば、フセイン政権は存続できなかったことを示している。フセインもアメリカ（ブッシュ）も、イスラーム共同体的な人間の結びつきを認めず、個人と国家の結びつきを基軸として考えてきた。その点では、両者は共通に「近代」主義者である。「国家—個人」の枠組みを唯一のものと考える視点は、民衆の視点ではなく、支配者の視点にほかならない。人間と人間のつながり、絆は、第一義的には地域共同体の外には存在しない。それ以外のところにそれを求めるのは、幻想にすぎない。

日本の中世においても、荘園の内部に生まれた惣村《そうそん》と呼ばれる村落自治共同体や、寺内町と呼ばれる武装自治都市が存在しており、それらは浄土真宗（真宗）を紐帯として一向一揆を展開した。浄土真宗を紐帯とする自治・合議制に基づく村落共同体や都市共同体が、中世には近畿、北陸、東海地域に存在していた。

今日の日本においては、かつての村落共同体や都市共同体の力は弱体化、消滅化しつつあるように思われる。国家が共同体を否定して、直接的に国民を支配するという意図、方向性は今日においても現実に存続しているが、このことがいかに人間の集団的抵抗力を弱体化させているかは、明らかであろう。本章では、日本における村落や都市の共同体はいかにして生まれたのか、またその受け継ぐべき遺産は何か、共同体の崩壊をいかにしてくい止めるべきかを明らかにしてみたい。

## 一　日本の中世における村落共同体としての惣村の特徴

中世後期、畿内を中心に見られた村落共同組織としての惣村組織（および数カ村連合としての惣郷組織）は、年寄（長《おとな》＝乙名《おとな》）、番頭などによって運営・管理されていた。その役割は、「神社の神事・祭礼執行、山林や用水・道路などの管理、近隣共同体組織との紛争処理、領主権力との対応」（峰岸純夫・脇田修監修／大澤研一・仁木宏編集『寺内町の研究（第一巻）』法藏館、一九九八年）であった。

惣村が村落共同体としての実態をもつための必要条件として、石田善人氏は次の六点をあげている。「①村落が一個の完結体として確立し、②そこに住む農民が独立的な小規模経営を営みうる態勢が存在し、③かつそれらの農民が村落と不可分に密着しており、④村落が再生産の手段としての不動産（田畠、山林、屋敷など）や諸職・動産を所有し、灌漑用水を管理し、⑤年貢を農民の責任で上納する地下請が成立し、⑥さらに農民の手でみずからの生活を律するための法規制、またはそれに違背する者を処罰しうる検断事実の存在、などが確認されればよい」（『岩波講座日本歴史』第八巻中世4、岩波書店、一九八〇年）。

このような自主的・自立的政治組織である惣村組織と、真宗の浸透によって生まれた自主的・自立的宗教組織である講組織とが関わりをもつなかで、村落共同体はいったいどのような形態をとっていったのであろうか。浄土真宗の浸透について、峰岸純夫氏は次のように述べている。

「真宗がまず滲透していったのは、交通路（道路・水路）に沿ったり、あるいはその要衝の、宿・港・河川のデルタ地帯などで、商人・手工業者（鍛冶屋・紺屋など）の門徒化が先行し、そこから周辺農村地域へと伸びていった。そのなかで他派・他宗の僧侶（時宗など）、百姓・名主、武士層へと教線が拡大された。この場合、蓮如らの各地への教化の旅、越前の吉崎、河内の出口、山城の山科、摂津の大坂などの御坊、その他各地の寺院設置など、意図的な努力に負うところが大きい」（前掲『寺内町の研究（第一巻）』）。

浄土真宗が浸透した地域では、真宗門徒は講組織によって拡大化を図っていく。当然のことながら、惣村組織内の年寄・番頭などが行う運営・管理との関係が生じてくる。すなわち「本来構成原理を異にする村落結合（惣的結合）と門徒の組織である門徒惣中（講的結合）」（同前書）との関係ができあがるのである。

惣村組織と真宗の講組織が強力な連帯関係を結ぶのは、門徒の組織が強力でその影響力が大きく、かつ、村落共同体が外部権力との関係で深刻な政治的・経済的課題を抱え、その解決において強い精神的連帯の絆が求められるときである。そしてその紐帯の要になるのは、現実生活レベルにおける平等観・連帯観である。『蓮如上人御一代記聞書（本巻）』には、蓮如（一四一五～九九）による次のような言葉がある。「身をすてて（身分や位階を不問にして）おのおのと同座するをば、聖人（親鸞）の仰せにも、四海（全世界）の信心の人はみな兄弟と仰せられたれば、われ（蓮如）もその御ことばのごとくなり」（『浄土真宗聖典』本願寺出版社、一九九七年）。同じくその末巻には、次のようにある。「信をえつれば（他力の信心を得たならば）、さきに生まるるものは兄、後に生まるるものは弟よ、法敬（蓮如側近の門弟順誓のこと。蓮如は彼に法敬という名を与えた）とは兄弟よ〔…〕。『仏恩を一同にうれば、信心一致のうへは四海みな兄弟』（曇鸞『往生論註（巻下）』の一節を蓮如が意訳した文章）」（前掲『浄土真宗聖典』）。

これらの言葉からも明らかなように、蓮如は平等観を精神的レベルにとどめることなく現実生活にまで拡大し、門徒を「兄弟」と呼んでいる。この「兄弟」意識は、門徒にとっては、他力の信心（仏法）という強力な思想的連帯に基づいているため、「同志」という意識でもある。また蓮如は門徒に対して、「まことに弥陀・仏の功徳のうちに、みな一切の諸神はこもれりと思うべきもの」であるがゆえに、「総じて一切の諸法（諸宗の教え）において、そしりをなすべからず。これをもって当流（本願寺）の掟をよく守れる人となづくべし」（『御文章』二帖二通、同前書）と述べ、他宗派との対立や他宗派への批判を禁じている。

村落共同体の組織と真宗門徒の組織の連帯は、真宗の優勢地域においては現実に進行した。たとえば、一四八一年、越中礪波《となみ》郡高瀬荘において、年貢は「地下人（非門徒）一向衆（門徒）同心之儀をもって年々過分無沙汰（自分たちの立場も考えず支払いを行わない）」とあるように、村落共同体における非門徒（地下人）と門徒（一向衆）の連合形成による年貢拒否が見られる。また、一五七二年、近江の国の野洲川下流域では、織田信長の武将佐久間信盛が一向一揆の蜂起と内通しない誓約の起請文提出を近江国栗田郡高野荘（郷）に求めたが、佐久間の手紙の宛先は「（一向）坊主中、地士（地侍）・長等中《おとな》」となっていることを見ても、「門徒組織と村落組織（惣郷・惣村）の同一化が進行し、門徒惣代と郷村の惣代の一致した真宗教団の発展した姿を見いだすことができるのである」（前掲『寺内町の研究（第一巻）』）。

門徒組織と惣村組織の連携に必要なものは精神的紐帯であった。共同体組織が連帯を強めるためには、精神的なるもの、世俗のなかにありつつ世俗を超える論理が必要であった。その論理は宗教に求められた。強力な門徒集団の存在する野洲川地域の惣村の起請文に、「我心ニ願ひ奉る御本尊（浄土真宗の信仰対象である阿弥陀仏）并《ならびに》霊社」（同前書）という言葉があることからも、それは明らかである。浄土真宗が浸透する以前からも、共同体の精神的紐帯として「社《やしろ》、神社」が存在していた。「社《やしろ》」は共同体構成員の精神的連帯に寄与するものであった。しかし、新たな歴史の進展のなかでは、精神的連帯をいっそう強め、かつ自らの共同体のみに限定されることのない、「社」を超える体系的なるものが求められていった。自らの主体的自立的な共同体の活動自体を理論的に肯定する体系的な思想、それを形づくったのが浄土真宗であった。

共同体の精神的紐帯は、意識的な現実生活における集団的で民主的な討議が前提となる。蓮如は、他力の信心（仏法）を基礎とした「連帯」の具体的形態である「兄弟」としての門徒集団づくりにおいて、「談合」「寄合」の有効性を重ねて強調している。「前々住上人（蓮如）御法談（お説教）以後、四五人（四～五人）の御兄弟（蓮如の子どもたち）へ仰せられ候ふ。四五人の衆寄合ひ（お説教を聞きに集まること）談合（話し合い）せよ、かならず五人は五人ながら意巧《いぎょう》に（都合のいいように）きくものなるあひだ、よくよく談合すべきのよし仰せられ候ふ」（前掲『蓮如上人御一代聞書（末巻）』）。ここでは、話し合いの必要は、意見の一致を図るためにあることが述べられている。そのためには、話し合いの場では、必ず発言しなければならないこと、また、たびたび話し合いの場をもつことの必要性が強調される。

話し合いの場での発言がないことは、他力の信心が腑に落ちていないがゆえに、主体化されていないからだとされる。発言をすることによって、自己の思想の客体化と深化が可能となるのである。「仏法談合のとき物を申さぬは、信のなきゆゑなり。わが心にたくみ案じて（うまく思案し考えて）申すべきやうに思へり、よそなる物をたづねいだすやうなり。心にうれしきことはそのままなるものなり、寒なれば寒、熱なれば熱と、そのまま心のとほりをいふなり。仏法の座敷にて物を申さぬことは、不信のゆゑなり。また油断といふことも信のうへのことなるべし（不注意ということも信心に関わることである）。細々《たびたび》同行に寄合ひ（集団的話し合い）讃嘆申さば、油断はあるまじきのよしに候ふ」（同前書）。

なによりも、「談合」「寄合」の最大の効果は、物ごとの分析と結論が質的に飛躍的に前進することにあることが次のように強調されている。『愚者三人に智者一人』とて、なにごとも談合すれば面白きことあるぞと、前々住上人（蓮如）、前住上人（実如）へ御申し候ふ。これまた仏法がたにはいよいよ肝要の御金言なり」（同前書）。

このように位置付けられた「談合」「寄合」は、信心深化のためばかりではなく、現実の社会的課題の解決にも有効で説得力のあるものとしてとらえられている。日本中世では、すでに「民主主義」が実践されていたのである。

## 二　蓮如における「仏法領」が意味するもの

蓮如は、一四七五年七月二八日付の『御文（御文章）』において、大津周辺の本願寺門徒たちが、所領・領国をめぐる世俗領主らの争乱に対抗しようとして合戦の準備をしていた状況を踏まえ、真宗門徒の共同体は世俗の法ではなく、仏法、すなわち「如来のかたよりさつけたまふ他力の信」に基づかねばならないことを次のように述べている。

「〔…〕一念南無と帰命するとき、如来のかたより、この廻向をあたへたまふゆへに、すなはち、南無阿弥陀仏とはまうす（申す）なり。これすなはち、一念発起《いちねんぼっき》平生業成《へいぜいごうじょう》と当流にたつるところの、一義のこころこれなり。〔…〕いくたひも（かさねて）、他力の信をは、如来のかたよりさつけたまふ、真実信心なりと、こころうへし。たやすく、行者の心としては、発起せしめさる信心なりと、こころうへきものなり。あなかしこ、あなかしこ。

于時文明第七（一四七五年）初夏上旬のころ、幸子坊《こうしぼう》大津のていたらく、まことにもて正体なきあいた（あいだ）、くわしくあひたつぬる（たずねる）ところに、この文を所望のあいた、これをかきおはりぬ。みなみなこの文をみるへし。それ当流といふは、仏法領なり。仏法力をもて、ほしゐままに、世間を本として、仏法のかたは、きはめて粗略なること、もてのほか、あさましき次第なり。よくよくこれを思案すへき事ともなり」（蓮如「帖外御文」『真宗史資集成（第二巻）』同朋舎、一九七七年）。

ここで蓮如は、阿弥陀仏の呼び声、すなわち「救われないあなたをお救いします。念仏を申しなさい」という呼び声が腑におちたとき、信心はわれわれに「廻向」され（差し向けられ）、その信を得たときに往生が決定するという、親鸞（一一七三〜一二六二）の基本的立場を明らかにし、そのうえで、仏法領について言及している。他力の信心を得たとき現世において往生が決定するとは、この世にありながらこの世を超える論理、その内実は徹底した平等性と主体性の論理が得られるという意味である。これは「古き自己」（自己中心主義的・非主体的自己）が新たな自己へと転ぜられてゆくこと（一念発起平生業成）を意味する。

蓮如の言う「仏法領」とは、思想的には「心に浄土をいただきつつ、現世を生きること、現実の批判的原理としての浄土（真実世界）をもつこと」であり、そのような人びとの連帯による共同体形成を意味する。つまり、現実世界にありながら、その現実世界を突き破って真実世界を実現しようと願う主体的人びととしての真宗門徒たちの共同体を指しており、そこに貫かれる原理は、仏法（他力の信心）である。そこでは世間（世俗）の論理の絶対化が機軸となるのではなく、仏法が機軸となるのは当然である。

この「仏法領」の特徴について、黒田俊雄氏は次のように述べている。

「第一に、仏法領という言葉が、世俗的な『領』に対立する『領』であるという意味をこめている。第二に『御文』の内容もまた、『当流』をそのようなものと規定して他力の信を説いている。そして第三に、この御文の動機そのものが、大津におけるそのような問題への基本的態度として記されているからである。つまり『仏法領』とは、世俗領主が所領・領国をめぐって争乱をつづけているなかにあって、かかる世俗的方法によらない信心者の集団の世界＝『領』を意味するものであったと、いえるのである」（前掲『寺内町の研究（第一巻）』）。

## 三　「仏法領」と親鸞の思想

「仏法領」の論理構造について知るためには、蓮如が依拠した親鸞の思想を見なければならない。親鸞の思想が現実化をみたのが、蓮如の時代であったからである。親鸞の思想の特徴は、次の三点に要約される。

その第一点は、「現生正定聚《げんしょうしょうじょうじゅ》」論である。これは、他力の信心を得た者は現世において「往生」を得るという思想である。往生とは、信心を得たとき「古き自己中心的自己」は命を終え、「新たな主体的自己」が誕生することを意味する。信心とは、親鸞において、智慧と同義である。親鸞は、中国浄土教の確立者、曇鸞《どんらん》（四七六～五六二）の言葉を引用しつつ、次のように智慧とは何かを説明している。

「『智』というのは、進んで民衆を救うことを知って、自己中心主義の立場へと退かないように身を守ることである。また、現実世界はすべて因と縁の結合によって具体的形態をとるのであって、その両者の関係がなくなれば、それは消滅するのであるから、現実世界には永遠不変の絶対的なものは存在せず、すべてのものは相互関連の状態にある。だから、『この私』を絶対化するのは誤りである。このことを理解することが『慧』の意味である」（前掲『往生論註（巻下）』。現代語訳文は筆者による）。

智慧とは、自己客体化を可能ならしめ、自己を他者と連帯し他者のために生きる自己へ、新たな自己へと高める働きである。この智慧はわれわれ人間にはないものであって、阿弥陀仏によって与えられるものである。時空間を超えた阿弥陀仏の智慧の光が時空間を突き破って、「この私」に届き、その限りない智慧に包まれるとき、われわれの無知は知らされる。そのことは同時に、われわれが真実を見る眼をたまわったことでもある。「たまわる」という言葉は、「自分にあるはずのないものが、今自分のものとなっている」という信心体験を表現したことばである。これは現実から眼をそらさず、現実のなかに現実を突き破る道があるという立場に立つときにのみ可能な体験である。蓮如が述べている「一念発起平生業成《いちねんほっきへいぜいごうじょう》」とは、現世において「仏法（他力の信心）」を得ることによって、新たな主体的人間となったことを意味する。これによって、自己確立・主体化・連帯化を現世に獲得し、現世と来世を一体化させ、社会的政治的解放と精神的解放とを一体化できる主体的人間となって、おびえることなく人生を送ることができる。これが「現生正定聚《げんしょうしょうじょうじゅ》」論の意味である。

親鸞の思想の特徴の第二点は、政治権力（世俗権力）の相対化の視点である。『顕浄土真実教行証文類（教行信証）』（親鸞の著書で、浄土真宗の立教開宗の根本聖典）の「化身土文類」には、「出家の人の法は、国王に向かひて礼拝せず、父母に向かひて礼拝せず、六親《りくしん》に務《つか》へず、鬼神を礼せず」とある。つまり、世俗権力は永遠性・絶対性をもつものではないから、そこに最終的拠り所を求めてはならぬと親鸞は述べている。世俗の権力は仏法（真実化のはたらき）に依拠してこそ、まともな政治が可能となる。しかしながら、自己の「絶対化」を求める政治権力は、自己が相対化されることを望まない。したがって、仏法を絶対化し政治権力を相対化する念仏集団を弾圧するのは、権力者にとって不思議なことではない。親鸞は、このような権力者に絶対的価値を見出し、そこに依拠して念仏を広めるのは誤りであることを、書簡において強調している（「余《よ》の人々（在地の権力者）を縁《えん》として、念仏をひろめんと、はからひあはせたまふこと、ゆめゆめあるべからず候ふべし」（『親鸞聖人御消息第十七通』）。

親鸞の思想の特徴の第三点は、平等主義である。親鸞によれば、阿弥陀仏の救いの対象は具体的社会的弱者（権力をもたない一般民衆）である。「ただ廻心して多く念仏せしむれば、よく瓦礫《がりゃく》をして変じて金となさんがごとくせしむ」（『唯信鈔文意《ゆいしんしょうもんい》』）という親鸞の言葉にある「瓦礫《がりゃく》」とは、具体的には「れうし（漁師・猟師）」「商人《あきんど》」などを指していたが、親鸞はそのなかに自分をも含み込んでいる（「れふし、あき人、さまざまのものはみな、いし・かはら・つぶてのごとくなるわれらなり」（同前書））。また親鸞は、「よしあしの文字をもしらぬひとはみな／まことのこころなりけるを／善悪の字しりがほは／おおそらごとのかたちなり」（『正像末和讃《しょうぞうまつわさん》』）とも述べている。救いの対象は明らかに庶民であり、そこには平等主義が貫かれている。

親鸞の「現生正定聚」論は、現世にありつつ現世を超える人間の主体形成（理想を現実化する主体形成）を意味する。この思想は、荘園制が崩壊し、自立的共同体としての物村や寺内町が形成される蓮如の時代においてこそ、その構成員を勇気づけた。構成員の平等性は、「仏法（他力の信心）」による「社会的弱者」の主体化によって支えられた。そしてこれらの平等な構成員は、蓮如の勧める「談合」によって要求を練り上げ、その要求を実現するために努力した。これにより他力の信心と生活の一体化が可能となった。これこそが、蓮如が願った「他力の信心」にもとづく平等な人間の連帯による共同体形成のあり方であり、親鸞に学びつつ、世俗法、世俗権力を絶対化することなく、「仏法（他力の信心）」を真の紐帯とする「仏法領」形成のあり方であった。

物村の発展を阻害するものは外部の世俗権力であり、イデオロギー的には呪術的宗教であった。物村制のもとで、その構成員が自立的連帯を図るためには、世俗権力の相対化と、現実の生活における「あきらめ・おびえ」から「めざめ」への価値転換、「他者」から「主体者」への転換が必要であった。これに応えたのが親鸞の提起する「他力の信心」であった。

かくして親鸞の思想は物村と結合した。また都市共同体としての寺内町においては、寺院・道場を中核とすることによって、親鸞の思想が理論的制度的に具体的に生かされていった。

## 四　都市共同体としての寺内町と浄土真宗

ところで、寺内町とはいかなるものであろうか。峰岸純夫氏は次のように、寺内町を定義づけている。

「寺内町は真宗寺院・道場を中核に、主として真宗の信仰を共有する門徒の宗教的連帯感に支えられ、戦国時代に計画的に構築され、維持されてきた環濠都市である。商人・手工業者が集住し、富と技術が集積されている寺内町は、地域の流通の展開を踏まえ、あるいはそれを先取りしつつその市場圏の中心として、同時に遠隔地取引の基地として機能した。寺内町に居住する門徒にとっては、真宗を基盤とする精神的な共同体であると同時に、営業の自由の保障された『仏法領』の実現化した姿であった。寺内町が非門徒の商人手工業者にいかに開かれていたかについては、必ずしも明らかではないが、当然、門徒の主導権のもとに惣町の運営はなされるものの、非門徒の居住や営業の自由は確保されており、むしろ、積極的に開放し営業の自由を保障することによって寺内町の発展と仏法の興隆を図り、結果的には門徒の拡大をもたらしたと考えられる」（前掲『寺内町の研究（第一巻）』）。

寺内町は、自治的組織という意味では惣村と共通点をもっている。しかしながら、真宗門徒組織との関係でいえば、両者は異なっていた。つまり、村落共同体の運営組織である惣村と真宗門徒組織とは、そこに強力な連帯関係が存在しても、組織的には別個のものであった。それは、真宗門徒集団が大きな影響力をもつ場合でも同じであった。これに対して、真宗寺院・道場を中核とした都市共同体の運営組織である寺内町は、真宗信心の連帯感と一体化した「精神的共同体」として、真宗信心に内包される平等観を現実世界にまで押し広げた地域社会を形成していた。そこでは、生命を脅かされることなく、営業の自由も制度的に保障されていた。

本願寺は、従来から寺院がもっていた不入・検断権（領主的特権）の獲得をめざし、これを実現した。時の本願寺法主証如《しょうにょ》が、管領・摂津守護細川晴元との交渉によって、一五三八年、「諸公事免除・特政適用免除」を勝ち取ったのである。不入・検断権の有無は、商人や手工業者にとっても、本願寺にとっても、ともに発展のための死活問題であった。この実現によって、大坂石山寺内町では、特政令が適用されないこと、外部の警察権力・政治権力が入らないことによる、安定した生活・経済活動が可能となった。すなわち、経済的特権と本願寺の領主権が承認されたわけである。そして、このような寺内町特権が「大坂並」というかたちで、他の寺内町へも適用されるようになるのである。

ところで、その場合の寺内町特権の宛先は、「富田林道場」「久宝寺地下道場」となっているように、真宗寺院である。真宗寺院の特権獲得の背景には、「中世における寺社勢力は支配的イデオロギー再生産の場であると同時に、現実的支配を行う領主でもあり、他権門勢家より自己を防衛する寺院特権（アジール）を有していた」（前掲『寺内町の研究（第一巻）』）という事実があった。浄土真宗はこの寺院特権を「逆手」にとったものと思われる。

事実、寺内町における真宗寺院は領主としての権力をもっていた。しかしながら、領主権力としての真宗寺院が、現実には領民の平等の実現を図っていたことは重要である。つまり、大坂石山寺内町における都市共同体は、本願寺から一定程度独立し、町連合としての惣町（六町からなる）の指導層（年寄）による合議制で運営され、宗教的連帯に基づいて自立的問題解決の原則、非門徒の住居・営業の自由の保障が認められていたのである。

## 五　伝統宗教からわれわれが受け継ぐべき遺産とは

### 浄土真宗による運動とイスラーム復興運動、そして状況神学による反アパルトヘイト運動の共通性

村落共同体としての惣村や都市共同体としての寺内町に特徴的に見られるのは、合議制に基づく連帯・自治によって住民の生活と安全が守られていた点である。この力がなければ、世俗権力と対峙することはできなかった。逆に言えば、世俗権力と対峙するためには、共同体の連帯の強化が必要であった。その役割を果たしたのが、宗教、とりわけ浄土真宗であった。浄土真宗に込められた三つの力が現実に共同体の人びとの紐帯的役割を果たした。すなわち、(1)「国王不礼」（仏道を志す者は、仏法のみを絶対視し、世俗権力に跪いてはならない）による世俗権力の相対化、(2)救いは現世に始まり、自己確立・主体化・連帯化を現世のうちに獲得し、現世と来世を、そして社会的政治的解放と精神的解放を一体化させるという「現生正定聚」理論、(3)「悪人正機」（社会的弱者こそが救いの対象であり、そのような人びとこそが人間的な主体化を可能にするという考え方）に基づく平等主義、の三つである。われわれはこの三つの力を、目的意識的に作り出された人工都市としての寺内町に見ることができる。浄土真宗は「農村」の宗教であるばかりではなく、「都市」の宗教でもあったのだ。

欧米近代においては、宗教は社会との関係を断ち切った「精神世界の安らぎ、個人的良心の世界」にその存在理由を求める傾向が多々見られた。社会の問題は「理性」と「科学」によって解明されるべきであり、宗教的視点をもつことは「無意味な中世的過去への回帰」であって、「中世とは異なり、来世の問題を語る宗教は現代の社会的要求に応えることはできない」、と考える人びとが決して少なくなかった。同様に、宗教者の側でも、宗教を「だれにも侵すことのできぬ、個人の精神生活」の領域に限定する傾向が強かった。しかしながら、このような宗教の本質的否

定・矮小化は、一九七〇年代以降、民衆による社会変革を実現してきた諸宗教によって根本から覆された。

南アフリカ共和国における反アパルトヘイト運動（一九七六年以降）の高まりとキリスト教との結合、南アフリカ共和国の労働組合運動とキリスト教との連帯（八〇年代）、そしてイラン・イスラーム革命（七九年）におけるイスラーム復興運動。これらは近代世界における宗教の位置付けを根本から揺るがした。そこでは、宗教が都市共同体の紐帯の役割を果たし、「欧米近代における思想と現実との乖離」を明らかにしたうえで、「欧米近代の価値観の普遍性」を覆した。

一九七〇年代以降の社会変革に関わるキリスト教（とくに南アフリカ共和国の「状況神学」）の運動とイスラーム復興運動との間に共通している特徴は、次の三点に要約される。(1)『聖書』や『コーラン』に基づく世俗権力の相対化、(2)「神の御教えは生活全体の解放である」（「状況神学」）という立場やイスラームのタウヒード（多元主義的普遍主義）概念に基づく、ものごとの非分離性によって帰結する精神的解放と社会的解放との統一、(3)欧米の近代的価値観の絶対化に対する拒否、である。(1)と(2)は浄土真宗と共通点をもち、(3)は教典・聖典の主体的把握によって、すべての伝統的宗教に共通する特徴である。

すでに見てきたように、浄土真宗は中世日本の共同体である惣村・寺内町における精神的紐帯の役割を果たしてきた。その紐帯としての最大の意義は、平安時代的浄土教に内在する最大の弱点の克服、すなわち、「浄土・往生」に見られる「来世主義」（現実逃避）を否定したことであり、それに代わって、(1)現実世界を二重化し、現実のなかに「真実世界としての浄土」への道を明示したこと、(2)「往生」を信心獲得による「主体的人間への転化」としてとらえ、それを現世「往生」観として確立したこと、(3)これらの思想を大衆化したこと、である。「世俗にありつつ世俗を超える」という浄土真宗が担ったこの役割は、その後形骸化されたとはいえ江戸末期まで続いた。そしてその広範性と持続性は、他の宗派にはほとんど見られることはなかった。

浄土真宗の役割をとらえ直す意義は大きい。現代の国民国家において、「絶対的」なるものとは「世俗権力」である。これに根本的な批判を集団的に加え、オルタナティヴを提起するには、世俗権力を「絶対化」することなく、自らの地域生活を通して、「現実のなかにありつつ現実を乗り越える」ための共通的な価値観の獲得が必要である。浄土真宗はそれに応え得る可能性を有した重要なものの一つだと言える。実際、地域共同体と守る運動と地域に根ざした浄土真宗との結合の具体例は、一九七〇年代以降、能登半島珠洲市における反原発運動や、環境破壊に抗する「播磨灘を守る会」の活動等に見ることができる。

## 共同体の紐帯としての浄土真宗の可能性

農村であれ都市であれ、共同体には精神的紐帯が必要である。もしそれがなければ「共同体」は存続できない。「高度成長期」以後に人工的に作り出された「団地」が、三〇年を経て「過疎化」「解体」に向かっているというケースがしばしば見られる。これらの「団地」にほぼ共通しているのは、伝統的仏教寺院・社が存在せず、それに代わる、地域に根ざした精神的紐帯も存在しないことである。むしろ、それらを拒否するところに特徴点があるとさえいえる。近代の「国民国家」は、共同体を介することなく、直接、国民一人ひとりを把握・支配する方向性をもってきたが、国民の側もそうした国民国家のあり方に敏感であったとはいえない。筆者の暮らす三重県四日市市では、「高度成長期」以降、丘を切り開いて造成された広大な「近代的」住宅地で少年非行が多発しているのに対し、旧来の農村・漁村地区ではそうでないという事実もある。

先に触れたように、惣村や寺内町に見られる中世以来の共同体システムは、かたちを変えつつも一九世紀後半の明治維新まで続いていた。たとえば、「大和の富の七割が集まる」とまで言われた奈良県橿原市の寺内町今井は、明治まで死刑を除くすべての裁判権を独自にもっていた。こうしたシステムを根本から変え、国民に対する国家の一元的支配を制度化したのが近代としての「明治」であった。明治初期の「神道国教化」は、イデオロギー的には共同体の氏神・山の神などの宗教破壊、とりわけ浄土真宗の形骸化をねらったものである。これに対して行われた一八七一～七三年の真宗門徒による抵抗運動（武装蜂起）は、強力な共同体をバックにしていたという点で、たんなる復古的運動ではなかった。たとえば、真宗門徒農民一万人が蜂起した福井県の大野、今立、坂井の三郡による真宗一揆（一八七三年）では、真宗擁護とともに、農民の経済的要求として「地券の厭棄*」が掲げられた。また、太平洋戦争後、「都市計画」の名の下に真宗寺内町の一つ、今井町を分断する道路計画が出されると、真宗門徒が大多数を占めるこの共同体では、直ちに住民たちが結集してこの計画を阻止した。ここには、五〇〇年にわたる共同体自治の力の存在を見ることができる。

＊地租負担増を一方的に国民に要求する土地所有権利証書をきらい、破棄すること。

宗教を精神的世界に限定し、宗教が本来もっているダイナミックな共同体的力、社会的力を無力化すること、これが「欧米近代」の特徴である。しかし、その近代の特徴とされる「理性」「科学」は、従来宗教が果たしてきた紐帯的役割に代わるものを提起することはなかった。イラン・イスラーム革命のイデオローグの一人であるアリー・シャリーアティー（一九三三～七七）は、「近代化」が何を主敵としているかについて次のように述べている。

「近代化とは、伝統や消費、物質的生活のモードを古きものから新しきものへと変換している。〔…〕すべての非ヨーロッパ人を近代化させるために、彼らはまず宗教の影響に打ち勝たねばならなかった。なぜなら、宗教は社会に、明確な個有性をもたらすものであるからだ。宗教はすべての人が知的に関わりをもつ崇高な知性を要求する。もし、この知性が粉砕され侮辱されたなら、自らとその知性を一体化させている人もまた、粉砕され侮辱されたと感じるのである」（Ali Shariati, *Reflection of Humanity,* Free Islamic Literatures, Inc. 1974）。

このような「近代化」を押しすすめたのは、西洋世界ばかりではない。非西洋世界のインテリたちも同様である。非西洋世界はこれら洗練化されたインテリたちに導かれて、「近代化」の道を歩んだ。その結果、アリー・シャリーアティーが述べているように、「彼らは自己自身の文化を知らないのに、それを軽蔑する人びとを創り出してきた」（同前書）のだ。「彼らはイスラームについて何も知らないのに、悪口を言っている。篇の詩も知らないでいて、言葉がまずいなどと言って批判するのである。彼らは自分の歴史も知らないのに、非難する用意だけはいつもできているのだ。他方、彼らはヨーロッパから輸入されているすべてを無条件に賞賛するのである。その結果、まず、自分の宗教、文化、歴史、背景から疎外され、それらを軽蔑する存在が創り出されたのである」（同前書）。

このことは日本についても同じである。明治初期において、日本の土着の宗教を「近代化」の障害物としてつぶそうと努めた点で、日本の「進歩的インテリ」も同じ立場に立っていた。「欧米化された」日本の多くの知識人がもっている宗教に対する否定的視点、「嫌悪感」は、西洋主義の立場に立つ、かつてのイスラーム世界のインテリと同じである。

国家による有無を言わさぬ国民支配をはね除け、欧米近代の価値観の問題点を克服し、あるべき社会の実現を提起するためには、共同体の復元が求められる。そしてその復元には、土着の宗教、とりわけ共同体の紐帯となっている土着の宗教の役割に注目しなければならない。なぜなら、土着の宗教は、欧米近代を唯一の普遍的基準とする「価値」そのものを直接問うものであるからだ。このことは、南アフリカ共和国のキリスト教や、イランのイスラームの果たした役割からもすでに明らかである。もし、南アフリカ共和国に民衆の生活と結合したキリスト教が存在していなかったら、あるいはもし、イスラームの価値観がイランの民衆に受け入れられていなかったら、これらの地域でアパルトヘイトや「近代化」の実態を根本から問うことはできなかったであろう。

共同体の紐帯としての宗教は「世俗にありつつ、世俗を超える」方向性をもちうる。この意味を「民主主義」と「ヒューマニズム」の現実化に活かすべきである。共同体には生活と民主主義に基づく自治確立、および組織化が必要となるが、そこにはヒューマニズムの飽くなき実現という方向性の共有化、すなわち、「世俗にありつつ世俗を超える」方向性の共有化がともなう。浄土真宗に内包される共同体の紐帯は、近代のカテゴリーでは「民主主義とヒューマニズム」（より正確に言えば、「その地域に根ざした個性ある民主主義とヒューマニズム」）となるが、その内実化を図るには、共同体に暮らす人びとにとってそれが目に見える、納得のいく姿をとらねばならない。過去の遺産の現代的継承が必要となる理由はここにある。

たしかに真宗教団は、封建制が確立されてゆくなかで、宗教的真理と社会的真理とを分離し、信心を「心のなか」だけの問題に限定することで、僧侶・門徒たちに世俗法・世俗権力への屈服を強制してきた。そうすることで、真宗教団は自己の存続を図ってきた。これはいわば、浄土真宗がもつ「負」の遺産である。しかしながら、僧侶・門徒には、人間の精神的解放と社会的解放との一体化を説く親鸞の思想を受け継いできた者が多い。したがって、われわれがその「正」の遺産を継承していくには、浄土真宗のコンテクスト化、すなわち西欧近代によって形骸化され矮小化されてきたものとしての「宗教」から出発するのではなく、浄土真宗が中世の惣村・寺内町において果たしていた役割・意味を今日的文脈に置き直し、とらえ直すことから始めるのが大切であろう。

親鸞の浄土真宗は、釈尊の仏教を「末法五濁」*の世界に復興させたものに他ならないがゆえに、排他的なものではない。また、親鸞の思想は大乗仏教の根本原理に貫かれている。したがって、仏教諸派との共通点をもっているがゆえに排他的ではない。

＊釈尊が入滅してから一五〇〇年以後の一万年間を末法と呼ぶ。この時代には、社会悪、思想の乱れ、命が短くなるなど、五種のよごれが現れる。

＊＊「汝自身を島（台風が来ようが、地震が起きようが、けっして逃げ出さぬもの）とせよ。法を島とせよ。それ以外のものに依拠してはならぬ」

という立場、「願作仏心度衆生心《がんさぶっしんどしゅじょうしん》」（自らがさとりを得ようとする心は、同時に他者救済の心でなければならぬ）という立場、すなわち「現実から逃げてはならぬ、法（真実）に依拠し、自分のさとりと他者救済を一体化させて生きよ」という立場。

浄土真宗が共同体の紐帯的役割を果たし得たのは、その教義自体がエリートのためではなく民衆のためのものであり、自己と生活の向上を主体的・人間的に求める民衆の道標になり得たからにほかならない。浄土真宗は、日常の生活のなかに潤滑油として違和感なく存在し、現実生活のなかにありつつその現実を常に超えようとする共同体の構成員の理想と情熱の拠り所となり、それを実現していく中心的な役割を担った。そして、中世の自治的惣村・寺内町の構成員の要求に合致した浄土真宗は、蓮如の時代以降、西日本の農村・都市に定着した。一方、浄土真宗以外の諸宗派は（主として中世においては）支配者と結合・一体化するか、もしくは社会・政治から隔絶していたことにより、惣村や寺内町の紐帯とはなり得なかった。西日本に定着した浄土真宗の分布状況は、明治以後、今日までほとんど変化がない。その寺院数は諸宗派のなかでも最も多く、日本の全仏教寺院の約三割を占めている。*

*とくに浄土真宗は西日本に集中し、真宗寺院が全寺院数の三〇%以上を占める府県は一七県（新潟、富山、石川、福井、岐阜、愛知、滋賀、大阪、奈良、三重、兵庫、島根、広島、山口、福岡、熊本、大分）に及んでいる。なかでも、その比率の高い府県は、富山（七八・八%）、石川（七一・五%）、熊本（六七・四%）、滋賀（五三・三%）、福井（五二・五%）、広島（五一・九%）、福岡（五〇・三%）、山口（四九・六%）、大阪（四八・一%）であり、農村地域のみならず都市地域をも含み込んでいる。また、北陸の真宗門徒地帯からの移住が多かった北海道では、真宗寺院は全寺院の五三・六%を占めている（『宗教制度調査資料』第七巻第十八輯、一九二二年）。

むろん、共同体の精神的紐帯的役割は浄土真宗だけのものではない。宗教は、本質において自己のさとりと他者救済の一体化を基本に掲げるものであるから、他の宗派・宗教にも精神的紐帯的役割は理論的に可能であり、それらの再評価も必要であろう。それぞれの共同体は固有性をもっているがゆえに、その紐帯も当然固有性をもっている。しかしながら、共同体の紐帯は同時に共通性（普遍性）ももっている。おそらく、浄土真宗以外の共同体にも、浄土真宗と同じような紐帯的役割を果たす土着の文化や宗教が存在するはずである。それは、すでに見てきたようなイスラーム復興運動、状況神学による反アパルトヘイト運動にも見出せるものである。逆に言えば、そのような土着の文化や宗教以外、地域共同体の紐帯とはなり得ないのではないか。

宗教を現代の課題と結合させる場合、二通りの在り方が考えられる。その一つは、アフガニスタンのタリバンに見られるような、近代の学問や思想の成果を無視して強引に現実を「宗教」に従わせる在り方、あるいはアメリカのキリスト教原理主義に見られるような、「聖書無謬主義」*による近代科学否定・イスラーム敵視という在り方である。もう一つは、聖典・教典に込められた人間解放の思想を現代の課題（それぞれの時代の課題）と結合させる在り方である。

*聖書は、神のことばを述べたものであるから、一字一句絶対的に正しいもので、誤りはまったく存在しないという考え方。

基本的には、宗教は後者の方法によって存続発展してきたものである。親鸞の浄土真宗は、釈尊の人間解放の思想を鎌倉時代の課題と結合させたものである。それは、ナチス・ドイツと闘ったディートリッヒ・ボンヘッファーの思想、アパルトヘイトと闘い続けた南アフリカ共和国のデズモント・ツツ主教の思想、ラテンアメリカやフィリピンの解放の神学、あるいはアリー・シャリーアティーのイスラーム復興の思想など、現代においても同じものを見ることができる。これらの思想・宗教は現実に人びとの心をとらえ、現実の社会を大きく変革してきた。

われわれにとって必要なのは、現状分析に大きな力を発揮する近代社会科学・思想の営為を主体的に学ぶこと、地域に根ざした文化・宗教における人間解放の核心を主体的に把握すること、そしてその両者を積極的に融合することである。このことを通じて、問題解決に向かう地域の人びとと知識人との結合が可能となる。

## われわれは何をなすべきか

筆者が生活している都市共同体（四日市市富田地域）では、今なお住民の七五％以上が真宗門徒であり、そのほぼ全員が一年間に何度もごく日常的に浄土真宗の宗教儀式に参加している。浄土真宗が主流となっているこのような地域では、ある一つの共通性が見られる。それは、現在においても浄土真宗は、たんなる「哲学」としてのみ存在しているのではなく、「生活の仕方」としても存在していること、つまり日常生活と高度な哲学とが一体化して存在していることである。浄土真宗の現代化（「いま親鸞が生きていたら、どのように発言し、行動するであろうか」といった命題を基礎にした、その思想の現代化）は、共同体における精神的紐帯の在りかを明らかにすることにもなり得ようし、「民主主義とヒューマニズム」の実体化をめざす問題提起のひとつにもなり得よう。こうした方向性が、共同体の紐帯となるべき地域文化の現代化につながっていく。そしてそれは、共同体の構成員一人ひとりが共同体の課題に向かって主体的に取り組んでいく行為とも結合している。

筆者自身は、一九九六～九七年にかけて、地元周辺地区の住環境を守る高層マンション建設反対運動の代表として、また真宗寺院住職として、住民運動に参加した経験をもつ。真宗門徒は、帰属する寺院の根本的なことがらに対して直接参加し、総寄《そうより》（門徒総会）で意思決定を行うという長い伝統を知っている。このシステムは、他の社会的問題にも適用される。したがって、地域の住環境問題に対して皆で協議し行動することや、そのとりまとめを住職が行うことは不思議なことではない。一年近くにわたる高層マンション建設反対運動では、本堂にて建設業者との深夜に及ぶ交渉が幾度も行われた。建設白紙撤回には至らなかったが、業者側は地域住民の不変の意志を理解し、多くの改善が実現された。また、業者側からは、住民側の一〇項目の要求を今後のマンション建設にあたって近隣地域へ反映したいとの申し出もなされた。

二〇〇三年には、地元の地区市民センター（旧公民館）による施設利用有料化（サークル活動等に対するもの）という動きに住民が立ち上がった。ここでも筆者はその反対運動の代表をつとめた。これらの運動を通じて、筆者は「世俗にありつつ世俗を超える」紐帯としての浄土真宗とその現代化の必要性をあらためて実感することとなった。

無意識的であれ意識的であれ、現代においても人間が地域共同体的な社会に暮らしていることは事実である。しかし日常的には、「自分の仕事」に割く時間の比率が非常に大きいため、またそれへの優先順位が高いため、「共同体」との直接的関わりは軽視されがちである。とはいえ、たとえ「冠・婚・葬・祭」が歴史的変遷のなかで形骸化・外注化されてしまったにしても、それらへの「共同体的参加」はこれからも構成員に求められていくであろう。これらへの主体的参加は、自己中心主義のむなしさと他者との連帯の必要性、あるいは、社会的地位にとらわれない平等感覚をその構成員に身をもって教えてくれるであろう。また、共同してひとつのことをやりとげる達成感とその喜びも実感できるであろう。祭りへの参加によって地域文化の生きた意味を知ることもできるであろうし、葬儀への参加によって人間としての在り方を深く考えることもできるであろう。

もちろん、構成員に求められるのは「冠・婚・葬・祭」の儀式ばかりではない。先の事例のように、「共同体」の社会的営みのなかで、住民の安心・安全を脅かすような事態や、住民の不利益となるような事態に直面したときには、自ら守るべき「共同体」の価値の客観化や、連帯を高める思想的紐帯も求められてくるだろう。

住民の地域共同体への参加には、実際には「義務的参加」もあれば「自主的参加」もある。この「二元性」「二分化」から生じる困難をどう克服していくかが大きな課題である。共通の紐帯がもてなければ、「二元性」「二分化」が生じる。互いの差異を認め合いつつ、共通の紐帯を探り確立する努力なしには前進はむずかしい。浄土真宗が確立してきた思想的紐帯は、生活と結合した土着の文化のなかにある。その紐帯を見出したときに初めて宗教と現実社会の課題は結合し、「現世にありつつ現世を超える」共同体の精神的紐帯の明確化と、「民主主義とヒューマニズム」の土着的実体化を前進させるのである。

住民たちの無数の取り組み、営為から見出される共通項の把握こそ、地域共同体の紐帯を現代に再生させ、「もうひとつの地球村」建設に確かな方向性を与える鍵といえるだろう。

EU加盟25カ国。EUは「多様性の中の統一」というスローガンを掲げているが、
言語は生き残りと統合のせめぎあいの中でいかなる道をたどろうとしているのだろうか。

第10章

# 「もうひとつの地球村」と多文化主義・多言語主義の問題点

## カナダ、オーストラリア、EUにみる民族共生の試み

高垣友海

## はじめに――グローバリゼーションと言語ジェノサイド

「同じ言葉をもちいて相互の思想が疎通しえたなら、世界はいかに幸福であろう」。こう述べたのは、一九三〇年代に国連事務次長として世界の舞台で活躍した新渡戸稲造である。今日でもこの言葉に共感を覚える人は決して少なくないであろう。しかし、もしその「同じ言葉を」という部分に、ある特定の民族や国家と結びついた言語名、たとえば英語でも何語でもよいが置き換えてみると、果たして、後に続く「世界の幸福」という表現にうまくつながるであろうか。グローバリゼーションの進展のもとで、世界だけでなく地域や国の中においても、異なる言語を使用する人びとの間で、経済・文化をはじめとするあらゆる分野での交流はますます活発となるであろう。そのとき、交流の仲だちとなる「同じ言語」をめぐって、さまざまな問題が浮上してくるに違いない。

オーストラリアの言語学者ディクソンの「断続平衡モデル仮説」によれば、地球上の言語は、おおむね調和を保って一定の場所に共存する平衡期と、言語状況に大きな変化をもたらす中断期を交互に迎えるという。中断期は洪水などの自然の変化や、侵略、技術革新、未開拓地への進出などによってもたらされる。現在は、一五世紀のヨーロッパ人による世界への進出（植民地化）に始まる最後の大きな中断期にあり、その中で数多くの言語消滅が発生しているという。グローバリゼーションの開始時期をいつに置くかは論者によって異なるが、コロンブスの「新大陸の発見」とする説に従うなら、ディクソンの言う中断期の開始時期に重なる。先住民大虐殺とそれに続く黒人奴隷化政策の当然の帰結である地球規模での言語ジェノサイドは、まさにグローバリゼーションとともに始まったということができる。

言語抹殺が行われたのは、ヨーロッパ人の進出先だけではなかった。ヨーロッパ自体においても、絶対王政、市民革命を経て近代国家としての国民国家が形成されていく過程で、同じ領土内に住む多様な言語を使用する人びとを、一つの強固な共同体意識の下に一元的に支配するために、「一つの言語」政策が実行された。同一の言語と文化が民族を創出し、一民族が一国家を形成するという国民国家の原理の前に、多くのマイノリティ言語が除去、周縁化された。この方式は、ヨーロッパにとどまらず、アジアにおいても大日本帝国によって継続された。日本国内に居住するアイヌの人びとの言語は、均質と調和を乱す異端言語として、皇民化と称する同化政策の下に、国策として撲滅の対象とされた。そして日本の「国語」が成立した。

今日、世界各地で発生している言語をめぐるさまざまな紛争や混乱は、もとはと言えば、これらの歴史的な負の遺産に起因するものがほとんどである。しかし近年、社会主義体制の崩壊、グローバリゼーションやＩＴ（情報技術）革命の進展、ＥＵ（ヨーロッパ連合）地域統合の動きなど急激な変化が加わり、言語の置かれている状況はこれまでとは大きく異なるものとなった。ポスト植民地主義、ポスト冷戦、ポスト国民国家とも称される状況下で、言語政策もまた新たな対応を迫られている。

多民族により構成された国民国家は、グローバリゼーションのもとで、国民国家の枠組みの揺らぎと民族的アイデンティティへの自覚の高まりに直面する中で、どのような生き残りのための国家戦略をとろうとしているのであろうか。先駆的な試みはすでに一九七〇年代から始められていた。カナダ、オーストラリアなどの移民国家の多文化主義である。これらの国では多様な民族、文化、言語の共存のための新しい様式を作り出すことにより、国民国家の統合を維持し、生き延びを図ろうとしている。一方ヨーロッパでは、九三年に始まるＥＵが、現在すでに二五カ国を結集し、たんなる国家連合ではなく、制限はあるがすでに独自の立法権まで備えた国際機構として活動しており、将来は超国民国家としての連邦制国家樹立も視野に入れているとも言われる。ＥＵの掲げるモットーは「多様性の中の統一」（united in diversity）である。カナダ、オーストラリアなどの移民国家とは異なる歴史背景と政治枠組みの中で、新たな多文化主義の試みが始まっている。

本章では、カナダ・オーストラリアと、EUの二つの異なるタイプの多文化主義を取り上げ、その下での言語政策の特徴を探ることにより、グローバリゼーション時代の大きな特徴と言われる国民国家の変容がどのような形で実体化されているのか、またその姿を通じて見えてくる変容の限界と可能性について考えてみたい。言語問題はグローバリゼーションの光と影を映し出す鏡と言えるかもしれない。

## 一　国家戦略としての多文化主義・多言語主義――カナダとオーストラリア

### 多文化主義と多言語主義

「多文化主義」と「多言語主義」は、それぞれ複数の文化、言語の共存の実現を志向する立場を指す言葉であるが、本節のタイトルのようにしばしば並列させてセットとして用いられている。しかし、このような語の配列は、すでに耳慣れていて違和感は少ないが、意味論的には少し不自然ではなかろうか。言語は一般的には宗教などとともに文化の一構成部分とみなされており、文化の下位概念にあたる。したがって、多文化主義と言えばわざわざ断るまでもなく多言語主義をその中に含んでいるはずであり、そうでない多文化主義などはありえない。二つの言葉は語義上一方が他方を包摂する関係にあり、「日本と沖縄」とか「魚といわし」などの場合と同様に、意味レベルの上で等価ではない語が並列されたものである。では、「多文化・一言語主義」や「多文化・二言語主義」というのはどうであろうか。これらもしばしば耳にするが、前者はオーストラリアの、後者はカナダの多文化主義と言語政策の特徴をスローガン的に表示したものである。たとえ文化と言語を切り離して扱うにせよ、多文化主義がその理念において共存や寛容を含意している以上、言語数に制限を設けるのは矛盾している。これは意味上非両立的な関係にある語を連結したものである。

なぜこのような意味論的に混乱した表現が生じたのであろうか。その原因を探るためには、カナダ、オーストラリアでの多文化主義政策の成立の歴史的事情を見る必要がある。多文化主義に対応する言語政策は、本来ならば多文化主義理念の確立がまずあって、その理念の言語分野での具体化の方策として出てくるものであろう。しかし、これらの国では後に見るように、現実の言語政策の方が理念よりも先行優位の地位に置かれていたと見ることができる。すなわち、排他的な一言語・二言語主義という言語政策が既定のものとしてあり、その排除ではなく継続的存在を前提にして、後追い的に上位の文化基本路線がうち立てられたのである。それが、多文化王義というイデオロギーであった。このような事情から、多文化主義は、言語政策レベルでは差別主義に立ち、それを包摂した文化レベルでは理念上の平等主義をうたうという矛盾したものとなった。言語空間に作り出された亀裂を文化の中で回収しようとしたのである。しかし、それは補完というよりも自己撞着であった。

この矛盾を、多文化主義自体の多様性という観点から説明することもできるであろう。多文化主義は文化的多様性の共存の様式としてさまざまなバリエーションがありうる。共存の位置づけ、意味づけだけでなく、その形態、範囲、程度などの違いによって、多文化主義の性格自体も大きく異なってくる。現に数多くの分類が試みられているが、アメリカの教育行政の指導者ラヴィッチによれば、多文化主義には二種類あるという。一つは「多元的多文化主義」と称するもので、共通文化、すなわち、アフロアメリカ研究者アサンテが言うところの支配的文化の存在を前提にした多文化状況である。もうひとつは、共通文化は否定され、個別文化がすべて平等の立場で共存している状況で、「個別的多文化主義」と呼ばれる。カナダ、オーストラリアが選んだのは、言うまでもなく前者の方であった。特定民族集団の優位性の貫徹をめざす多文化主義が、諸民族の言語間の平等を原則とする多言語主義と結びつくことは、原理的にも不可能なことであった。以下では、カナダ、オーストラリアの多文化主義と言語政策の具体背景を概観しておこう。

### カナダ――「二言語主義」の枠内における多文化政策

連邦制をとる多民族国家カナダの場合、英語を母語（第一言語）とする人びとの人口比率は六〇％、フランス語二三％、その他一七％である。「建国の二民族」と称される英仏両民族の間には、宗教や言語を含む文化の違い、歴史的対立関係、今日の経済的格差、天然資源開発権などの問題を背景にして深い亀裂がある。フランス系住民が八〇％を占めるケベック州では、連邦からの分離独立の動きが根強い。カナダ連邦が「英領北アメリカ法」によって成立したのは一八六七年であるが、連邦政府における言語使用での英語とフランス語の平等は、すでにこの法律の中で規定されており、さらに一九六九年の「公用語法」、八八年の「カナダ多文化主義法」においても、二言語の公用語としての特権的地位と対等・平等の確認がなされている。しかし、州政府での言語の扱いは必ずしも連邦政府と同じ歩調をとっているわけではない。ケベック州では「ケベック・フランス語憲章」によりフランス語を唯一の公用語と定め、英語への規制を課しているし、他の多くの州では逆に英語のみを公用語として制定しているのが実情である。

カナダの多文化主義は、一九七一年のトレドー首相声明で「英語・フランス語の二言語主義の枠内における多文化政策」として公式化され、八八年に多文化主義法によって法制化された。多文化主義の一義的目標は、ケベックのフランス系住民による分離独立運動による国民国家の揺らぎを阻止し、国民統合を強化することであったが、また同時に、六九年の二言語公用語法により排除され疎外感をもったウクライナ系などのヨーロッパ系移民の少数言語使用者たちを統合の中にあらためて組み込もうとしたものであった。しかしながら、カナダの多文化主義はあくまで「二言語主義」という大きな限定の中での多様性や平等の追求であったため、多文化主義の可能性を自ら閉ざすものとなった。今日カナダにおける多言語主義の実施は、二言語主義の枠外で、学校を基礎とした地域活動の中で、地域語を含むバイリンガル教育として取り組まれている。

### オーストラリア――「英語一言語主義」のもとでの「多言語主義」

オーストラリアもまた多文化主義を国の基本的な政策として掲げている国である。今日オーストラリアは一九四〇万の人口を擁している。一七七〇年代にイギリス人による植民地建設が始まって以来、アボリジニー絶滅政策、次いで一九世紀後半に始まり一九六〇年代まで継続する白豪主義（White Australia policy）と呼ばれる非白人移民を排斥する移民政策のため、近年アジア系移民の増大があるとはいえ、白人が総人口に占める比率は九二％、出生地が英語圏の人びとの比率は八五％に達する。

連邦政府の発表した「多文化オーストラリアに向けての国家課題」（一九八八年）や「多文化オーストラリアのための新アジェンダ」（一九九二年）でうたわれているように、オーストラリア多文化主義の特徴は、文化的多様性が社会的、文化的、経済的資源として位置づけられていることである。オーストラリアは今後アジア経済圏との結びつきなしに生きていくことはできない。アジア系移民の言語を含めた多様な文化は、そのための貴重な資源とみなされている。言語政策としては、上記「国家課題」の中で、オーストラリア人は「国民言語としての英語」を受け入れる義務があると述べられている。圧倒的な英語支配があるにもかかわらず、あえてこのような方策がとられるのは、近い将来に国策上ありうるアジア系移民の受け入れ増大による英語地位の揺らぎや、言語上の「混乱」を予防し、英語支配の永久固定化をはかろうとしたものであろう。オーストラリアは、移民少数言語や先住民言語の教育活動が積極的に取り組まれている国である。このため多言語主義の成功例として取り上げられることも少なくない。しかしこのような多言語主義を可能にしているのは、あくまで「英語一言語主義」という保障と安心があるからに他ならない。オーストラリアの言語政策は、多文化主義という国家戦略の下で、政治的には断固たる一言語主義、経済的・文化的には柔軟な多言語主義という二つの顔をした、きわめてプラグマティックなものだといえよう。

### 多文化主義と多言語主義の乖離——移民国家の苦悩

一九七〇年代に始まるカナダとオーストラリアの多文化主義とそのもとでの言語政策を概観したが、その共通する特徴は多文化主義と多言語主義の乖離であった。両者は理念上は共通の土俵の上に立つが、政策的整合性はまた別の問題である。この乖離をもう少し長い歴史スパンの中に位置づけて見るとどのようになるであろうか。

多文化主義を、移民国家における多民族統治の政策タイプの一つとみなす立場がある。すなわち、多文化主義を植民地時代から今日に至るまでの民族支配政策の歴史の中の一類型として、人種差別政策、同化政策、融合政策の延長線上に位置づけようとするものである。言語政策についても同様な観点から、多民族社会における言語支配形式としての類型化を試みるなら、単一言語支配、複数言語支配、中心言語支配、多言語共治、という基本的な四つのパターンを想定することができるだろう。

「単一言語支配」とは、支配者の言語が社会の主要な分野で他を圧倒しているか、それが脅かされた状況のもので、被支配民族の言語の撲滅や統制強化、支配者言語への強制的あるいは「自発の強制」による言語乗り換えを推進する体制である。人種差別政策や同化政策は、概ね「単一言語支配」の下に遂行される。

「複数言語支配」とは、一国内に多数の言語が存在するとき、その中のいくつかの有力言語に公用語などの特別な地位を与え、寡頭支配を行うもので、通常その背後には言語的ヘゲモニー争いがある。

「中心言語支配」とは、一つの言語が特定地域内に絶対的に優位な勢力を確立し、その傘下で多数のマイノリティ言語が共存を許された状況である。

最後の「多言語共治」とは、すべての平等な文化の下で、個別言語もまた平等の地位・権利が保障され、それぞれの言語自治を基礎に、言語総体との共生がはかられている状況である。

むろん、あらゆる言語支配形態がこのパターンのいずれかに分類できるというわけではない。ただ、多文化主義と多言語主義との乖離は、このような民族統治と言語支配のさまざまな方式の多様な組み合わせの図式の中でその位置関係をより明確に把握できるであろう。

カナダ、オーストラリアの多文化主義の核心にあるのは移民国家の母斑とも言える民族問題である。民族問題は表層的には文化問題の形をとって現れることが多いが、根底には政治的・経済的問題、すなわち、煎じ詰めれば階級問題がある。かつて社会主義運動論において、民族問題が階級問題の中に解消されたことがある。前者は後者の解決の中で自動的に解消されるという考え方である。今日ではその逆に、本質的には階級問題とされるべきものが、国民国家内における少数民族や移民という差異の集団上にこれらの矛盾が集中することから、民族問題あるいは多文化主義運動の中に還元される傾向がある。多文化主義の「文化的」性格の中に、社会のマイノリティがしばしばある種の不信感をおぼえるのも、そこに一因がある。多文化主義が、もしも国民国家を構成する民族およびその構成員の平等、差異の権利の尊重を目的とするものではなく、国家統合や特定民族の優位性の堅持、社会矛盾の原因転嫁などの手段となるなら、それはたんなる抑圧の一方式に過ぎず、多文化主義の本来の理念価値を損なうものとなろう。

多文化主義はさまざまな矛盾や課題をかかえながらも、他者性の尊重、差異との共存、多様性の容認などのグローバル時代的価値観を反映しており、さらにはその実現のための運動を支える根拠ともなりうる。その点では大きな可能性を秘めていることも事実である。多文化主義は、国民国家が生み出した民族問題を、国民国家の枠内で解決しようとする自己矛盾の表れであり、また同時に、その解決能力の自己検証のプロセスであるとも言えよう。

以下では、同じ多文化主義とはいえ、カナダやオーストラリアとはまったく異なる動機から発し、またまったく異なる方向、すなわち国民国家の枠を乗り越え、地域統合という新たな枠組みの中で取り組まれているＥＵにおける言語政策の問題点を取り上げてみたい。

## 二　「多様性の中の統一」は可能か?――EUの言語政策とその問題点

### 複雑化するEUの言語状況

一九九三年に発足したEUは、二〇〇四年五月には一〇カ国が新たに加わったことにより、加盟国総数は二五、人口は四億五〇〇〇万に達した。EUは加盟国の平等を尊重する立場から、多言語主義を採用している。このため、EUの公用語数は加盟国の公用語を合算した数に等しい。このたび新規に参加したマルタは人口四〇万の国であるが、セム語系言語のマルタ語と英語とを公用語としている。このためマルタ語もまたEUの公用語の一つとなった。全体で二〇となった公用語を含めて、ヨーロッパ大陸全体で約二〇〇の言語があるといわれる。EU内での人の動きの活発化による言語攪拌、EU以外のヨーロッパ地域から、あるいは非ヨーロッパ各地から域内への移民言語の流入がこれに加わり、EUの言語状況はますます複雑化している。

一九九三年にEUを発足させたマーストリヒト条約は、「ヨーロッパ市民権」という概念を導入した。これによって加盟国の国籍保有者は、現在制限はあるものの原則として、域内での自由移動、国籍差別の排除を保障された。言語問題は国内にとどまらず、国境を越えて拡がることになった。しかしながら、EUの言語問題への取り組みは、組織としての統一的な方針に基づいて行われているわけではなく、別個の国際組織であるヨーロッパ評議会を中心に展開されている。評議会は九八年に「地域少数言語ヨーロッパ憲章」と「少数民族の保護のための枠組み条約」を発効させたが、この二つの条約・文書が基本的なガイドラインとなっている。この他にも、各国の言語政策の指針となるものとしては、国連の「国際人権規約」(自由権規約)第二七条(一九七六年発効)、「民族的又は種族的、宗教的およびび言語的マイノリティに属する者の権利宣言」(マイノリティ権利宣言、九二年採択)、ヨーロッパ安全保障協力機構（OSCE）のコペンハーゲン文書（九〇年）、民間組織による「世界言語権宣言」などもある。

ＥＵは二〇〇〇年に「ＥＵ基本権憲章」を成立させ、ＥＵの言語に関する基本原則として、言語差別の禁止と言語多様性の尊重を明記した。この憲章は「ヨーロッパ憲法条約」の一部として組み込まれていたが、このほど各国の批准により発効した。ＥＵ諸国の言語政策は従来もそうであったが、今後も基本的には各国民国家の枠の中での自主的な判断によって実施されることになるであろう。というのは、各国の言語事情が大きく異なるため、国際的な合意として、それぞれの国の裁量権が大幅に認められているからである。たとえば上記のヨーロッパ評議会「地域少数語ヨーロッパ憲章」では九八項目の言語施策が提案されているが、このうちわずか三五項目を、しかも段階的に実施すればよいとされているにとどまる。

以下では、既存の国際的条約やその他の文書などを参照しながら、ＥＵの言語政策の問題点、とくに言語権に関する議論を中心に取り上げたい。

## 言語権は集団権か個人権か？

ヨーロッパの国民国家にとって、現今の言語問題での最大の関心事の一つは、言語権が集団的権利であるのか、それとも個人的権利に属するのかという議論であろう。西洋近代国家は基本的には国家と個人の直接的な関係を基礎に成り立っているという解釈から、原則としてその中間に、身分・職業・宗教・民族などの集団の介在を許さない。そのため言語権は個人に属するとする意見が強い。オーストラリアの言語法制研究者ヴァレンヌは、法的価値を持つヨーロッパ公文書の中で認知されている権利はすべて「個人に」認められたものであって、集団権に属するものはないと言う。たしかに、上記のヨーロッパ評議会「地域少数語ヨーロッパ憲章」を取り上げてみても、言語権が個人権か集団権かという問題に決着を与えようとする意図のないことが、付属解説文書で明快に述べられている。憲章は地域少数言語問題を権利ではなく、文化の問題として扱おうとしている。言語権が集団権として法的に認められることになれば、少数言語をかかえる国での言語政策の立案・実施は、その使用者たちの集団としての要求を反映させることが必要となってくる。絶滅に瀕している多くの少数民族言語の維持のためには、その使用の保障とともに、言語調査、言語学的基礎作業（語彙、文法、書記法、辞書など）、教育ほか幅広い分野にわたる作業とそのための人員養成を含め、大きな国家的支援が求められることになろう。また、集団権は言語だけの問題にとどまらず、民族自決権として、固有文化の自由な発展や政治・経済への要求へと拡大し、さらには国民国家の統合や主権にかかわる自治権や分離独立権とも直接関連してくる。評議会の慎重な態度を見ても、言語権問題が国民国家にとっていかに政治的にデリケートな問題であるかがわかる。同様に慎重な姿勢は、条約と同等の効力を持つこの憲章の署名・批准をめぐってのフランスの対応にも窺うことができる。憲章第二部第七条第四項は、憲章参加国の当局に対して、地域少数言語使用者たちの必要や要望を考慮するよう求め、そのための制度を設けるよう勧告している。フランスではこの点が問題となった。このような措置は集団的権利の承認につながりかねず、フランス憲法にある「法の前の平等」という規定に抵触しないかというのである。審査を求められた憲法院は、これに対して抵触するとの判断を下している。

集団権としての言語権は、上記の条約・文書の中では、法的拘束力を持たない「世界言語権宣言」を別にして、未だ認められたものではない。しかし、これは政治的判断によるものであって、正当な理由に欠けるからではない。現にフランスが危惧したように、「憲章」の記述自体が集団権の容認として解釈される可能性を孕んでいる。この他にも、国連の「国際人権規約」（自由権規約）第二七条において「種族的、宗教的又は言語的少数民族が存在する国において、当該少数民族に属する者は、その集団の他の構成員とともに〔…〕自己の言語を使用する権利を否定されない」と述べられているように、権利保護の対象が「少数民族に属する者」と個人に限定されてはいるものの、すぐその後で「その集団の他の構成員と共に」という表現が加えられたことにより、言語使用の権利が集団的性格を持つことを認めたものだと解することができる。また、「マイノリティ権利宣言」においても第一条『国家の義務』の項で、「国家は、各自の領域内で少数者の存在並びにその民族的又は種族的、文化的、宗教的及び言語的独自性を保護し、また、その独自性を促進するための条件を助長しなければならない」とあるのは、権利保護の対象を、少数者という一つのまとまりを持った集団としたことになり、ここでも言語権が集団的権利とみなされているとの解釈が成り立つ。

ここで視点を変え、言語権の問題を政治から離れて、言語の本質から見るとどうなるであろうか。「言語消滅」と「言語共同体の崩壊」とは語義的には同じではないが、同一実体を指す表現といえる。すなわち言語はその性質上、言語共同体と一体化したものであり、人間集団（民族集団、地域集団、文化集団など）固有の属性とみなすことができよう。言語を使用する主体は、むろん生物的個体としての一人ひとりの人間であるが、その使用・維持・継承（文字体系、規範文法の作成を含め）は社会的組織としての言語共同体なしには成立しえない。したがって、言語権を個人権であると同時に集団権であると規定することは十分可能であり、しかもそれは言語そのものの自然的、社会的性質を反映したものだということができる。言語権の所在を、個人か集団かの二者択一的設定のもとに個人に限定し、言語集団をたんなる個人権の集合体としてとらえるのは、言語の本質を無視した議論であろう。

### ベルギーの新たな試み——言語共同体別議会

言語権という基本的人権の一部をなす法的権利の議論とは別に、多民族と多言語を持つEU諸国の中には、独自の方式によって民族統合問題の解決を図ろうとしている国もある。ベルギーの例を見てみよう。この国は言語の面で基本的に北部のオランダ語系と南部のフランス語系の二大勢力の対立が続いてきた。一九六三年には両言語間に境界線が引かれ、言語地域が設定され、七一年には両地域に文化上の自治権を与える憲法改正が行われた。その後曲折はあったが現在、言語共同体としては公用語に制定されているオランダ語（フラマン語）、フランス語（ワロン語）、ドイツ語の三共同体が、また地域としてはワロン、フラマン、ブリュッセルの三地域が存在する。国の総人口は約一〇〇〇万であるが、大雑把な人口比で見るなら、フランス語地域三〇％、オランダ語地域六〇％、二言語（フランス語・オランダ語）のブリュッセル地域一〇％で、ワロン地域に組み込まれているドイツ語使用者数は一％にも満たない。ベルギーのユニークな点は、国レベルでは二院制議会があり、その他に言語共同体と地域のレベルにおいてもそれぞれが独自の政府と議会を持っていることである。このため、一言語一地域のフラマンでは、一議会であるが、二言語を擁するブリュッセルとワロンでは言語別にそれぞれの議会が存在している。このような解決方法は、今後多民族・多言語国家にとって一つの有力なモデルとなりうるであろう。

### 言語的多様性の尊重と対英語戦略

ＥＵ加盟国の拡大、経済における単一市場形成の進展にともない、資本や物だけでなく、経済成長を下から支えるＥＵ構成国および域外からの外国人労働者の移動も活発化することが予想される。ヨーロッパの地域少数言語だけでなく、こうした移民たちの言語を含む文化的アイデンティティ保護の問題も今後重要になってくるだろう。上記「ヨーロッパ憲章」は、その付属解説文書がわざわざ念を押しているように、あくまで「地域少数言語」の保護・育成を目的としたものであって、移民などの「言語的少数者」を対象としたものではない。しかしながら、今後移民の定住化、国籍獲得者の増大により、集団規模が拡大することが予想される。人権尊重の面からも、彼らの言語権問題をこのまま無視し続けることはできないであろう。

ＥＵ言語政策の基本原則の一つは、「ＥＵ基本権憲章」にうたわれているように、言語的多様性の尊重であるが、これは多彩で活発な多言語教育実践の中に見ることができる。一九九五年ＥＵ閣僚理事会によって採択された「ＥＵ

の教育システムにおける言語教育と言語習得の改善と多様化」には、「EUに共存する諸文化を尊重し多様化を図るため、生徒たちは原則として、母語以外のEU域内の言語のうち少なくとも二言語を学べることが必要である」との項目が含まれている。EUの最新の多言語教育のプログラムとしては、二〇〇〇〜〇六年に実施されるソクラテス計画があるが、この中身はコメニウス（初等・中等教育）、エラスムス（高等教育）、リングア（語学教育・学習）など八部門に分かれた大型プロジェクトで構成されている。これらの言語計画は、その膨大な予算規模（リングア計画だけでも九二年予算は一〇〇億円相当額）を見てもわかるように、たんなる文化政策としてみなすことはできない。EUという多様な民族・文化・言語によって構成された地域全体での、政治・経済の統合・活性化を目的とする壮大なインフラストラクチャー整備の一環としての言語政策と言うことができよう。

EUの多言語政策を見る場合、対抗英語戦略という側面があることも見ておく必要があろう。ヨーロッパ統合が、政治・経済・軍事・文化にわたるアメリカ一極支配体制打破のための戦略という性格を持つ以上、その言語面での政策が、ヨーロッパにおける英語の過度のプレゼンスに警戒心を持つのは当然であろう。上記閣僚理事会が外国語教育において、一言語ではなく、あえて二言語の習得を求める政策を採っているのも、域内多言語主義の促進が主たるねらいだとされてはいるが、あわせて外国語学習が英語一言語に集中することを防止する目的も持っていることは明白である。

以上、カナダ・オーストラリアとEUにおける二つの異なるタイプの多文化主義・多言語主義を概観した。グローバリゼーション時代を生き抜く戦略として、前者は旧来の国民国家の枠組みの強化という方策を採っているが、これとは対照的に後者は国民国家の枠組みを乗り越える地域統合という新たな方式に活路を求めている。しかし、いずれも多文化主義が、多様な民族、言語、文化を統合する理念あるいはイデオロギーとなっている点では共通している。

EUは、言語政策に関する限り、各国の自主性にまかせ、独自の統一的な政策基準や施策提案など指針となるものを示していない。言語問題では、カナダ・オーストラリアにとってもEUにとっても国民や民族の統合と深く結びついているだけに、国民国家にとっての最後で最大の難問であるかもしれない。

## 参考文献

五十嵐武士編『アメリカの多民族体制――「民族」の創出』東京大学出版会、二〇〇〇年。

ヴァレンヌ、フェルナン・ド／鶴巻泉子訳「国際法ならびにヨーロッパにおける少数言語」『ヨーロッパの多言語主義はどこまできたか』三元社、二〇〇四年。

田口晃『ヨーロッパ政治史――冷戦からEUへ』放送大学教育振興会、二〇〇二年。

カンガス、トーヴェ・スクトナブ／木村護郎編訳「言語権の現在――言語抹殺に抗して」三浦信孝・糟谷啓介編『言語帝国主義とは何か』藤原書店、二〇〇〇年。

言語権研究会編『ことばへの権利――言語権とは何か』三元社、一九九九年。

シャケール、サレム／佐野直子訳「欧州地域語少数言語権章は憲法違反か――言語政策演習」前掲『言語帝国主義とは何か』。

ジオルダン、アンリ／佐野直子訳「ヨーロッパにおける言語問題」前掲『ヨーロッパの多言語主義はどこまできたか』。

ディクソン、R・M・W／大角翠訳『言語の興亡』岩波書店、二〇〇一年。

中野秀一郎『エスニシティと現代国家――連邦国家カナダの実験』有斐閣、一九九九年。

西川長夫・渡辺公三・ガバン・マコーマック編『多文化主義・多言語主義の現在――カナダ・オーストラリアそして日本』人文書院、一九九七年。

ブレーヌ、M／菊池歌子訳「EUの多言語主義政策」三浦信孝編『多言語主義とは何か』藤原書店、一九九七年。

三浦信孝「共和国の言語、フランスの諸言語――言語の多様性と言語権の政治哲学」三浦信孝編『普遍性か差異か』藤原書店、二〇〇一年。

三浦信孝「一にして不可分なジャコバン共和国と多言語主義」前掲『多言語主義とは何か』。

五島の海。海を望む自然の一郭に居を定め、都市化された人間社会を離れ自然の中に身を置くという、新たな主題の一歩を踏み出した。そこで発見したのは、「なる」ことではなく「ある」ことを生きる生活だった。

第11章

# 「もうひとつの地球村」を生きる

## 五島からの便り

奴田原睦明

## はじめに

「なぜ五島なのか？」とこの島（長崎県五島列島。大小一四〇の島々からなる）の人によく聞かれる。大学というところで忙しい生活を送っていた者が定年退職後の住まいに選んだ場所、それが日本の本島の西の果ての島なので、そこの住民自身、私の選択をどう見てよいかわからず戸惑っている当然の疑問かも知れない。しかしこの島には、情報という網の目に覆われた「地球村」ではない「もうひとつの地球村」があるように思われる。そこには、グローバルキャピタリズムという人間社会を覆う貨幣の論理に支配されない、自然の営みがある。本章では、その営みの中から感じとった「もうひとつの地球村を生きることの意味」を分かち合いたいと思う。

### 一　自然と生きる

「もうひとつの地球村」を生きることの第一の意味は、「自然と生きる」ということであろう。それは「自然の中で、自然とともに生きる」と表現できよう。現代アラブ文学を専攻した者として、私はエジプト、シリア、モロッコ、フランスといった国々の自然と関わってきた経験をもっている。シリア砂漠の乾きからフランスの森の豊かさまで、一口に自然と言っても、それぞれの国に固有の風土があり、それぞれの感触がある。自然はまた、さまざまな諸相をもっている。時には人間を飲み込むような巨大な存在であり、時には人間の手で容易に傷つく繊細な存在でもある。五島もそうである。台風というかたちでその凶暴な力を誇示したかと思うと、夜の静寂の中で可憐な虫の音を奏でてもくれる。五島の自然を代表する海は変幻極まりなく、空の色を映して刻々と色彩を変える。その雄大さのもとでは、自然と対峙して生きることの空しさを感じさせられる。

都市化された人間社会に生きる者にとって、自然は観念的な存在である。そこには五島の自然のような生の営みはないし、そこで使われる「地球村」という言葉にも、われわれの「ふるさと」というより、情報という網の目に覆われた機械的な存在としての響きがある。それに対して、私が釣り上げた、こちらでは「黒」といわれるメジナのたうつ姿には、生きた存在としての自然と、そこから引き剥がされることの苦しみがある。自然の雄大さ、深淵さ、神秘さに日々触れるにつれ、私は畏怖を覚えながらも、自然と対峙するのではなく、「自然とともに生きる」ことの大切さに気づかされていった。

## 二 「なる」から「ある」へ

西の果ての五島に移り住んで気づいたもうひとつの点は、「なる」という生活に対置する「ある」という生活の意味である。社会組織であれ、国であれ、あるいは「地球村」であれ、人間社会に生きることは、自分が何者でありうるかを知ろうとする生活であるとともに、他者、すなわち社会によって自己がどう評価されるかを知ろうとする生活でもある。それは、自己成長、勤務評定、栄達、名声など、内と外からの評価に自己を委ねる生活である。それは絶えず何かに「なる」ことをめざした生活である。

これに対して、同じ人間社会を構成しながら圧倒的自然に囲まれた五島での生活は、「ある」ことをめざす、というより「ある」ことを生きる生活だと言える。「なる」は動的で、社会と激しく関わる行為であるのに対して、「ある」は静的で、自己と関わる行為である。「なる」は他者との比較を前提とした行為であるのに対して、「ある」は自律的で、自己とひたすら向き合う行為である。このようにみるならば、精神的な充足感は、「なる」という行為よりも、今「ある」自分の中にこそ見いだされるのではないだろうか。もちろん、今「ある」自分が無条件に充足を約束してくれると言うのではない。むしろフランスの作家ミランクンデラの言うように、その充足感は「幸福になる」ための能力からではなく、「幸福である」ための能力のようなものから得られるのだと思われる。大切なのは、幸福は掴むものではなく、確かめるものだということである。その感触を得るのは決してやさしいことではないが、少なくとも「もうひとつの地球村」とは、そうした能力の獲得を可能にする世界ではないだろうか。

## 三　物と言葉

私は島での新しい生活に備え、移動を常とする故に極度に物を持とうとしないベドウィン（アラブ世界の遊牧民）の身軽さに習って、これまで持っていた身の回りの物や蔵書を思いきって処分した。しかし、頭の中に入っていたものについてはそういうわけにはいかなかった。新しい生活を始めてからも頭から去らない二、三の言葉があった。

その一つは、「自分の発した言葉に自分を近づける」という、政治犯として八年余りも獄中で過ごしたモロッコの作家ラアビーの言葉である。自分の言葉と自身との一体化をうながしたこの言葉を、私はこの島で実践していきたいと思った。つまり、この島での「ある」生活の中で自分が発する言葉は、他者とのコミュニケーションのためではなく、自分に向けてのものであるから、私と私の言葉は一体であらねばならないとしたのである。

頭から去らなかったもうひとつの言葉、それはサハラ砂漠で生を受けた作家I・コーニーの「生とは争いだ。死して後にはじめて和がなる。だが（生における）和は警戒しなければならない。なぜならその和にはすでに死が宿っているからだ」という言葉である。人間を含むすべての生きものにとって、生きるということは抗争を意味する。生きものは死によってようやく争いから解放され、そのとき初めて和がやってくる。だが生における和はそれ自身すでに死を孕み、ゆるんだ、脆弱な生であり、本来の緊張した生ではないと彼は言う。第二次大戦後の世界は、二度と戦火を引き起こすまいという人びとの切々たる平和への願いによって、国連という平和維持のための組織を生み出した。にもかかわらず、現在のイラク情勢を含め、大戦後の世界は何百という紛争を世界各地で引き起こしてきた。この事実を前にして、そして人間の歴史を思い返すとき、生はすなわち争うことだというコーニーの言葉を、私は無碍に斥けることができない。人間が他の生きものと違うのは、それ故に和をなんとか手繰りよせ、理性で争いを抑制して、その和の中での生を実現しようとする存在だということではないか。人間が生きるためには社会を構成しなければならず、その中で生きること自体争うことを意味している。たとえ「もうひとつの地球村」であろうとも、それが人間社会であるかぎり、平和は座して祈願していれば訪れてくるようなものではない。そのことだけは認識しておくべきではないかと思った。

## 四　生と悲

しかし、都市化された人間社会を離れ、五島で自然とともに生きていくにつれ、この「生とは争いだ」という感覚が次第に薄れていくとともに、さらに別の言葉が私のもとに訪れた。それは「生は悲である」という言葉である。五島の地にはこの風土が育んだ調べがある。その基調となっているのが悲愁であることに気づいた。ここでの「悲」とは、感情の範疇のひとつとしての「悲しみ」ではなく、いわば宇宙を染め上げている基調をなすトーンのようなものである。歓喜、憤怒、昂揚などさまざまな感情は大きな悲を構成するひとつであって、この「悲」の中には真実や美や愛さえ包含されているように思われた。

この「悲」は、生を受けたものは等しく死を宿命としている、ということに由来するのではないだろうか。司馬遼太郎の言葉には「上代日本人の詩情は悲しみを陳べる時にかえって大きな生命感を感じる」というのがある。ここでは、「生の悲」は、日本人の生命感自体と結びついたものとしてとらえられている。シリア砂漠で母親とはぐれた小羊に出会ったときにもこの「悲」を見たし、砂漠でベドウィンが歌う歌にもこの「悲」を見た。彼らの悲歌は悲嘆にくれるためのものではなく、生を強く感得し、明日を生きる気持ちを鼓舞するためのものであった。そしてこの五島の風土にもまた、ベドウィンの悲歌と同じように、生きものに強い思慕を抱かせ、生きる意欲をかきたてる「生の悲」が漂っているのを見たのである。

## 五　自労自活

島での生活には、ある意味で「地球村」を覆うグローバルキャピタリズムの網の目にかからない生活がある。それまでの私の生活の舞台は都市化された人間社会であり、そこでは、自分の生活に必要なものはすべて貨幣によって購われていた。ところが、この島には、自分の生活に必要なものはできるだけ自分の手で獲得する、つまり自分の労力で作り出す「自労自活」の環境がある。まわりには魚影豊かな海があり、陸地には耕す人のいなくなった休耕地がある。良寛和尚の句に「焚くほどは風がもてくる落ち葉かな」というのがあるが、ものを貪欲に求めず、自然から恵まれたものをおろそかにしなければ、ここにはささやかながらも自立した生活を可能にする環境がある。

もちろん、自然の中に身を置き、自立して暮らすことが気楽な生活であるという保証はない。寒風や豪雨に打たれ、荒波に脅かされての釣り人には、長時間の忍耐の後、何の釣果がないこともある。しかし、途方もない時間の浪費と思われるその場所には、生活のために時間に追われるというのではない、自然の中に身を置くことで経験しうる至福の時が流れている。それは、人間社会に背を向けた行為であるかも知れないが、自然とともに生きる「生の悲」を感じる行為なのである。

## 六　生と死

島の生活は、生と死に直面する生活である。それは人間の生と死だけではない。雨に濡れて転がっている子猫の死骸には、自分の生死を他者に伝えることなく、無言のままひたすら生き、そして死んでゆく無言の営為があることを知らされる。この島の多くの人びともまた、自分のまわりのごく限られた人びととだけ言葉を交わしあい、この世を去ってゆく。そこには、言葉を介さない脈々たる生の営みがあり、文字に書かれない沈黙の文学がある。大切なことは生きることであり、そこにすべてが包含されており、そこで完結していると言える。彼らにとっての生の営みは、他者に何かを伝達したり、共感を求めることではないように感じられる。

旧約聖書にあるように、人も獣も等しく生に始まり死に終わる。そこには何の差異もないし、何の優劣もない。砂漠で一昼夜の命の果てにあの世に旅立った子羊。長年の労役のすえ山に入り、死を迎える水牛。雨に打たれたまま道ばたに横たわっている子猫の死骸。すべての生は空しい。空しいにもかかわらず、われわれはただひたすら生きる。それは、生の後に死が待っているという緊迫感の中で、ひたすら自分を見つめて生きる行為と言える。とくに自然の中では、自然とともに

腹部に悪性の腫瘍をもってからは、生類が等しく受け入れる孤独な道に自らも踏み入ってしまった我が家の猫だが、ときおり振り向いて、こちらに懐かしそうな眼差しを投げかけてくれる。

生きていくことで、人と獣の差異が薄れてゆく。生けるものすべてには等しく命が宿され、そこには優劣の差異がないということに気づくこと。それが、「ある」ことを生きる生活をめざす「もうひとつの地球村」という信仰に辿り着く道なのではないだろうか。

**松本祥志**（まつもと　しょうじ）　札幌学院大学教授。ＧＮ21副代表。国際法、アフリカ法。「21世紀の文化・コミュニティ戦略」「路上生活者があぶりだすもの――アフリカ慣習法により照らし出される『地球村』」（共著『地球村の思想』新評論　2001）。「アフリカ連合（ＡＵ）設立の法的背景と意義――政治的解決と司法的解決」（共著『現代国際法における人権と平和の保障』東信堂　2003）。「国際法から見た平和と人権――『イラク戦争』の違法性、そして差異の共同体」（共著『平和・人権・ＮＧＯ』新評論　2004）。……………〔第７章執筆〕

**山本　伸**（やまもと　しん）　四日市大学環境情報学部メディアコミュニケーション学科助教授。カリブ文学。『カリブ文学研究入門』（世界思想社　2004）。『世界の黒人文学』（編著　鷹書房弓プレス　2000）。Ｒ.カーニー『20世紀の日本人――アメリカ黒人の日本人観1900－1945』(五月書房　1995)。Ｅ.ダンティカ『クリック？クラック！』（五月書房　2001）。Ｖ．Ｓ.ナイポール『中心の発見』（共訳　草思社　2003）。Ｅ.ウィリアムズ『資本主義と奴隷制』（監訳　明石書店　2004）。……………………………………………………………………〔第８章執筆〕

**北島義信**（きたじま　ぎしん）　四日市大学環境情報学部メディアコミュニケーション学科教授。真宗高田派正泉寺住職。ＧＮ21副代表。アフリカ英語文学、宗教社会学。『世界の黒人文学』（共編著　鷹書房弓プレス　2000）。「仏教における生死観――浄土真宗を中心に」（共著『地球村の思想』新評論　2001）。……………………………………………………〔第９章執筆〕

**高垣友海**（たかがき　ともみ）　四日市大学環境情報学部非常勤講師。教育学（外国語教育、異文化交流）。「開発とアイヌ文学」（共著『地球村の行方』新評論　1999）。「地球村の言語――英語第二公用語化論の問題点」（共著『地球村の思想』新評論　2001）。F. ダルマイヤー『オリエンタリズムを超えて』（共訳　新評論　2000）。………………………………〔第10章執筆〕

**奴田原睦明**（ぬたはら　むつあき）　東京外国語大学名誉教授。現代アラブ文学。『エジプト人はどこにいるか』（第三書館　1985）。『遊牧の文学』（岩波書店　1999）。……〔第11章執筆〕

# 本書に参加した人々（執筆順）

片岡幸彦（かたおか　さちひこ）　編者紹介参照。……………………………………〔序論執筆〕

木村宏恒（きむら　ひろつね）　名古屋大学大学院国際開発研究科教授。GN 21事務局長。開発政治学。『インドネシア　現代政治の構造』（三一書房　1989）。『現代世界の政治経済地図』（三一書房　1993）。『フィリピン　開発・国家・NGO――カラバルゾン地域総合開発計画をめぐって』（三一書房　1998）。………………………………………………〔第一部総論・第1章執筆〕

中田　実（なかた　みのる）　名古屋大学名誉教授。地域社会論。愛知学泉大学コミュニティ政策部部長を経て現在、愛知江南短期大学学長。『地域共同管理の社会学』（東信堂　1993）。『町内会・自治会の新展開』（編集代表　自治体研究社　1996）。『世界の住民組織――アジアと欧米の国際比較』（編著　自治体研究社　2000）。………………………………………〔第2章執筆〕

山崎丈夫（やまざき　たけお）　愛知学泉大学コミュニティ政策部教授。地域社会論。『地域自治の住民組織論――改訂新版』（自治体研究社　1996）。『地縁組織論――地域の時代の町内会・自治会、コミュニティ』（自治体研究社　1999）。『まちづくり政策論入門』（自治体研究社 2000）。『地域コミュニティ論――地域住民自治組織とNPO、行政の協働』（自治体研究社 2003）。……………………………………………………………………………〔第3章執筆〕

竹谷裕之（たけや　ひろゆき）　名古屋大学大学院生命農学研究科教授。名古屋大学農学国際教育協力研究センター長。食糧生産管理学。『地域農業再編下における支援システムのあり方』（共著　農林統計協会　1997）。『地域経営と内発的発展』（共著　農山漁村文化協会　1998）。…………………………………………………………………………………………〔第4章執筆〕

ルイス・アルベルト・ディ・マルティノ（Luis Alberto Di Martino）　羽衣国際大学教授。国際経済論、労使関係論。「アルゼンチンにおける雇用関係の『日本化』」（共著『地球村の思想』新評論　2001）。……………………………………………………………………〔第5章執筆〕

金谷尚知（かなや　ひさとも）　日本大学国際関係学部教授。国際協力論、ＮＧＯ・ＮＰＯ論。『市民参加のまちづくり』（共著　創成社　2001）。『地球型社会への挑戦』（大空社　2004）。『地球型社会の危機』（共著　葦書房　2005）。……………………………………〔第6章執筆〕

幸泉哲紀（こいずみ　てつのり）　龍谷大学国際文化学部教授。GN 21副代表。比較文明、比較思史。Independence and Change in the Global System (1993, University Press of America). Mind, Culture and Economy: The Morphology of Socio-economic Systems (1998, Cybemetica). 『国際文化学序説』（共著　多賀出版　2004）。………………………………………………〔第二部総論執筆〕

## 編者紹介

片岡幸彦（かたおか　さちひこ）

1932年、東京生まれ。国立ハノイ人文社会科学大学客員教授。国際ＮＰＯグローバルネットワーク21（ＧＮ21）代表。国際文化論、異文化関係論、地域研究論。著書に、『アフリカ顔と心』（青山社　1986）、『現代社会の危機と文化』（青山社　1989）、『地球化時代の国際文化論』（御茶の水書房　1994）他。編著に、『人類・開発・ＮＧＯ』（新評論　1997）、『地球村の行方』（新評論　1999）、『地球村の思想』（新評論　2001）他。訳書に、M. セガレーヌ『妻と夫の社会史』（監訳　新評論　1983）、O. センベーヌ『帝国の最後の男』（共訳　新評論　1988）、T. ヴェルヘルスト『文化・開発・ＮＧＯ』（監訳　新評論　1994）、F. ダルマイヤー『オリエンタリズムを超えて』（監訳　新評論　2001）他。

●グローバルネットワーク21〈人類再生シリーズ〉⑥

下からのグローバリゼーション――「もうひとつの地球村」は可能だ

（検印廃止）

2006年2月15日　初版第1刷発行

編　者　片　岡　幸　彦

発行者　武　市　一　幸

発行所　株式会社　新　評　論

〒169-0051　東京都新宿区西早稲田3-16-28
http://www.shinhyoron.co.jp

TEL　03(3202)7391
FAX　03(3202)5832
振替　00160-1-113487

定価はカバーに表示してあります
落丁・乱丁本はお取り替えします

装幀　山田英春
印刷　新 栄 堂
製本　河上製本



Printed in Japan
ISBN4-7948-0670-1-C0036